Zauber der Zärtlichkeit

Zauber der Zärtlichkeit

Ein Leitfaden
durch die Kunst der Liebe

Herausgegeben von Glenn Wilson

tosa

Originaltitel: Creative Loving, An Inspiring Guide To The Art of Making Love.

Originated by Marshall Cavendish Books, an imprint of
Times Editions Pte Ltd, Singapore
Umschlaggestaltung: Beate Dorfinger unter Verwendung eines Dias von Image Bank Austria und eines Dias von Tony Stone Bilderwelten
Übersetzung: Birgit Förster
Redaktion: René Zey und Robert Hamacher
Herstellung: Königsdorfer Verlagsbüro, Frechen
Lizenzvermittlung und Koordination: Jockel & Partner Verlagsagentur, Karben

ISBN 3-85001-691-9
Printed in Italy

Inhalt

Einleitung 6

VORSPIEL

Einführung	8
In Stimmung bringen	10
Masturbation	16
Gemeinsam masturbieren	22
Phantasievolles Vorspiel	28
Oralsex	34
Intime Küsse	40

SEXSTELLUNGEN

Einführung	46
Reiterstellungen	48
Missionarsstellungen	54
Sex von hinten	60
Sex in Seitenlage	66
Sex für Fortgeschrittene	72
Stellungen für Fortgeschrittene	78

VOLLENDETE ORGASMEN

Einführung	84
Simultane Orgasmen	86
Perfektes Timing	92
Der G-Punkt	98

SEX GENIESSEN

Einführung	104
Phantasievoller Sex	106
Den Sex verlängern	112
Quickies	118

SEX UND ROMANTIK

Einführung	124
Romantischer Sex	126
Was Männer mögen	132
Was Frauen mögen	138
Erotikübungen	144
Das Nachspiel	150

PROBLEME ÜBERWINDEN

Einführung	156
Sex und Schwangerschaft	158
Sex nach der Geburt	164
Beziehungsprobleme	170
Register	176

Einleitung

„Zauber der Zärtlichkeit“ wurde geschrieben, um Liebespaaren zu helfen, den Sex in ihrer Partnerschaft zu genießen. Schließlich schafft Sex intimste Nähe zur anderen Person und ist daher wichtig für viele glückliche Partnerschaften. Dieses Buch beschreibt zahlreiche Möglichkeiten, wie Sie mehr Befriedigung im intimsten Bereich Ihres Lebens gewinnen und eine noch engere Bindung zu Ihrem Partner aufbauen können.

Sexuelle Beziehungen können mit der Zeit fade und unbefriedigend werden – das liegt meist nicht daran, daß die Partner nicht gut zueinander passen, sondern an Kommunikationsproblemen und dem mangelnden Verständnis der Ursachen.

Für die meisten von uns gibt es noch viele unbekannte Sexualpraktiken zu entdecken. Dieses Buch will Sie dazu ermutigen, Ihre sexuellen Bedürfnisse mit Ihrem Partner zu besprechen; es gibt Ihnen die Informationen, die Sie brauchen, um Ihr Sexleben schöner zu gestalten. Das Thema „Sexualität“ wird hier offen und ehrlich ausgebreitet. Sie werden Dinge erfahren, über die wir auch mit unseren besten Freunden nur schwer sprechen können. Sie werden lernen, wie Sie Sensibilität für Ihren eigenen Körper entwickeln und wie Sie Ihrem Partner helfen können, dies auch zu tun. Sie werden auch neue Möglichkeiten entdecken, Ihrem Partner emotional und physisch Lust zu bereiten, so daß Sie gemeinsam eine noch intensivere erotische Beziehung genießen können.

Vorspiel erklärt, wie die meisten Menschen in die richtige Stimmung gebracht werden können, um befriedigenden Sex zu erleben. Es zeigt, wie Männer und Frauen sich gegenseitig mit Einfühlungsvermögen, Fürsorge und Zärtlichkeit auf den Sex einstimmen können.

Sexstellungen beschreibt einige der beliebtesten Stellungen und ein paar aufregende Variationen.

Vollendete Orgasmen zeigt, wie Partner sich gegenseitig zum Orgasmus bringen können. Es werden Techniken beschrieben, mit denen Sie simultane Orgasmen erreichen können. Ein Kapitel nur für erfahrene Liebhaber!

Sex genießen akzentuiert die Vielfalt an Liebestechniken und erklärt, wie verschiedene Stellungen unterschiedliche Arten von Lust erzeugen können.

Romantischer Sex gibt Anregungen, wie Sie den erotischen Funken in Ihrer Partnerschaft erhalten können. Das Kapitel beschreibt, wie Männer und Frauen miteinander kommunizieren können, wenn es um Romantik geht.

Probleme überwinden zeigt, wie Schwierigkeiten behoben werden können, wenn Paare offen miteinander sprechen und sich bemühen, Probleme zu klären.

1

Vorspiel

Die meisten Männer und Frauen wünschen sich vom Sex mehr als die bloße Befriedigung ihrer physischen Bedürfnisse. Wir alle können intensiveren Sex erleben, wenn wir das Vorspiel verlängern und uns Zeit nehmen, unseren Partner vollständig zu erregen. Erfahrene Liebhaber genießen es, die Lust ihres Partners sanft zu steuern, und wissen, daß das Vorspiel das Begehren wunderbar steigert. Es gibt unendlich viele Möglichkeiten, einander zu erregen – wie, das liegt in Ihrer Hand.

IN STIMMUNG BRINGEN

Wenn Sie Ihren Partner vor dem Sex auf besondere Weise erregen, werden auch Sie mehr davon haben – einen schöneren und intensiveren Orgasmus für ihn und für sie.

Die Bedeutung des Vorspiels für einen intensiveren Sex erkannte man schon vor Tausenden von Jahren. Im alten China empfahl man, daß der Mann seinen Orgasmus aufschieben solle, bis die Frau zum Orgasmus gekommen sei – auch auf die Gefahr hin, daß keiner von beiden einen Orgasmus bekommt. Dies hatte religiöse Gründe; der Grundsatz jedoch, die Bedürfnisse der Partnerin über die eigenen zu stellen, besitzt auch heute noch Gültigkeit.

Mit der Zeit

In den Medien werden lange Beziehungen meist als schal und langweilig dargestellt, während Frischverliebte für aufregend und leidenschaftlich gehalten werden. Natürlich ist Langeweile der größte Feind glücklicher sexueller Beziehungen; umgekehrt kann Vertrautheit zwischen einem Paar aber auch große Intensität hervorrufen. Wenn Sie die individuellen Bedürfnisse Ihres Partners kennen, können Sie das Vorspiel zu einem ganz besonderen Erlebnis werden lassen.

Zeit und Ort

Sex ist eher eine Sache, die in unseren Köpfen stattfindet; deswegen können heimliche Affairen so aufregend sein. Doch oft ist Sex in einer Affaire auch für beide Partner unbefriedigend, weil er von Schuldgefühlen und Gefahren begleitet ist.

Die Paare, die kaum noch Zeit füreinander finden, sollten sich an die Zeiten zurückerinnern, als sie ohne einander nicht sein konnten. Der Sex war möglicherweise nicht allzu befriedigend –

▶ Die sensible Frau kann das Tempo des Vorspiels beschleunigen oder verlangsamen und ihrem Partner dabei immer einen Schritt voraus sein. So erhöht sich nicht nur die Chance, einen simultanen Orgasmus zu erlangen; auch die Intensität wird durch die Verzögerung gesteigert.

▼ Wenn eine Frau nur langsam sexuell erregbar ist, muß der Mann sich darauf einstellen, indem er seinen eigenen Höhepunkt hinauszögert und das Tempo ihrer Erregung zärtlich vorantreibt.

doch Berührungen, zärtliche Worte, Geschenke und Überraschungen hatten einen viel höheren Stellenwert.
So wurde der Sex aufregender, und ohne all dies kann Sex sehr schnell zur Routine werden.

Gemeinsamkeiten schaffen

Fast alles kann als Appetitanreger für den Sex dienen, wenn die Stimmung die richtige ist. Ein gemeinsames Hobby, vielleicht eine Sportart, kann sich gut als kreatives Vorspiel eignen. Solche Aktivitäten setzen Endorphine frei – Chemikalien, die Glücksgefühle verleihen.

Erotikartikel einsetzen

Obwohl es keinen gleichwertigen Ersatz für Ihren Körper gibt, um Ihren Partner zu erregen, können Erotika ein Bestandteil Ihres Sexlebens sein. Nutzen Sie Bücher, Zeitschriften, Filme oder andere Erotikartikel.

Zärtliche Worte

Ein guter Verführer weiß um die Wirkung von Komplimenten und Schmeicheleien. Dabei ist nicht unbedingt wichtig, was gesagt wird; entscheidender ist die Tatsache, daß jemand, den wir anziehend finden, eine liebenswürdige Bemerkung macht. Wenn uns jemand sagt, daß wir gut aussehen, dann werden wir ihm dies auch glauben.

„Meine Freundin liebt es, beim Vorspiel leicht geschlagen zu werden. Ich lege sie übers Knie und klopfe dann sanft und zärtlich auf ihre beiden Hinterbacken. Das macht sie ganz wild."

◀ Achten Sie darauf, daß das Wasser eine angenehme Temperatur und wenig Druck hat, wenn Sie ihre Vulva waschen.

▼ Küssen ist nicht nur ein wichtiger Bestandteil des Vorspiels, sondern auch eine zärtliche Methode, um Ihren Partner erneut zu erregen.

▲ ***Das Gesäß Ihrer Partnerin und ihr Damm sind hochempfindliche Regionen – küssen und liebkosen Sie diese mit Ihrer Zunge und Ihren Lippen. Wenn sie einen Vibrator besitzt, können Sie ihren Damm damit massieren.***

Sexspiele

Sie können von Zeit zu Zeit Sexspiele in Ihr Vorspiel einbeziehen. Diese können variieren von Rollenspielen bis hin zu Sado-Maso-Spielen und zum Striptease.

Für sie

Selbst das raffinierteste Vorspiel kann eine Frau unbefriedigt lassen, wenn die Atmosphäre nicht stimmt.
Im folgenden erhalten Sie eine Reihe von Anregungen, wie Sie Ihre Partnerin in Stimmung bringen können, wenn zuerst die Frau und dann der Mann einen Orgasmus bekommen soll. Jeder Vorschlag kann auf die individuellen Wünsche abgestimmt werden.

Gemeinsam duschen

Hygiene ist eine wichtige Voraussetzung für guten Sex, und eine Dusche ist besonders gut dazu geeignet, in Stimmung zu kommen. Servieren Sie Ihrer Partnerin einen kleinen Drink, und stellen Sie die Dusche für sie an. Ziehen Sie sie langsam aus – und küssen und liebkosen Sie sie dabei.
Waschen Sie ihre Haare, indem Sie mit den Fingerspitzen das Shampoo hineinmassieren und es dann so gut wie möglich ausspülen. Wenden Sie sich nun ihrem Rücken und ihrem Hals zu. Wenn Sie eine Badewanne haben, setzen Sie sich auf den Rand, und nehmen Sie nacheinander ihre Beine in den Schoß, um sie gründlich einzuseifen. Stehen Sie dann auf, um ihre Brüste einzuseifen. Geben Sie reichlich Duschgel auf ihr Gesäß, und verwenden Sie ein wenig davon, um ihre Vulva zu waschen. Nehmen Sie den Duschkopf in die Hand, und erregen Sie sie mit Hilfe der Warmwasser-

„Hin und wieder haben mein Partner und ich Lust, ein Rollenspiel auszuprobieren. Wir verkleiden uns beide gerne und finden, dass es eine gute Art ist, unseren Sex von Zeit zu Zeit ein wenig aufzupeppen."

▶ ***Küssen Sie ihren ganzen Körper, vom Kopf bis zu den Zehen. Mit der Zeit werden Sie entdecken, daß Ihre Partnerin am ganzen Körper viele höchst empfindliche Regionen hat. Viele Frauen finden es erregend, wenn ihr Partner an ihren Zehen saugt.***

WEIN UND NAHRUNGSMITTEL

Mit Wein und Nahrungsmitteln können Sie während des Vorspiels wundervolle Effekte erzielen. Ein kleiner Drink vor dem Sex entspannt beide Partner, und gutes Essen wirkt auf die meisten Paare als eine Art Aphrodisiakum. All das hilft Ihnen nicht nur, in die richtige Stimmung zu kommen, sondern kann auch als Hilfsmittel für den Sex verwendet werden. Die Form, der Geruch, die Struktur und die Temperatur von Lebensmitteln oder Flüssigkeiten können eine Menge erotischer Empfindungen verursachen, die das Vorspiel unvergesslich machen. Essen Sie einfach köstliche Leckereien direkt von verschiedenen Körperteilen Ihres Partners. Sie können weiche Früchte, Honig – oder Wein – auf die Genitalien oder Brüste Ihrer Partnerin geben und sie dann ablecken. Das ist erregend und gibt ein herrliches Gefühl von Dekadenz.

düsen. Richten Sie viel Aufmerksamkeit auf ihre Brüste – viele Frauen finden das besonders erregend.
Duschen Sie zum Schluß ihre Vulva, aber verwenden Sie nicht zu viel Wasserdruck. Rubbeln Sie sie dann mit einem warmen Handtuch von oben bis unten trocken.

SETZEN SIE IHREN PENIS EIN

Eine Massage ist sehr erotisch, aber ein Mann verfügt über viel mehr Möglichkeiten für das Vorspiel. Legen Sie Ihre Partnerin hin, und lassen Sie mit Hilfe Ihrer Wimpern oder Ihrer Haare eine erregende Vielfalt von Empfindungen auf ihrem Körper entstehen.
Ziehen Sie mit Ihrem Penis eine Spur um ihre Lippen herum und dann zu ihren Brüsten, reiben Sie mit Ihrem Penis über ihre Brüste und Brustwarzen. Kitzeln Sie mit Ihrem Penis ihr Gesäß und ihren Damm.

BRUSTSPIELE

Die Brüste der meisten Frauen sind sehr sensibel, wenn sie erregt sind. Eis kann wunderbar stimulierend wirken, wenn Sie es um die Brustwarzen herumreiben. Die Frau kann ihre Brüste in das Gesicht des Partners baumeln lassen, während er sie küßt. Sie können Wein, Joghurt oder Eiskrem darauf geben und das dann zärtlich ablecken. Manche Frauen lieben Sperma auf ihren Brüsten, vor allem, wenn Sie es darauf verreiben.

SPIELE MIT DEM GESÄSS

Das Gesäß der Frau ist besonders erogen. Der Damm ist äußerst empfindlich, wird jedoch oft ignoriert. Legen Sie Ihrer Partnerin einige Kissen unter das Gesäß. Wenn Sie ihren Damm küssen und liebkosen,

▼ Necken und kitzeln Sie Ihren Partner, um ihn vor dem Sex auf wundervolle Weise zu erregen.

▶ Küssen Sie Ihren Partner am ganzen Körper, beginnen Sie mit den Füßen und Zehen, und arbeiten Sie sich bis zu seinem Gesicht hoch, sparen Sie sich jedoch seine Genitalien bis zum Schluß auf. Männer sind in den überraschendsten Regionen äußerst empfindlich. Fragen Sie ihn, was er am liebsten mag.

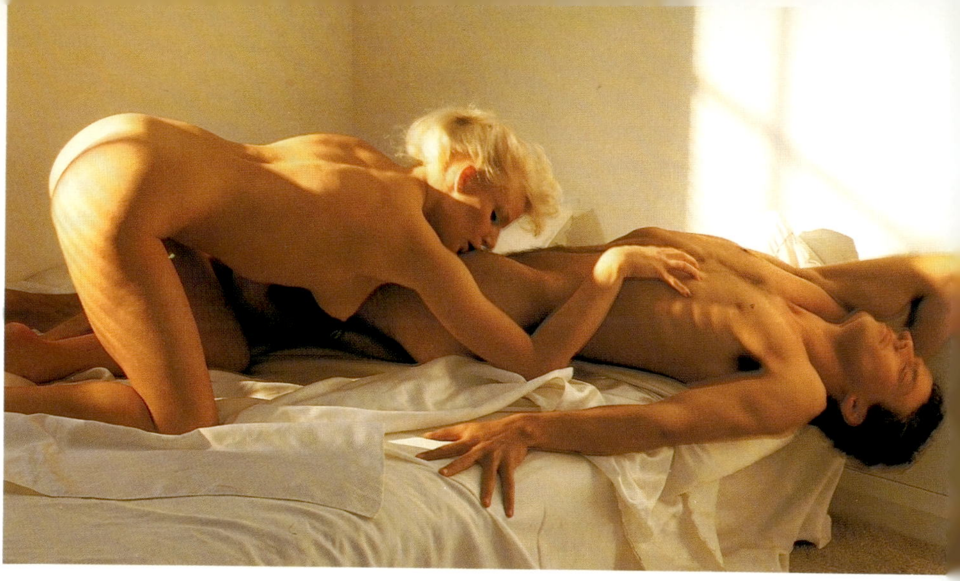

SPRECHEN SIE ES AUS

Aufmerksamkeit, die jeweilige Begabung und vor allem zärtliche Worte sind wichtige Mittel zur Erregung. Und beim Liebesspiel zahlt es sich aus, wenn man so frei und offen wie möglich miteinander spricht. Wir alle hören gerne, wie attraktiv unser Partner uns findet, oder hören gerne Komplimente über unsere sexuelle Attraktivität. Wenn eine Frau hört, dass sie besonders begehrenswert ist, oder ein Mann erfährt, dass seine Liebestechnik unvergleichlich ist, so ist dies viel mehr wert als jede sexuelle Heldentat oder körperliche Höchstleistung. Sie sollten sich jedoch nicht zu umständlich ausdrücken. Wenn Sie Ihrem Partner etwas Wichtiges mitteilen wollen, ist es oft besser, sich deutlich auszudrücken, als höflich um das herumzureden, was Sie sagen wollen.

▼ Massieren Sie Ihren Partner mit Ihren Brüsten – es wird für Sie beide ein neues, lustvolles Erlebnis sein.

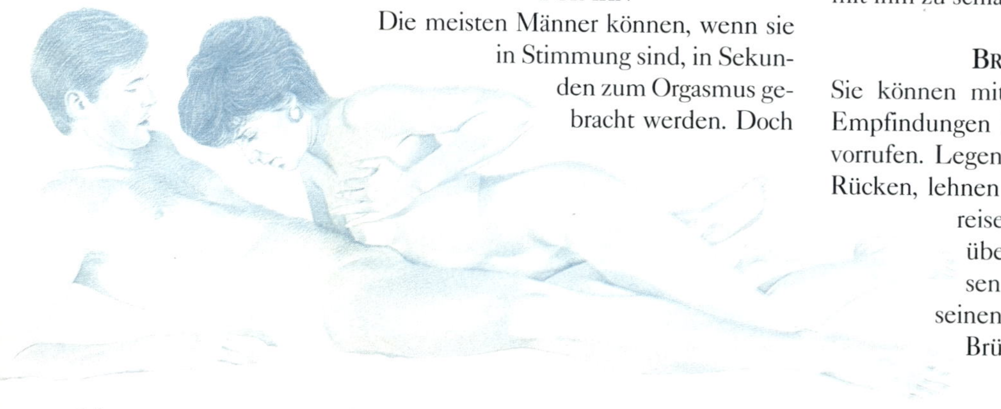

werden Sie herausfinden, wie empfindlich er ist. Einige Frauen mögen es, wenn man ihnen leicht auf den Po klopft.

Für ihn

Die meisten Männer können, wenn sie in Stimmung sind, in Sekunden zum Orgasmus gebracht werden. Doch mit einem geschickten Vorspiel kann der Orgasmus sehr lange hinausgezögert werden. Wenn Ihr Partner Sie gerne in einer bestimmten Aufmachung sehen möchte, dann tun Sie ihm den Gefallen.

Baden

Seifen Sie den Oberkörper Ihres Partners gut ein, lassen Sie jedoch den Penis aus. Lassen Sie ihn sein Gesäß heben, und waschen Sie seinen Damm mit den Fingern. Schlagen Sie leicht darauf, und drücken Sie langsam, aber stetig. Drehen Sie ihn jetzt um, und waschen Sie seinen Penis und seine Hoden. Schieben Sie seine Vorhaut zurück, und masturbieren Sie ihn kurz. Ignorieren Sie alle Bitten, ihn sofort zum Orgasmus zu bringen, sondern trocknen Sie ihn mit einem warmen Handtuch ab, und bringen Sie ihn in ein anderes Zimmer, um mit ihm zu schlafen.

Brustspiele

Sie können mit Ihrer Brust intensive Empfindungen bei Ihrem Partner hervorrufen. Legen Sie ihn nackt auf den Rücken, lehnen Sie sich über ihn, und reisen Sie mit Ihren Brüsten über seinen Körper. Kreisen Sie mit einer Brust um seinen Penis, führen Sie Ihre Brüste von seinem Kopf bis zu seinen Zehen,

▶ ***Lecken Sie Ihren Partner mit der Zunge ab – wenn Sie vorher gekühltes Wasser oder Wein trinken, wird der erotische Schauer besonders groß sein. Sie können auch Joghurt oder Eiskrem auf seinen Körper bringen und ablecken.***

und fahren Sie mit einer erigierten Brustwarze über seinen Damm. Führen Sie Ihre Brüste über sein Gesicht, und lassen Sie ihn, wenn er möchte, Ihre Brustwarzen in den Mund nehmen. Nehmen Sie den Penis zwischen Ihre Brüste, und bringen Sie ihn mit rhythmischen Bewegungen bis kurz vor den Orgasmus.

Gebrauchen Sie Ihre Lippen

Küssen Sie ihn mit Ihren Lippen am ganzen Körper, vor allem an den Genitalien und Brustwarzen. Küssen Sie seine Füße und seine Zehen, und lassen Sie ihn dabei zuschauen. Bewegen Sie sich langsam zu seinem Penis hinauf. Atmen Sie nahe an seiner Haut, und nehmen Sie die Hoden in den Mund.

Setzen Sie Ihre Vagina ein

Es ist für eine Frau die intimste Art, jemanden zu küssen, wenn sie dazu ihre Schamlippen benutzt. Wenn Ihre Vagina Feuchtigkeit benötigt, verwenden Sie etwas Öl oder Gleitmittel. Fangen Sie bei den Füßen an, und arbeiten Sie sich bis zu seinem Gesicht hoch. Der Duft Ihrer Vagina ist für Ihren Partner äußerst aufregend. Bewegen Sie sich über seinem Gesicht, bevor Sie ihm einen Genitalkuß auf den Mund geben.

Sexhilfsmittel

Sexhilfsmittel sind kein Ersatz, sondern ein Mittel zur zusätzlichen Luststeigerung. Ein Vibrator kann Frauen wie Männer zum Orgasmus bringen. Gebrauchen Sie ihn für seine Brustwarzen, drehen Sie Ihren Partner dann um, und wenden Sie sich damit seinem Po zu. Seien Sie einfach erfinderisch! ❤

▼ ***Richten Sie während des Vorspiels besonders viel Aufmerksamkeit auf die Brüste Ihrer Partnerin, denn viele Frauen sind dort sehr erregbar. Mit etwas Phantasie wird ein aufmerksamer Liebhaber all die verschiedenen Möglichkeiten entdecken, um ihre Leidenschaft zu steigern.***

MASTURBATION

Ihr Körper ist ein sensibles Instrument mit der Fähigkeit, Ihnen und Ihrem Partner Lust zu bereiten. Wenn Sie Ihre Empfindungen und Reaktionen erkunden, können Sie beide ein intimes Wissen darüber erlangen, wie Sie Ihre Lustgefühle noch intensivieren können.

Was bedeutet für Sie das Wort „Masturbation"? Für die meisten von uns ist es nicht nur ein peinlicher Begriff, sondern ein Tabu – etwas, worüber wir nie sprechen, nicht einmal mit unserem Partner oder unseren engsten Freunden. Lust ist eine Mischung aus Emotionen und Körperwahrnehmungen, und diese Mischung ist für jeden Menschen anders. Die Hemmungen, die wir alle davor haben, über das zu sprechen, was uns sexuelle Lust bereitet, machen es uns schwer, unserem Partner zu sagen: „Ich mag das nicht, da habe ich gar nichts von." Vor allem dann, wenn wir nicht sagen können: „... aber das mag ich gerne, dieses Gefühl ist wunderbar."

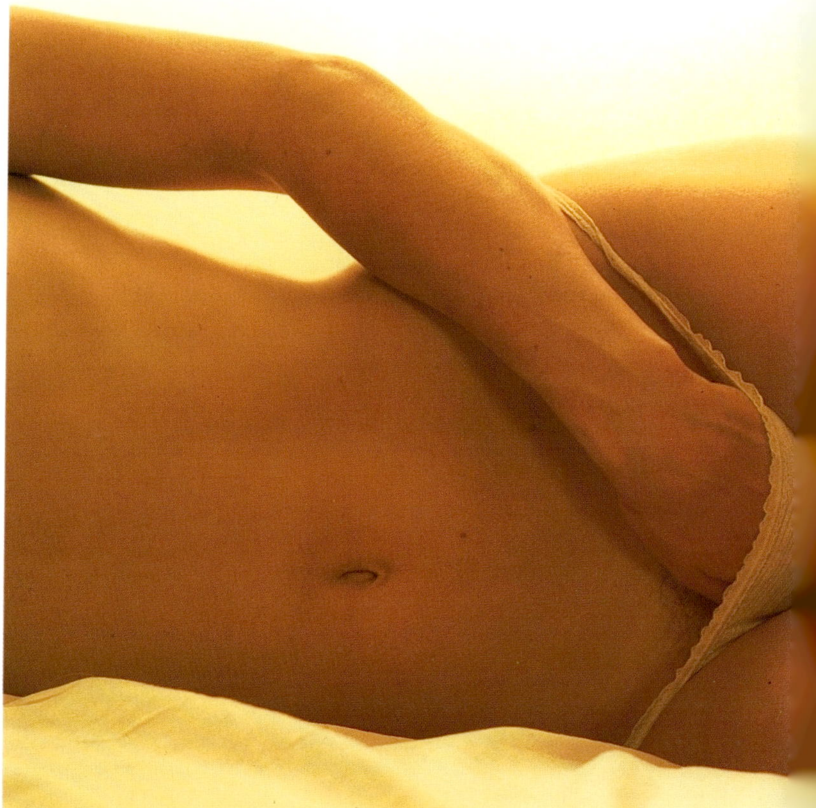

ERKUNDUNGEN UND ENTDECKUNGEN

Es ist viel einfacher, Ihren Partner von Sexmustern abzubringen, die Ihnen nicht gefallen, wenn Sie eine Alternative vorschlagen können. Aber vergessen Sie nicht, daß wir nicht erwarten können, daß jemand anderes weiß, was uns gefällt, wenn wir selber es nicht wissen.

Wenn wir unseren eigenen Körper berühren, können wir unsere Körperreaktionen in völliger Zurückgezogenheit und in unserem eigenen Tempo erkunden. Das hilft uns, mit unserem eigenen Körper vertraut zu werden und seine immense Fähigkeit zu entdecken, Lust zu empfinden – eine Lust, die wir später mit unserem Partner teilen können. Leider wird Masturbation oft als zweitrangiger Ersatz für Sex angesehen. Natürlich kann das so sein, aber sie ist auch eine Alternative zum Geschlechtsverkehr und eine sinnliche Übung und kann in Ihr Liebesspiel integriert werden, um Lust und Intimität zu vergrößern.

Möglicherweise gibt es mehr Altweibermärchen über Masturbation als über jede

▼ *Nehmen Sie sich Zeit, und machen Sie sich die Mühe, etwas über Ihren Körper zu lernen – je mehr Sie darüber wissen, wie Sie Lust geben und empfangen können, desto schöner und erfüllter wird Ihre erotische Beziehung sein.*

„Ich habe viel dabei gelernt, Claire zuzuschauen, wie sie sich streichelt. Jetzt weiss ich, was sie mag, und kann sie erregen. Es stimuliert mich, wenn sie sich selbst zum Orgasmus bringt."

andere Sexpraktik. Kleinen Jungen wird erzählt, daß sie blind davon würden, daß ihnen Haare auf den Handflächen wüchsen und sie impotent würden – die Liste ließe sich noch beliebig verlängern. Kleinen Mädchen wird suggeriert, daß das Eingeständnis ihrer eigenen Sexualität „nicht schön" sei, daß sie sich, wenn sie sich „da unten" anfaßten, für ihren Ehemann verdürben oder sexsüchtig würden. Natürlich passiert das alles nicht, aber mit den Jahren haben diese falschen Behauptungen die Masturbation in ein schlechtes Licht gerückt.

Wer masturbiert?

Fast alle Männer und Frauen masturbieren von Zeit zu Zeit. Man sagt, daß 90 Prozent der Männer zugeben, daß sie masturbieren, und die anderen 10 Prozent Lügner sind. Manche Menschen – darunter etwa ein Drittel aller Frauen – behaupten, daß sie sich nicht daran erinnern können, zu irgendeiner Zeit in ihrem Leben nicht masturbiert zu haben. Andere geben an, in der Pubertät damit begonnen zu haben, während manche damit anzufangen scheinen, wenn sie in einer festen Partnerschaft leben. Aber die meisten von uns beginnen sehr früh damit.

Fast alle Babies spielen mit ihren Genitalien, und die meisten Eltern bemerken, daß ihre Kleinkinder manchmal masturbieren, auch wenn sie keinen Orgasmus wie die Erwachsenen bekommen.

Viele Menschen glauben, daß Mädchen seltener masturbieren als Jungen, aber das liegt häufig daran, daß Jungen ihre Sexualorgane einfacher finden können und dann entdecken, daß es Spaß macht, mit ihnen zu spielen. Auch ist weibliche Masturbation schwieriger zu definieren. Bei Männern bedeutet Masturbation die direkte Stimulierung des Penis und endet gewöhnlich mit der Ejakulation. Bei Frauen ist die Sache jedoch komplexer.

Frauen und Masturbation

Fast jedes weibliche Körperteil kann zur Quelle von Erregung und Orgasmus werden, und verschiedene Arten von Liebkosungen in unterschiedlichen Regionen können eine unendliche Reihe von Empfindungen auslösen.

Es gibt auch gesellschaftliche Gründe dafür, warum Frauen weniger offensichtlich masturbieren und sich unauffälliger stimulieren. Unsere Eltern neigten dazu, einem kleinen Jungen, der seinen Penis in der Hand hielt, viel toleranter zu begegnen als einem kleinen Mädchen, das sich selbst anfaßte. Und indem sie Methoden „ohne Hände" fanden, um sich selber zu stimulieren, konnten Mädchen vorgeben, es nicht zu tun. Einige kleine Mädchen masturbieren, während sie auf ihren

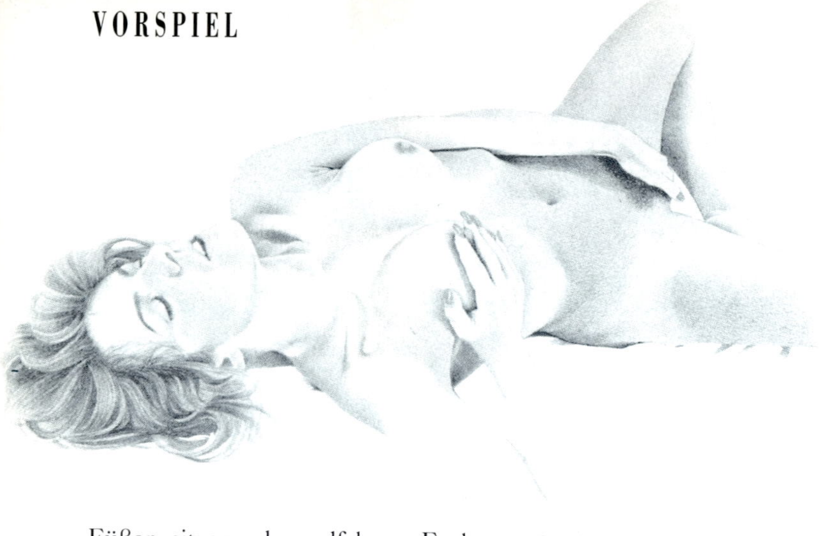

Füßen sitzen oder radfahren. Es kann auch Teil einer erlaubten Berührung sein, etwa in der Badewanne. In 20 Jahren wissenschaftlicher Erfahrung notierte ein Experte mehr als 100 indirekte Arten, auf welche Frauen masturbieren.

Schuldgefühle

Die meisten Definitionen von Masturbation schließen ein, daß sie mit einem Orgasmus endet. Wenn dem nicht so ist, denkt eine Frau möglicherweise von sich, sie würde nicht masturbieren. Diese Art der Selbsttäuschung findet sich nicht nur bei Frauen. Einige Männer sind so erzogen worden, daß sie Sex mit Schuld oder Sünde gleichsetzen, und glauben auch von sich, sie würden nicht masturbieren. Entweder reiben sie ihren erigierten Penis, ohne eine Ejakulation zu beabsichtigen, oder sie verdrängen das bewußte Wissen von einem Orgasmus. Wer Schuldgefühle hat, masturbiert vielleicht nur in der Zeit zwischen Schlafen und Wachen und ist so in der Lage, es zu leugnen, weil es ihm nicht wirklich bewußt ist. Diese komplexen Systeme der Leugnung zeigen, wie schuldig sich viele Menschen fühlen, wenn sie sich selbst sexuell erregen.

Masturbation ist jedoch eine wertvolle Erfahrung: Auf diese Weise lernen die meisten von uns, wie ihr Körper auf sexuelle Stimulierung reagiert. So wie wir sprechen lernen, bevor wir uns miteinander unterhalten können, masturbieren die meisten von uns, bevor wir lernen, miteinander zu schlafen. Die Forschung zeigt, daß für die meisten Frauen Masturbation der sicherste Weg zum Höhepunkt ist und daß sie, wenn sie gelernt haben, so zum Orgasmus zu kommen, ihr Wissen in das Sexleben mit ihrem Partner integrieren können.

Sie lernen nicht nur etwas über Ihre eigenen Körperreaktionen; Masturbation ist auch wichtig, um zu lernen, daß Ihr Körper vor allem Ihnen selbst gehört.

> *„Es ist angenehm, weil es keinen Druck gibt und man nicht das Gefühl hat, sich verstellen zu müssen. Es ist kein anderer beteiligt, und ich kann mich auf meine eigene Lust konzentrieren."*

▼ *Frauen können auf viele Arten mit sich selber Sex haben: Sie können Brust und Klitoris stimulieren oder masturbieren, ohne direkten Kontakt mit ihren Genitalien zu haben.*

In der Partnerschaft

Masturbation hört nicht auf, wenn wir anfangen, Sex zu haben. In der Partnerschaft ist sie sogar bei fast allen Männern und bei vielen Frauen verbreitet, die oft das Gefühl haben, sich selbst intensivere Orgasmen bereiten zu können als ihr Partner. Trotzdem meinen viele Paare, daß es nur eine zweitklassige sexuelle

Betätigung sei, doch ist sie auf ihre Art wertvoll. Wenn Sie längere Zeit von Ihrem Partner getrennt sind oder wenn einer von Ihnen keinen Sex haben kann, mag Masturbation eine Lösung sein, die beide Partner davon abhält, anderweitig nach Sex zu suchen.

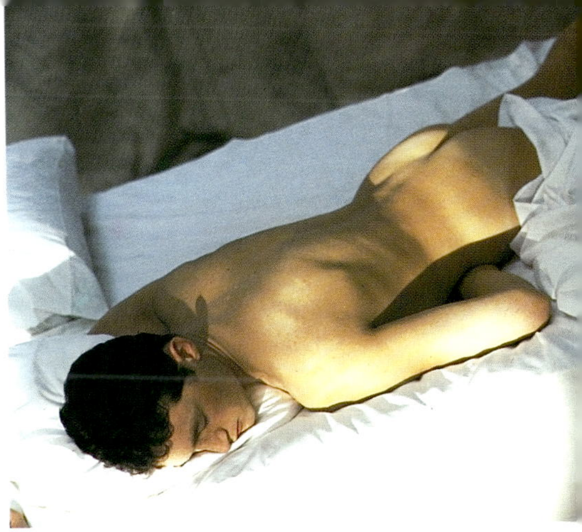

▼ ▶ ***Für Männer beinhaltet Masturbation die direkte Stimulierung des Penis, entweder mit der Hand oder durch Simulierung des Geschlechtsverkehrs.***

Positive Kraft

Masturbation und ein aktiver gemeinsamer Sex sind sehr eng miteinander verbunden. Frauen in einer sexuell glücklichen Beziehung tendieren dazu, häufiger zu masturbieren als Männer in der gleichen Situation. Die Forschung hat gezeigt, daß Frauen, die viel masturbieren, gemeinsamen Sex nicht weniger, sondern mehr mögen.

Masturbation kann auch eine positive Kraft in einer Beziehung sein, da hiermit sexuelle Phantasien verbunden sind. Wir haben uns vielleicht an eine Person gebunden, was jedoch nicht heißt, daß wir aufhören, andere Personen zu begehren. Wenn wir mit uns selbst Sex haben, können wir uns vorstellen, mit der Person zusammenzusein, auf die wir ein Auge geworfen haben, und einen „Seitensprung" in den Grenzen unserer Phantasie belassen.

Wie Männer masturbieren

Die meisten Männer stimulieren den Rand ihrer Eichel, indem sie ihn mit ihren Fingern umspannen und dann ihre Hand in einer Art Pumpbewegung auf- und abgleiten lassen. Der Daumen und der Zeigefinger schwingen gegen den Rand, während die übrigen Finger den Penisschaft festhalten. Der Druck, der dabei ausgeübt wird, variiert – einige Männer ziehen einen festen Griff vor, andere eine leichte Berührung. Manche streicheln mit der anderen Hand ihre Hoden oder auch andere Körperteile.

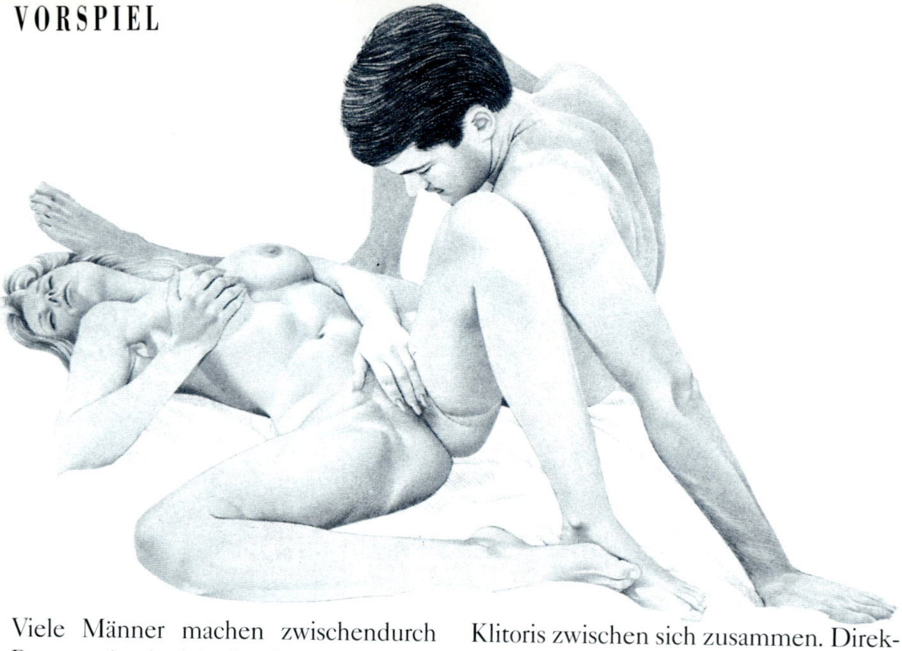

Viele Männer machen zwischendurch Pausen, damit sich die Erregung richtig aufbauen kann, so daß die Lust verlängert und der Orgasmus intensiviert wird. Eine Variation der manuellen Stimulierung ist es, einen Geschlechtsverkehr zu simulieren, indem man sich auf den Bauch legt – den Penis zwischen flacher Hand und Matratze – und Stoßbewegungen ausübt.

Frauen masturbieren meist, indem sie sich auf den Rücken legen und mit einer Hand die Vulva stimulieren. Sie konzentrieren sich dabei auf ihre Vagina und führen ihre Finger oder einen penisförmigen Gegenstand ein. Die meisten Frauen ziehen jedoch die Klitorisstimulierung vor. Es ist eine verbreitete Kombination, anfangs leicht über das Schambein zu streicheln und die Finger auf den äußeren Schamlippen an beiden Seiten der Klitoris vorbeigleiten zu lassen. Dann wird der Druck langsam vergrößert, die Finger schließen sich und pressen die Klitoris zwischen sich zusammen. Direkte Klitorisstimulierung kann mit einer einzelnen Fingerspitze erfolgen. Oft ist es der Mittelfinger, mit dem die Klitoris gegen den Schambeinknochen gepreßt wird. Der Druck kann durch direktes Pulsieren auf den Knochen oder eine reibende Bewegung erfolgen.

„Ich habe meiner Frau nie erzählt, dass ich masturbiere. Ich könnte es nicht – ich weiss, wie viele Probleme es verursachen würde. Sie würde denken, ich würde sie irgendwie betrügen, und sich fürchterlich aufregen."

Aber das ist nur eine der vielen Stimulierungsmöglichkeiten, die Frauen haben. Die Oberschenkelinnenseiten, den Unterbauch, die Brüste und die Brustwarzen zu streicheln – all das kann sehr aufregend sein. Einige Frauen verspüren eine langsam steigende Woge der Erregung, wenn sie ihre Brustwarzen zusammendrücken und eine Weile so halten. Viele glauben, daß Frauen masturbieren, indem sie einen Dildo oder einen Vibrator in ihre Vagina einführen, und daß sie umso mehr Gefallen daran finden, je größer diese Gegenstände sind. Doch die mei-

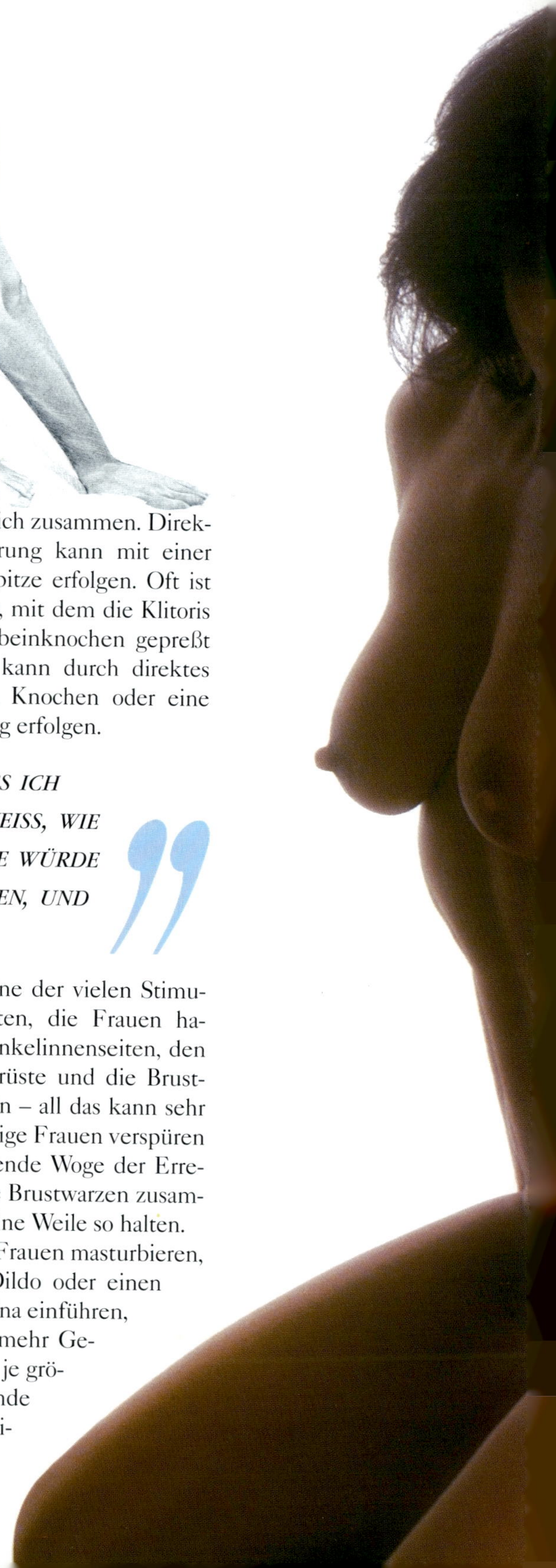

◀ *Einige Frauen mögen nur sehr leichten Druck auf ihre Vulva; andere haben es gerne fester. Wenn Sie Ihre eigenen Vorlieben kennen, werden Sie und Ihr Partner mehr Spaß am Sex haben.*

WIE OFT MASTURBIEREN FRAUEN?

HÄUFIGKEIT	%
Einmal am Tag oder öfter	1
Fast jeden Tag	4
Ein- bis viermal pro Woche	25
Ein- bis dreimal im Monat	23
Weniger als einmal im Monat	47

WIE OFT MASTURBIEREN MÄNNER?

HÄUFIGKEIT	%
Einmal am Tag oder öfter	7
Fast jeden Tag	12
Ein- bis viermal pro Woche	46
Ein- bis dreimal im Monat	17
Weniger als einmal im Monat	18

sten Frauen finden dies eher unangenehm als erregend. Vibratoren und Dildos werden meist benutzt, um Klitoris, Schamlippen und Brustwarzen zu stimulieren, und die meisten Frauen führen gar nichts in ihre Vagina ein. Wenn sie es tun, so ist es meist etwas weniger Festes als das harte Plastik der meisten Vibratoren. Manche Frauen mögen es auch, sich kleine Gegenstände in den Anus einzuführen, weil dies ihren Orgasmus intensiviert. Sie sollten dabei jedoch immer sehr vorsichtig sein.

Fliessendes Wasser

Fließendes Wasser wird gern zur Klitorisstimulierung genutzt. Ein Strahl warmen Wassers aus einem Duschkopf, Bidet oder einem Wasserhahn, der über die Klitoris geführt wird, kann einen intensiven Orgasmus auslösen.

Die meisten Frauen verbinden oder variieren unterschiedliche Arten der Stimulierung verschiedener Körperteile, je nachdem, wozu sie Lust haben. Frauen können mehrere Orgasmen hintereinander bekommen, während Männer meistens aufhören zu masturbieren, nachdem sie ejakuliert haben.

Wenn Ihr Partner masturbiert

Wenn Frauen herausfinden, daß ihr Partner masturbiert, sehen sie das als Zeichen dafür, daß sie ihm nicht „genügen“. Aus diesem Grund masturbieren die meisten Männer in einer festen Partnerschaft heimlich, in der Regel im Badezimmer. Aber meistens geht es ihnen dabei nur um die Abwechslung.

Viele Männer mögen durchaus die Vorstellung, daß ihre Partnerin masturbiert. Es bedarf eines großen Vertrauens, mit dem Partner über dieses Thema zu sprechen, und wenn die erste Verlegenheit überwunden ist, kann Masturbation die Intimität einer Liebesbeziehung wunderbar steigern. ❤

GEMEINSAM MASTURBIEREN

Viele Menschen denken, Masturbation sei eine Einzelaktivität, aber als gemeinsame Erfahrung kann sie eine der erregendsten Möglichkeiten sein, etwas über die Wünsche und Bedürfnisse des Partners zu lernen.

Einander beim Masturbieren zu beobachten kann eine ideale Methode sein, die Intensität Ihres Sexlebens zu vergrößern. Indem Sie beobachten, wie Ihr Partner masturbiert, können Sie lernen, ihn so zum Orgasmus zu bringen, wie er es am liebsten mag. Es ist auch eine ideale Methode, Hemmungen voreinander abzubauen.

Achten Sie darauf, daß der Raum, den Sie ausgewählt haben, warm und angenehm ist und Sie dort ungestört sind. Wenn Sie das Gefühl haben, daß es Sie entspannt, nehmen Sie vorher einen kleinen Drink zu sich. Setzen Sie auch Musik ein. Nehmen Sie zusammen ein Bad, oder duschen Sie gemeinsam, und dann massieren Sie einander liebevoll.

IHR ZUSCHAUEN

Gemeinsame Masturbation ist für viele Paare problematisch, denn einige Frauen sind schüchtern und finden es schwierig, sich vor ihrem Partner genügend zu entspannen, um sich zum Orgasmus bringen zu können. – Das Geheimnis liegt darin, mit Liebkosungen zu beginnen, sich so darauf einzustimmen und dann die Partnerin zu bitten, bei gedämpftem Licht zu masturbieren, während Sie sie festhalten oder streicheln.

Nachdem Sie das einige Male gemacht haben und sie entspannt genug ist, können Sie mehr Licht machen, sobald sie erregt ist und ihre Umgebung langsam vergißt. Beobachten Sie sorgfältig, was sie tut. Sie sollten auf folgendes achten:

- auf die Haltung ihres Körpers und ihrer Beine,
- was sie mit ihren Beinen macht,
- wo sie ihre Finger hinbewegt, um ihre Vulva oder ihre Klitoris zu stimulieren,
- Art, Ausmaß und Druck ihrer Handbewegungen, denn diese variieren bei den meisten Frauen je nach Erregungsphase beträchtlich,
- ob sie die Finger in die Vagina steckt oder nicht,
- ob sie aufhört, sich zu stimulieren, und dann erneut beginnt,
- was für Veränderungen in Gesicht, Vulva, Klitoris und auf der Haut eintreten,
- ob sie irgendwelche Geräusche macht oder schreit während des Orgasmus,
- was genau sie während des Höhepunkts tut,
- welche Veränderungen sichtbar werden, wenn sie sich wieder beruhigt.

Schmiegen Sie sich nun aneinander, und sprechen Sie über die Auswirkungen, die diese Erfahrung für Sie beide hatte. Die meisten Männer finden es äußerst erregend, ihrer Partnerin beim Masturbieren zuzuschauen.

▶ Die Lust der Frau, wenn sie durch Masturbation einen Höhepunkt erreicht, kann für den Mann sehr erregend sein; sie ist außerdem eine lohnende Lektion in Timing und Technik, die er ins Spiel bringen kann, wenn er sie beim nächsten Mal stimuliert. Masturbation ist keineswegs eine egoistische, selbstbezogene Erfahrung.

Zunächst war ich befangen bei dem Gedanken, vor meinem Freund zu masturbieren, aber er hat mich darin unterstützt, mich zu entspannen. Es hat ihm geholfen, genau zu verstehen, was mich erregt.

Ich habe einige sehr seltsame Dinge über Masturbation gehört – nicht zuletzt, daß sie gesundheitsschädlich ist. Das stimmt doch nicht, oder?

Nein, zum Glück ist Masturbation ganz harmlos. Im letzten Jahrhundert glaubten viele Ärzte, daß Masturbation alle möglichen gefährlichen Auswirkungen habe. Heute würde kein Arzt solchen Vorstellungen Glauben schenken. Es kann lediglich Ihrer Psyche Schaden zufügen, wenn Sie sich dafür schuldig fühlen.

Ich liebe es, meine Klitoris mit einem Vibrator zu stimulieren. Könnte das meine Fähigkeit, auf andere Weise zum Orgasmus zu kommen, beeinträchtigen?

Ein Vibrator stimuliert sehr stark, und viele Frauen behaupten, daß sie so die intensivsten Orgasmen bekommen. Doch diese Frauen werden weiterhin fähig sein, sich mit den Fingern einen Orgasmus zu machen, was allgemein die beliebteste Methode bei Frauen ist.

IHM ZUSCHAUEN

Dem Partner beim Masturbieren zuzuschauen ist eine gute Möglichkeit, seine besonderen Wünsche und Bedürfnisse kennenzulernen. Schmusen Sie gleichzeitig mit ihm, wenn er das möchte, und beobachten Sie:

- die genaue Position seiner Hände,
- die Lage der Finger auf seinem Penis,
- wieviel Druck er ausübt,
- das Tempo, die Intensität und die Art der Bewegungen,
- die Veränderungen, die am Penis, am Hodensack und an den Hoden sichtbar werden,
- andere körperliche Veränderungen wie Atemfrequenz, Gesichtsausdruck, Muskelkontraktionen, Schweiß u.ä.,
- andere Körperregionen, die er stimuliert, zum Beispiel seinen Anus, die Peniswurzel oder die Hoden,
- die Menge des präejakulativen Sekrets,
- die Menge und Wucht des ersten Samenstrahls,
- das Stadium, in dem er aufhört, sich selber zu stimulieren,
- die Veränderungen, die sichtbar werden, wenn er sich beruhigt.

Sprechen Sie offen mit ihm über Ihre Erfahrungen.

Wenn Sie einander in Ruhe beim Masturbieren beobachtet haben und alles gelernt haben, was Sie lernen konnten, können Sie als nächstes gemeinsam masturbieren. Niemand weiß intuitiv oder nur durch Beobachten, wie er seinen Partner zum Orgasmus bringen kann.
Es gibt keine zwei Individuen, die auf die gleiche Weise masturbieren. Das bedeutet, daß der „Lehrer" dem „Schüler" genau sagen muß, was er am liebsten hat. Geben Sie deshalb genaue, praktische Anweisungen – verschwommene Verallgemeinerungen sind unnütz. Legen Sie die Hände und Finger Ihres Partners dorthin, wo Sie sie haben wollen; trauen Sie sich zu sagen, was Sie nicht mögen. Wenn Sie genug Erfahrung miteinander haben, werden Sie merken, wie unnötig es ist zu sprechen. Die Kommunikation kann mit Handbewegungen, Stöhnen und anderen wohligen Geräuschen fortgesetzt werden.

Phantasien

Viele Menschen beiderlei Geschlechts, die sich während des Masturbierens durch Phantasien erregen, finden, daß ein Übermaß an Reden sie befangen macht und ihre Erregung mindert. Versuchen Sie, während dieser Übung herauszufinden, wann Sie mit dem Reden aufhören und den Partner sich selbst überlassen solten: So kann er sich seinen eigenen erotischen Gedanken, Phantasien und Gefühlen hingeben.

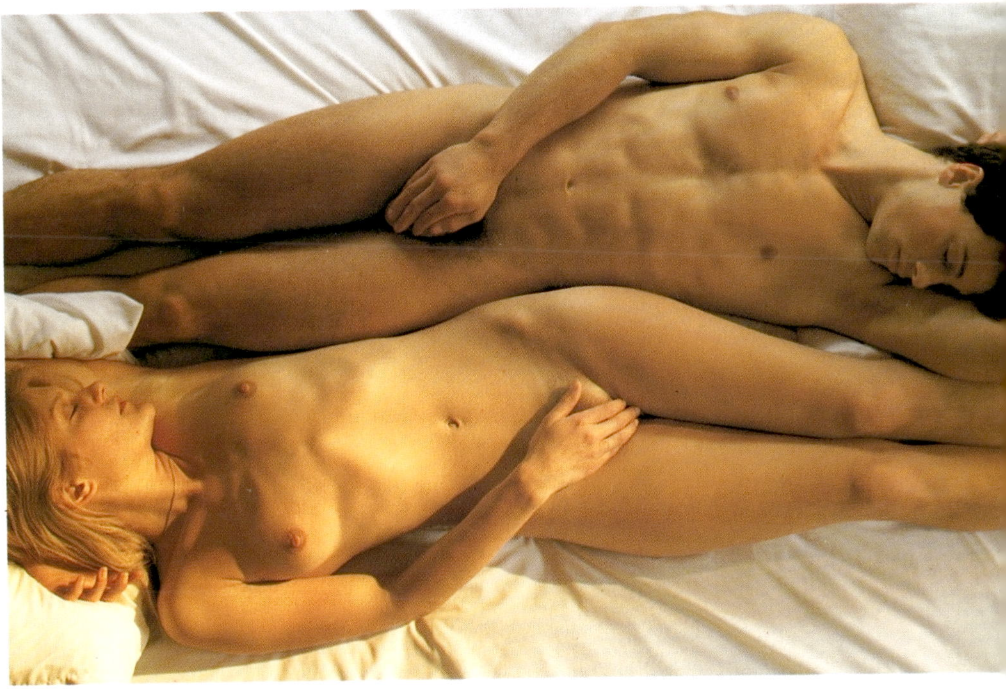

◀ ***Masturbation ist eine gute Methode, um zu erfahren, wie unser Körper auf sexuelle Stimulierung reagiert.***

▲ ***Wenn Sie sich gut dabei fühlen, sich gegenseitig Lust zu verschaffen, sollten Sie es einmal zusammen versuchen.***

▶ ***Beim gemeinsamen Masturbieren können Sie herausfinden, wie er zum Orgasmus gebracht wird.***

Beziehen Sie den ganzen Körper mit ein. Frauen lieben es zum Beispiel, wenn ihre Brüste und Brustwarzen liebkost und geküßt werden. Viele Männer mögen es, wenn ihr Anus stimuliert, ihre Hoden festgehalten oder ihre Genitalien zusammengepreßt werden. Die bloße Konzentration auf den Penis oder die Klitoris reicht oft nicht aus und desensibilisiert Ihren Partner.

Seien Sie leidenschaftlich! Wenn Sie sich einmal in die von Ihnen gewählte Position begeben haben, sollten Sie sich darauf konzentrieren, Ihrem Partner so viel Lust wie möglich zu spenden. Versuchen Sie nicht, so wenig wie möglich zu geben, sondern steuern Sie jedesmal einen kräftigen, befriedigenden Orgasmus an.

Einige Paare finden es hilfreich, ihre Orgasmen von 1 bis 10 zu bewerten, so daß sie ihren „Fortschritt" beobachten können und sehen, welche Art der Stimulierung ihnen am besten gefällt.

Machen Sie das, was Ihr Partner am liebsten mag. Wenn Sie wissen, wie Sie Ihren Partner am besten erregen können und wie Sie ihm zum intensivsten Orgasmus verhelfen können, sollten Sie daran festhalten, was auch immer es ist.

Die meisten Menschen, vor allem Frauen, wiederholen sich in ihren Phantasien, wenn sie masturbieren.

Viele Frauen behaupten, daß sie die besten Orgasmen bekommen, wenn ihr Partner genau das tut, was sie immer am liebsten mögen. ❤

▲ Der Augenblick der Ejakulation kann für Sie beide ein erotisches Erlebnis sein. Wenn Sie den Höhepunkt hinauszögern, indem Sie während des Masturbierens eine Pause einlegen, erlebt der Mann manchmal einen intensiveren Orgasmus.

◀ Für den Mann ist es eine gute Position, hinter seiner Partnerin zu sitzen oder zu knien, so daß er sich frei bewegen und mit einer Hand ihre Brüste streicheln und mit der anderen ihre Klitoris stimulieren kann. Wenn Sie ihren Hals und ihre Schultern küssen, wird es noch erregender!

„Einander durch Masturbation zum Höhepunkt zu verhelfen ist ebenso lustvoll wie Geschlechtsverkehr. Mit Übung können Sie es so „timen", dass beide gleichzeitig kommen – was bei anderen Sexpraktiken nicht immer passiert."

Gemeinsam lernen

Hier sind einige nützliche Tips, die Ihnen helfen werden, die verschiedenen Techniken erfolgreich und lustvoll zu meistern:

- Bringen Sie sich in Stimmung! Achten Sie darauf, dass es warm genug im Zimmer ist und Sie nicht gestört werden können. Ein bisschen Musik, erotischer Lesestoff oder Videos sind weitere Extras, die Ihnen beiden helfen können, erregt zu werden. Baden oder duschen Sie gemeinsam, wenn Sie möchten, und schmusen Sie miteinander.
- Machen Sie es sich bequem! Einander zu masturbieren kann anstrengend werden, wenn Sie sich nicht in einer angenehmen Stellung befinden. Körper in unbequemer Lage fühlen sich normalerweise nicht sehr sexy an. Achten Sie darauf, dass Sie es beide bequem haben und die Genitalien Ihres Partners so nah wie möglich an Ihren sind, um sich gegenseitig zu stimulieren.
- Lassen Sie das Licht an! Sie können nicht sehr viel lernen, wenn Sie nichts sehen. Dimmen Sie, wenn nötig, das Licht. Schliesslich kann es sehr aufregend sein, Ihren Partner zu beobachten. Viele Frauen behaupten, dass es sie besonders stark erregt, wenn sie den Höhepunkt ihres Partners sehen.
- Verwenden Sie viel Flüssigkeit! Egal, ob der Mann die Klitoris seiner Partnerin liebkost oder sie seinen Penis, es könnte sein, dass Sie zusätzliche Feuchtigkeit benötigen. Die beste und zuverlässigste Flüssigkeit ist Speichel – er ist warm und immer verfügbar. Alternativen sind Gleitmittel oder Babyöl, aber verwenden Sie sie sparsam.
- Ein Mann kann recht gut mit Puder masturbiert werden, aber bei einer Frau sollte es nicht verwendet werden, da es Probleme verursachen könnte, wenn Puder in die Vagina gelangt.

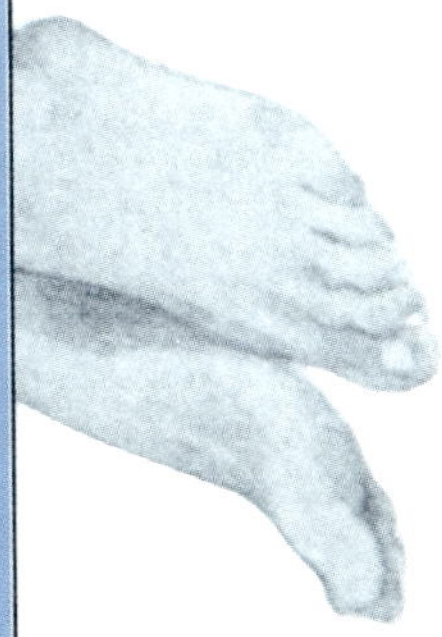

PHANTASIEVOLLES VORSPIEL

Vertrautheit kann sich positiv auf den Sex auswirken, doch von Zeit zu Zeit sollten Sie die sexuelle Routine variieren und Ihrem Liebesleben ein wenig Magie gönnen.

Die Qualität des Vorspiels entscheidet über den darauffolgenden Liebesakt. Wenn Sie es vernachlässigen, kann Sex leicht abgedroschen und vorhersehbar werden. Richten Sie Ihre Aufmerksamkeit darauf, und Sie werden etwas Einmaliges erleben. Noch wichtiger als das Vorspiel ist die Entscheidung für das, was Sie am liebsten haben; Sie sollten es realisieren, damit Sex zu einem besonderen Erlebnis wird.

▼ Männer werden eher visuell stimuliert, wenn sie den Körper einer Frau sehen, als durch die Umgebung. Beziehen Sie dies in Ihr Liebesspiel mit ein, dann können Sie nichts falsch machen.

ETWAS BESONDERES FÜR SIE

Überlegen Sie sich, was für eine Atmosphäre Sie schaffen möchten: Frauen lassen sich eher als Männer von der Umgebung beeinflussen, in der sie Sex haben. Wenn Ihre Partnerin romantische Abendessen bei Kerzenschein zu Hause liebt, so bereiten Sie dies vor; wenn sie Sex an ungewöhnlichen Orten mag, tun Sie alles, um ihr dies zu bieten. Liebt sie

„Wann immer Sex zwischen meinem Partner und mir zu routiniert wird, versuchen wir, uns an den hingebungsvollen Sex zu erinnern, den wir als Teenager hatten. Es war vielleicht nicht der grossartigste Sex, aber wir erinnern uns daran, weil er voller Leidenschaft und Intimität war."

Blumen oder kleine Geschenke, dann überraschen Sie sie damit. Und wenn sie es mag, daß Sie sich auf eine bestimmte Art kleiden, dann sollten Sie ihren Lieblingsphantasien nachgeben.
Konzentrieren Sie sich darauf, ihr beim Sex alles zu geben, was sie möchte.

Etwas Besonderes für ihn

Im Gegensatz zur allgemeinen Meinung sind die meisten Männer, wenn es um Sex geht, nicht weniger von Stimmungen beeinflußt. Nur sind die sexuellen Parameter etwas anders – sie scheinen stärker visuell von ihren Partnerinnen stimuliert zu werden. Es ist Ihr Körper und oftmals die Art, wie Sie gekleidet sind, die Sex für ihn zu etwas Besonderem machen; deswegen sollten Sie sich ab und zu für ihn verkleiden. Wenn er Sie gerne als „Nutte" sieht, dann kleiden und verhalten Sie sich so.
Versuchen Sie, ihn zu erregen. Erzählen Sie ihm, daß Sie keine Unterwäsche tragen. Seien Sie beim Sex nicht egoistisch, sondern konzentrieren Sie sich darauf, es für ihn zu einem ganz besonderen Erlebnis zu machen.

Orgasmus

Normalerweise ist das Ziel beim Sex der Orgasmus, aber Sex ist oft am schönsten, wenn Sie fast einen Orgasmus erreichen, etwas warten und dann wieder erregt werden. Doch um Mißverständnisse zu vermeiden, sollten Sie vorher darüber sprechen.
Wenn Sie als Mann Ihre Partnerin fast bis zum Orgasmus bringen wollen, nehmen Sie sich Zeit, sie auszuziehen. Streicheln Sie über ihren Rücken, ihre Beine und ihren Bauch.

▶ ***Bringen Sie Ihre Partnerin mit den Händen oder dem Mund an den Rand eines Orgasmus. Wenn sie ihre Beine bis zu den Schultern hin anzieht, können Sie Ihre Finger in ihre Vagina einführen.***

▲ ***Kreativ eingesetzt, kann ein Vibrator Ihrer Partnerin wunderbare Empfindungen bereiten. Benutzen Sie ihn auch dazu, um die Regionen in der Nähe ihrer Genitalien zu massieren.***

Knabbern Sie an ihren Füßen, Waden und Kniekehlen. Helfen Sie ihr, sich zu entspannen und sich Ihnen hinzugeben. Wenn sie ganz nackt ist, dann ölen Sie sie überall ein, aber berühren Sie nicht ihre Brüste oder ihre Vulva.

Wenn Sie ihre Brüste streicheln, geben Sie Öl darauf, und massieren Sie es ein. Wandern Sie dann mit Ihrem Penis um ihre Brustwarzen herum. Wenn sie versucht, Sie zu streicheln, halten Sie sie zurück. Geben Sie dann mit der anderen Hand Öl auf ihre Vulva, und umkreisen Sie erst die Klitoris, bevor Sie zärtlich einen Finger darauf legen. Wenn sie bereit ist, führen Sie so viele Finger, wie sie mag, in ihre Vagina ein, und berühren Sie mit dem Daumen die Klitoris.

Einen Vibrator benutzen

Der Vibrator ist eines der vielseitigsten Sexhilfsmittel für Frauen. Sie können ihn auf

Meine Frau hat Orgasmen, wenn wir miteinander schlafen, doch sie meint, der frühere Zauber würde fehlen. Was machen wir falsch?

Werben Sie um sie! Verwöhnen Sie sie; kaufen Sie ihr kleine Geschenke. Es ist eher das erotische Ambiente, was nicht mehr stimmt, als der Kern Ihrer Sexualität. Alles, was von Ihnen erwartet wird, ist ein bißchen Anteilnahme und Zuwendung.

viele Arten bei ihr einsetzen, aber um den Sex unvergeßlich zu machen, sollten Sie sie nicht damit zum Orgasmus bringen, sondern nur bis kurz davor. Benutzen Sie ihn auch für ihre Brüste, ihren Po und ihre Vulva. Wenn sie es mag, können Sie die Spitze in ihren Anus einführen.

Variieren Sie die Geschwindigkeit, während Sie ihn in ihrer Vagina und an ihrer Klitoris anwenden. Denken Sie auch daran, mit Ihrer anderen Hand über ihren ganzen Körper zu streicheln. Und vergessen Sie nicht, Ihren Mund einzusetzen.

SIE – FÜR IHN

Männer werden genauso gerne gestreichelt wie Frauen. Der einzige Unterschied besteht darin, daß sie stärker genital orientiert sind und deshalb weniger Zeit brauchen, um erregt zu werden. Auch wenn die Qualität seiner Erregung ganz besonders sein soll, darf das Vorspiel nicht zu lange dauern; denn sonst bekommt er zu früh einen Orgasmus, was vielleicht schön für ihn ist, aber nicht so sehr für Sie. Liebkosen Sie ihn mit Ihren Händen und Ihrem Körper. Wandern Sie erst mit den Händen und dann mit Ihren

▼ Küssen Sie Ihren Partner nicht nur auf den Mund, sondern überall hin – von den Zehen an aufwärts. Ein langsamer und einfühlsamer Aufbau des Vorspiels wird Ihre Lust beim Sex zehnfach erhöhen.

DIE RICHTIGE STIMMUNG

Der Rücksitz des Autos, ein einsamer Strand oder der Komfort des eigenen Schlafzimmers können für den Sex magische Qualitäten entfalten, wenn die Stimmung die richtige ist. Lebt ein Paar schon länger zusammen, bedarf es einiger Vorbereitung und Phantasie, um die richtige Atmosphäre zu schaffen. Schneller Sex kann schön sein, aber für die Empfindungen, die uns an den Rand eines einzigartigen Orgasmus führen, ist es normalerweise nötig, dass man sich Zeit für sich nimmt – nicht nur für Küsse und Liebkosungen, sondern auch für zärtliche Worte und Blicke.

Vertrautheit mag zu einem technisch besseren Sex führen, aber das präsexuelle Vorspiel – die Zeit des Werbens umeinander – ist etwas, das von vielen Paaren leider vergessen wird, sobald sie eine Zeitlang zusammenleben.

Brüsten seinen Rücken entlang, von den Füßen bis zum Hals. Drehen Sie ihn dann um, und geben Sie etwas Öl auf seinen Bauch und seine Oberschenkel. Massieren Sie es fest ein, und geben Sie dann noch etwas mehr direkt auf seine Eichel.

Vollendete Orgasmen

Das Liebesspiel kann wenige Minuten, aber auch eine halbe Stunde dauern. Welche Sextechnik Sie auch immer wählen, vergessen Sie nicht, daß Sie sie immer wechseln können, wenn Sie Lust dazu haben. Orgasmen müssen nicht genital herbeigeführt werden: Sie können auch oral verursacht sein.

Oralsextips für Frauen

Gemeinsamer Oralsex ist sehr erotisch, wenn Ihr Partner auf dem Rücken liegt und Sie sich auf seinen Mund hocken – das Gesicht seinen Füßen zugewandt – und ihm mit Ihrer Vulva einen dicken Genitalkuß auf die Lippen geben.

Lehnen Sie sich leicht nach vorne, und stützen Sie sich mit den Ellenbogen aufs Bett. Nehmen Sie seine Peniswurzel so tief in den Mund, wie Sie mögen, und lecken und saugen Sie dann abwechselnd an seiner Eichel. Vergessen Sie dabei nicht, Ihr Gesäß zu bewegen und seine Zunge zu Ihrer Klitoris zu dirigieren.

Behalten Sie die Kontrolle! Die meisten Männer finden diese Stellung so erregend, daß sie zu schnell kommen, wenn Sie das Tempo zu sehr steigern. Wenn Sie merken, daß Sie kurz vor dem Orgasmus sind, steigern Sie den Impuls. Fahren Sie mit Ihrer Hand den Penis auf und ab, und bringen Sie ihn mit Ihren Lippen, Ihrer Zunge und Ihrem Mund zum Orgasmus.

Oralsextips für Männer

Akzeptieren Sie, daß die Frau in dieser Stellung das Sextempo bestimmen wird; versuchen Sie, gleichzeitig mit ihr zum Orgasmus zu kommen. Setzen Sie Ihre Zunge so kreativ wie möglich ein, wenn sie sich über Ihr Gesicht hockt. Lecken Sie ihre Klitoris, und versuchen Sie

▼ ***Einige Frauen finden es sehr erregend, wenn ihr Partner ihren Damm küßt – die klassische 69er-Position ermöglicht ihnen dies sowie die Stimulierung ihrer Vulvaregion.***

◀ ***Streichen Sie während des Vorspiels mit Ihren Brüsten und Händen über seinen ganzen Körper. Die meisten Männer werden immer wieder dadurch erregt werden. Wandern Sie seinen Körper hinunter, und nehmen Sie seinen Penis zwischen Ihre Brüste.***

dann, sie zwischen Lippen und Zähne zu nehmen, um daran zu saugen. Lassen Sie auch Ihre Hände nicht untätig. Öffnen Sie damit ihre Vaginallippen, und stecken Sie Ihre Zunge in sie hinein. Führen Sie Ihre Finger in sie ein, und fahren Sie mit Ihrer Zunge über ihre Klitoris. Zeigen Sie ihr, daß sie Ihnen Lust bereitet, indem Sie auf ihren Rhythmus reagieren.

Auf Wünsche eingehen

Vergessen Sie nicht, daß sich Stimmungen und Bedürfnisse während des Sexualakts ändern können. Vielleicht möchte die Frau plötzlich eine dominantere Rolle spielen; oder der Mann bekommt Lust auf eine aggressivere oder passivere Rolle beim Sex. Bei einem guten Geschlechtsverkehr müssen zudem Rhythmus und Timing stimmen: Das entschiedenste Stoßen kann sonst nichts bewirken. Noch wichtiger ist, daß Sie beide im Einklang miteinander sind und intuitiv auf die Wünsche des anderen eingehen können. ❤

▼ ***Sie können die Stellung beim Sex immer wieder verändern. Wenn Sie von hinten mit ihr schlafen, können Sie dabei ihre Brüste streicheln.***

*O*RALSEX

Oralsex bietet eine Mischung aus Intimität, Vertrauen, Hingabe und Zärtlichkeit, die sich oft sehr stark vom Geschlechtsverkehr unterscheidet.

Oralsex hat zwei verschiedene Namen. Das Küssen, Lecken und Saugen des weiblichen Geschlechtsorgans nennt man Cunnilingus. Ähnlicher Oralkontakt mit dem Penis heißt Fellatio. Wenn zwei Menschen gleichzeitig miteinander Fellatio und Cunnilingus praktizieren, so nennt man dies Soixante-neuf, was 69 auf französisch heißt. Die Zahlen stehen für zwei Menschen, die Kopf an Fuß beieinander liegen.

Oralsex kann als Sexualpraktik ausgeführt werden, durch die beide Partner zum Orgasmus gebracht werden. Meist wird er jedoch vor dem Geschlechtsverkehr als Teil des Vorspiels eingesetzt.

Für viele Frauen ist Cunnilingus erregender als der Geschlechtsverkehr. Die Feuchtigkeit kommt dabei eher aus dem Mund als aus der Vagina.

Die Zunge, mit ihren schnellen, plötzlichen Bewegungen, ist zarter als die Haut der Finger, und viele Frauen haben Orgasmen bei oraler Stimulation, selbst wenn sie auf andere Weise keine bekommen können.

Für einen Mann ist Fellatio besonders aufregend, weil sie so anders ist als „gewöhnlicher" Geschlechtsverkehr. Die Lippen ähneln, was das Gewebe betrifft, der Vagina und fühlen sich wie eine neue Vagina an. Für Fellatio braucht man viel Vertrauen, und der Mann fühlt sich anerkannt und kann eine passivere

▼ ***Oralsex ist ein Kuß, der die intimsten Stellen Ihres Partners liebkost. Er kann das Sexleben eines jeden Paares verändern und neuen Schwung bringen.***

Rolle im Bett spielen, was er von Zeit zu Zeit gerne tun wird.

Ist Oralsex normal?

Viele Menschen finden den Gedanken an Oralsex widerwärtig. Sie meinen, es sei „schmutzig", Lippen und Zunge mit den Organen in Kontakt zu bringen, mit denen sie urinieren; oder sie sind einfach gehemmt.

Ein Großteil der Männer glaubt, daß ihr Wunsch nach Oralsex ein Ausdruck homosexueller Neigungen sei, vor denen sie vielleicht Angst haben oder für die sie sich schämen.

Wenn ein Paar gesund ist, so ist am Oralsex nichts pervers oder unhygienisch. Es ist lediglich eine Erweiterung anderer Sexualpraktiken: Die meisten Menschen küssen beim Sex den Körper ihres Partners. Oralsex ist ein Kuß, der die intimsten Körperteile Ihres Partners liebkost.

Nichts ist verpflichtend

Es kann in einer Partnerschaft zum Problem werden, wenn der eine Partner Oralsex mag und der andere dies verweigert. Das kann die Partnerschaft sehr belasten.

Offen und ehrlich miteinander über Ihre besonderen Wünsche zu sprechen ist wichtig für Ihre Beziehung. Niemand sollte dazu gedrängt werden, etwas zu tun, was er nicht möchte. Wenn Sie Oralsex wollen und Ihr Partner nicht, so sollten Sie versuchen, seine Vorbehalte zu verstehen. Doch niemand sollte sich emotionalen Erpressungen oder Forderungen eines rücksichtslosen Partners verpflichtet fühlen. Was ein Paar im Bett miteinander tut, hängt von seinen persönlichen Vorlieben ab und davon, was *beide* mögen.

▲ ***Die Position 69 ist für manche Männer das größte sexuelle Erlebnis, denn sie können dabei gleichzeitig geben und nehmen.***

> *Ich dachte immer, Oralsex sei etwas Schmutziges und ziemlich Unangenehmes, doch mein Freund half mir, meine Meinung zu ändern. Sex ist nun viel schöner.*

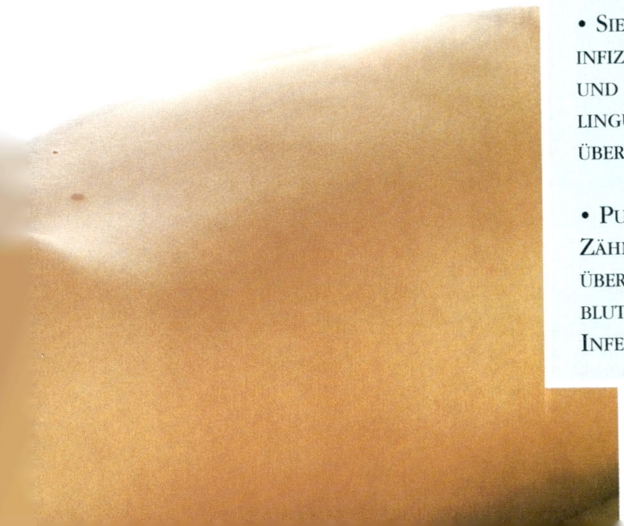

Safer Sex

- Sie können Aids bekommen, wenn Sie Oralsex mit einer HIV-infizierten Person haben: praktizieren Sie deshalb „Safer Sex", und verwenden Sie ein Kondom. Ein Mann sollte nicht Cunnilingus bei einer Frau ausüben, wenn er nicht absolut sicher über ihre sexuelle Vergangenheit ist.

- Putzen Sie sich nicht direkt vor oder nach dem Oralsex die Zähne, denn kleinere Hautabschürfungen, verursacht durch übermässiges Bürsten, eine harte Zahnbürste oder Zahnfleischbluten, bieten einen idealen Nährboden für alle Arten von Infektionen.

SIE FÜR IHN

◀ ***Oralsex sollte für beide schön sein: Wählen Sie deshalb eine Position, die für beide Partner angenehm ist. Bei Fellatio ist es gut, wenn der Mann steht und die Frau vor ihm kniet.***

Viele glauben, daß Frauen den Penis ihres Partners nur küssen und daran saugen, weil es ihm gut gefällt; doch oft tun sie es, weil sie selber dabei intensiver empfinden.
Betrachten Sie Fellatio als eine Art von Geschlechtsverkehr, und gehen Sie entsprechend damit um. Niemand würde sich ohne Vorspiel auf den Geschlechtsverkehr stürzen; so ist es auch mit Fellatio. Streicheln Sie erst seine anderen Körperregionen, und erregen Sie ihn dann so, wie er es am liebsten hat.
Männer sind in dem, was sie mögen, vorhersehbarer als Frauen, und was den einen Mann erregt, erregt mit ziemlicher Sicherheit auch einen anderen. Die einzige notwendige Vorbereitung für Fellatio ist, daß seine Genitalien sauber sind.

FELLATIO – ABER WIE?

Wenn die Grundregeln geklärt und Sie beim Vorspiel sind, dann nehmen Sie eine Position ein, in der Sie sich richtig wohl fühlen; genießen Sie den Penis Ihres Mannes. Die Position kann vari-

HILFREICHE TIPS

BEISSEN SIE NICHT IN DIE GENITALIEN, AUCH NICHT ZUM SPASS. IN DER HITZE DES AUGENBLICKS KANN ES PASSIEREN, DASS SIE IHREN PARTNER VERLETZEN.

WASCHEN SIE IHRE GENITALIEN JEDEN TAG. ACHTEN SIE AUF SAUBERKEIT.

EIN PLÖTZLICHER STOSS DES PENIS TIEF IN DEN MUND DER FRAU IST NICHT NUR RÜCKSICHTSLOS, SONDERN AUCH GEFÄHRLICH. ALSO VORSICHT!

BLASEN SIE NIEMALS IN DIE GENITALIEN. ES KANN EINE FRAU SOGAR TÖTEN, WENN LUFT IN IHREN UTERUS UND DANN IN IHREN BLUTKREISLAUF GELANGT.

◀ ***Fellatio ist eine gute Methode, um den Partner für eine zweite Sexrunde erneut zu erregen. Eine Frau, die gerne Fellatio mit ihrem Partner hat – weil sie ihn besonders beglücken möchte oder es selber erregend findet –, wird fähig sein, auch den widerspenstigsten Penis zur Erektion zu bringen.***

ieren: Einige Männer ziehen es vor, im Bett zu liegen, während andere lieber sitzen. Es ist gut für den Mann, wenn er mit den Händen in den Hüften steht und der erigierte Penis sich auf der Höhe Ihres Gesichts befindet. Dann können Sie sich hinknien und haben die Hände frei, um ihn zu streicheln und mit seinen Hoden zu spielen.

Nehmen Sie dann den Penis in die Hand, und befeuchten Sie die Eichel mit Speichel – seien Sie dabei jedoch vorsichtig mit Ihren Zähnen. Nehmen Sie dann den Penis, so weit Sie mögen, in den Mund, und bewegen Sie den Kopf, so daß er sich auf- und abbewegt. Das Geheimnis liegt darin, nicht die Zähne dabei zu benutzen.

Wenn der Mann vor Lust stöhnt, nehmen Sie den Penis aus dem Mund, fahren mit der Zunge über die ganze Länge auf und ab, und beziehen Sie auch seine Hoden ein. Das macht die meisten Männer verrückt, genauso wie die Bewegung der Zunge über das Frenulum (Vorhautbändchen) auf der Unterseite des Penis. Hören Sie für ein paar Minuten mit der Stimulation auf; necken Sie ihn, indem Sie Ihre Aufmerksamkeit anderen Körperteilen zuwenden – knabbern Sie an ihm, und küssen Sie ihn überall.

Kehren Sie dann zu seinem Penis zurück, und stecken Sie ihn tief in Ihren Mund; pressen Sie gleichzeitig sanft seine Hoden, wenn er das mag. Lassen Sie sich dabei von Ihrem Partner und seinen Wünschen leiten.

Kreisen Sie mit Ihrer Zunge um seine Eichel, so daß Sie nie den Kontakt mit ihm verlieren. Stecken Sie Ihre Zunge in den Schlitz seiner Eichel, und nehmen Sie sie wieder heraus. Fahren Sie dann mit den Kreisbewegungen fort, kombiniert mit den Rein- und Rausbewegungen. Benutzen Sie währenddessen

▼ ***Zu bestimmten Zeiten – etwa nach einer Geburt oder wenn keine Verhütungsmittel zur Hand sind – ist Oralsex die praktischste Methode, Sex zu haben. Dabei entstehen eine ganz andere, jedoch genauso intensive Erregung und volle Befriedigung.***

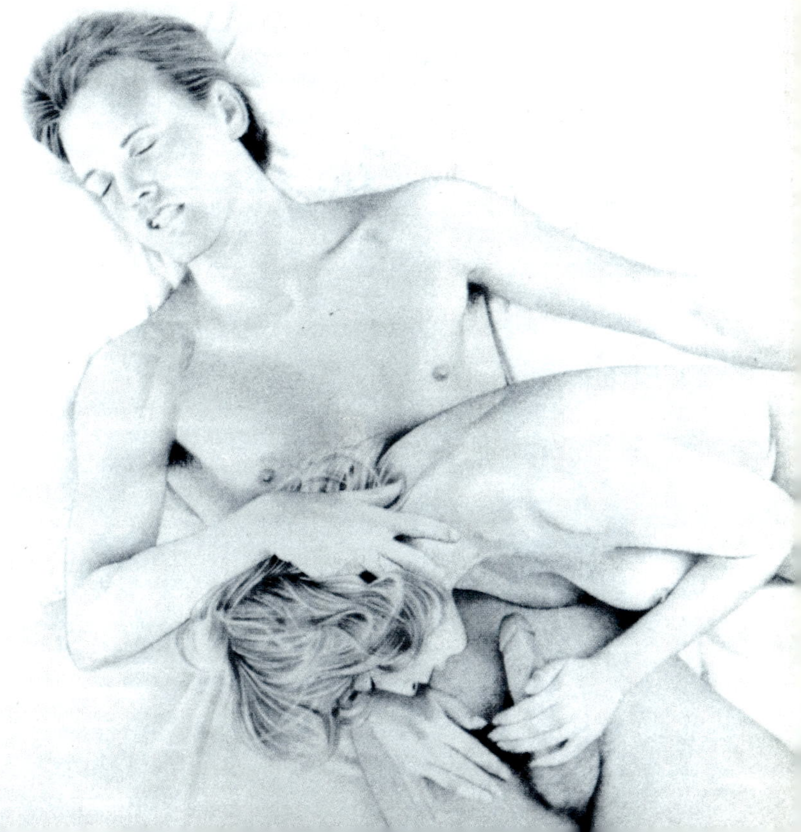

auch Ihre Hände – und versichern Sie sich, daß Sie Ihrem Partner zu ekstatischen Gefühlen verhelfen.

Wenn Sie das Sperma nicht mit dem Mund aufnehmen möchten, können Sie den Penis kurz vor dem Höhepunkt herausnehmen und ihn manuell befriedigen. Die meisten Paare machen Fellatio nicht bis zur Ejakulation, sondern benutzen es als eine Art Vorspiel, dem dann der Geschlechtsverkehr folgt. Das Geheimnis liegt darin, die individuellen Anzeichen zu erkennen, die die präejakulative Phase ankündigen. Achten Sie auf Veränderungen der Atmung, auf seine Geräusche und Bewegungen.

Wenn nötig, pressen Sie seine Eichel mit Ihren Fingern zusammen, um ihn etwas abzukühlen.

Er für Sie

Cunnilingus erfolgreich auszuüben ist viel schwieriger als Fellatio. Fast alle Männer bekommen eine Erektion und kommen schnell zum Orgasmus, wenn eine Frau ihnen genügend oralsexuelle Aufmerksamkeit schenkt. Frauen können es schwieriger haben, vor allem, weil sie so unterschiedlich sind, was ihre sexuellen Bedürfnisse und ihre genitale Lust betrifft.

Wie bei Fellatio ist die einzige Voraussetzung die Sauberkeit der Sexualorgane. Legen Sie ein Kissen unter das Gesäß der Frau, um ihre Geschlechtsregion zu erhöhen und es für beide komfortabler zu machen. Streicheln Sie sie dann überall; küssen Sie ihre Brüste und ihre Brustwarzen. Necken Sie sie, indem Sie mit Ihren Lippen über ihre sensibelsten Körperteile gleiten, aber kitzeln Sie sie nicht.

Liebkosen Sie ihre Vulva, und küssen Sie diese ganze Region. Küssen Sie ihre äußeren Schamlippen, und fahren Sie mit Ihrer Zunge daran entlang. Nehmen Sie sie zwischen Ihre Lippen, und saugen Sie daran. Saugen Sie genauso zärtlich an den inneren Schamlippen. Lekken Sie sie um die Vaginaöffnung herum und zwischen Vagina und Anus.

▲ In dieser Position hat die Frau während des Cunnilingus die Kontrolle über ihren Orgasmus. Sie preßt ihre Vulva auf den Mund ihres Partners und bringt sich in ihrem eigenen Tempo zum Orgasmus.

WUSSTEN SIE SCHON?

Oralsex wird schon seit Tausenden von Jahren von Männern und Frauen praktiziert. Die Ägypter waren besonders versessen darauf – Ägyptische Huren trugen Lippenstift, um dafür zu werben, dass sie Fellatio machten. Von Kleopatra sagt man, dass sie die berühmteste Vertreterin war. Sie wurde von den Griechen „Die mit dem offenen Mund" genannt. Man sagt, sie habe in einer einzigen Nacht hundert römische Soldaten durch Fellatio befriedigt. In China gibt es auch eine Oralsexlegende über Wu Hu, eine Kaiserin der T'ang-Dynastie. Um ihren eigenen Status zu erhöhen und sich gegenüber Männern in eine dominante Position zu begeben, habe sie darauf bestanden, heisst es, dass alle zu Besuch kommenden Regierungsvertreter und ausländischen Beamten ihr huldigten, indem sie Cunnilingus an ihr verübten.

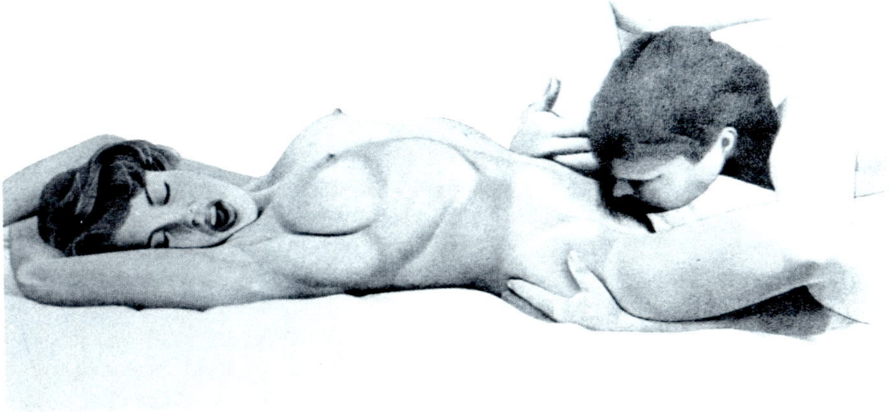

◀ ***Für eine Frau ist der Oralsex am entspannendsten, wenn sie mit weit geöffneten Beinen auf dem Rücken liegt, während ihr Partner mit seiner Zunge ihre sensibelsten Regionen erforscht.***

Stecken Sie Ihre Zunge in ihre Vagina; schieben Sie sie rein und raus. Wenn sie sehr erregt ist und Vaginalflüssigkeit entwickelt, richten Sie Ihre Aufmerksamkeit auf ihre Klitoris.

Wie Sie mit diesem sensiblen Organ umgehen, sollte davon abhängen, was Ihre Partnerin am liebsten mag. Lecken Sie sie überall in dieser Region, doch gehen Sie mit der Klitoris sehr vorsichtig um. Einige Frauen mögen es nicht, wenn die Klitoris selbst geleckt wird, während andere festes Saugen und Zungenberührungen mögen, wenn sie kurz vorm Höhepunkt sind. Ist sie noch erregter, stecken Sie einige Finger in ihre Vagina. Hören Sie gelegentlich mit den oralen Liebkosungen auf, und konzentrieren Sie Ihre Hände auf Vagina und andere Körperregionen. Das wird sie noch stärker sexuell erregen. ❤

▼ ***Wenn der Mann beim Oralsex den ganzen Körper der Frau liebevoll küßt und streichelt, also nicht nur ihre Genitalien, dann kann er ihre Erregung steigern und verlängern.***

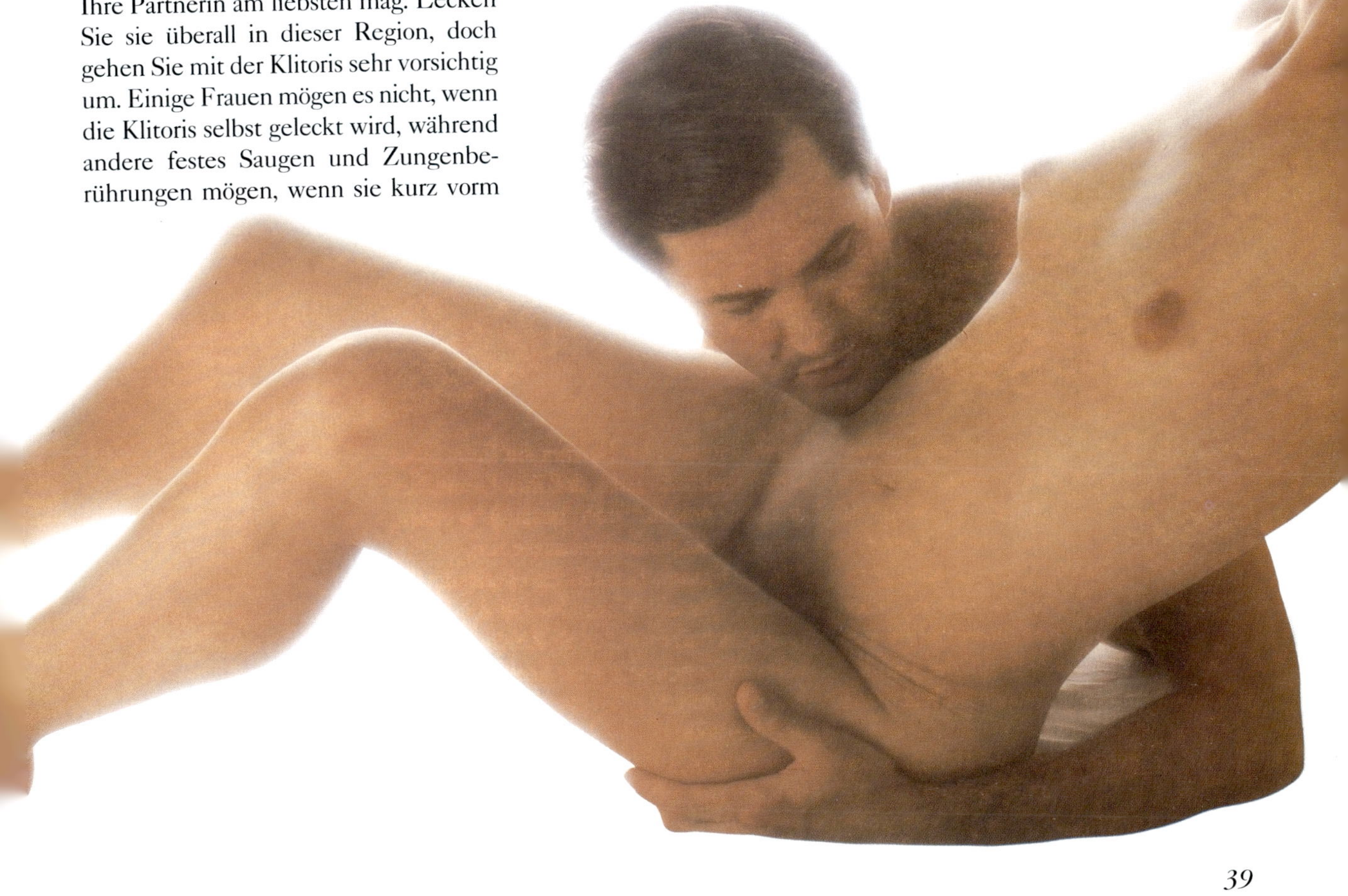

INTIME KÜSSE

Oralsex kann ein wesentlicher Bestandteil des sexuellen Repertoires eines Paares sein; viele Frauen halten Oralsex für eine zärtliche und sehr aufregende Art von Sex.

▲ Für viele Frauen ist Oralsex ein erregender Teil des Liebesspiels, entweder als Vorspiel zum Geschlechtsverkehr oder als aufregende Alternative dazu.

Der Mund eines Mannes kann überaus erotisch und erregend sein, wenn er auf die richtige Weise an allen Teilen des weiblichen Körpers eingesetzt wird. Oralsex beinhaltet eigentlich das Küssen und Saugen an allen Körperteilen – leider konzentrieren sich die meisten Menschen auf die Genitalien und schließen dabei andere orale Freuden aus.

Fast alle Frauen genießen Oralsex, wenn er nicht ihre Genitalien beinhaltet. Sie finden es romantisch, weil es ihnen zeigt, wie sehr ihr Partner sie liebt. Aber wenn es darum geht, daß ihre Genitalien geküßt, geleckt und gesaugt werden, kann die Sache anders aussehen.

Einige Frauen betrachten es als das Intimste, was ein Mann für sie tun kann, und so schätzen sie es als Zeichen seiner völligen Zuneigung sehr. Andere denken, ihre Genitalien seien etwas Schmutziges und Verbotenes.

Zumindest einige dieser Frauen können davon überzeugt werden, ihre Meinung zu ändern: wenn der Mann, sobald die

Klitoris oder anderes stimuliert worden ist, zärtlich, aber bestimmt anfängt, erst ihre Vulva und dann ihre Klitoris zu küssen. Achten Sie darauf, sie nicht mit Ihrer Zunge zu kitzeln.

Nichtgenitaler Oralsex

Legen Sie sich nebeneinander, die Gesichter einander zugewandt. Küssen Sie zärtlich ihr ganzes Gesicht, und vergessen Sie nicht, an ihren Ohrläppchen zu saugen, wenn sie das mag. Küssen Sie ihren Mund, ihre Lippen und ihre Zunge, und erregen Sie sie weiter, indem Sie ihren Körper mit Ihren Händen streicheln. Das Schöne an fast allen Oralsexpositionen ist, daß man die Hände frei hat, um weitere Körperteile der Frau zu liebkosen und zu erregen.

Bewegen Sie sich entlang ihres Körpers nach unten, so daß Ihr Kopf sich auf der Höhe ihrer Brüste befindet. So können Sie ihre Brüste küssen, an ihren Brustwarzen saugen, ihre Brüste ganz in den Mund nehmen oder auf ihre Brustwarzen pusten. Fahren Sie mit Ihrer Zunge um ihre Brustwarzen herum, und tasten Sie sich damit tief in ihre Brüste, unter ihre Brustwarzen und den Warzenring vor. Beißen Sie nicht, und wenn, dann nur sehr sanft. Diese Stellung ist sehr geeignet, wenn sie ihre Periode hat oder schwanger ist. Einige Frauen bekommen einen Orgasmus, wenn ihre Brüste ausgiebig verwöhnt werden.

Oralsex ist immer ein wichtiger Bestandteil unseres Sexlebens gewesen. Doch seit ich die Pille abgesetzt habe, dauert meine Periode sehr lange. Keiner von uns möchte warten. Was können wir tun?

Sie können entweder ein Tampon benutzen und das Fädchen hineinstecken, oder Sie können ein Diaphragma verwenden und sich gründlich waschen.
Aber vor allem richtet sich dieser Rat nur an Paare, die treu sind und die sexuelle Vergangenheit des Partners sehr gut kennen.

Nach unten reisen

Wandern Sie nun mit Ihrem Mund zu ihrem Bauch. Lecken und küssen Sie ihren Nabel, und lassen Sie Ihren Mund und Ihre Lippen im Kreis über ihren Bauch fahren. Arbeiten Sie sich zu ihrer Vulva vor, aber berühren Sie sie in die-

▼ Wenn der Mann die Hände unter die Hüften seiner Partnerin legt, während sie auf dem Rücken liegt, kann er ihren Körper leicht anheben, um die ganze Region zu küssen, zu saugen und zu lecken.

◀ ***Wenn der Mann auf dem Rücken liegt und die Partnerin rittlings auf seinem Kopf sitzt, kann er mit seiner Zunge tief in ihre Vagina eindringen. Viele Frauen finden diese Stellungen sehr erregend, denn so können sie ihren Körper frei bewegen und dadurch viel intensiver empfinden.***

sem Stadium noch nicht, weder mit den Händen noch mit dem Mund.

Legen Sie sich zwischen die Füße Ihrer Partnerin; vielleicht knien Sie sich am Ende des Bettes auf den Boden. Sie können jetzt ihre Zehen und Füße küssen und daran saugen. Einige Frauen genießen dies so sehr, daß sie fast zum Höhepunkt kommen, auch wenn der Rest ihres Körpers nicht berührt wird. Das ist eine gute Stellung für Frauen, die gerne ihre eigenen Brüste und/oder ihre Klitoris streicheln, während ihr Partner ihre Füße oral liebkost.

Vergessen Sie ihre Hände nicht. Fahren Sie mit der Zunge zwischen ihre Finger; saugen Sie dann an ihren Fingerspitzen, küssen Sie ihre Handfläche, und liebkosen Sie sie mit der Zunge.

VARIATIONEN

Wenn Ihre Partnerin durch den nichtgenitalen Oralkontakt erregt ist, wird sie sehr empfänglich für genitalen Oralkontakt sein. Dies ist der beste Zeitpunkt für einen Versuch, aber gehen Sie zärtlich vor, falls sie Vorbehalte gegenüber Oralsex hat. Am besten ist es, wenn die Frau mit gespreizten Beinen auf dem Rücken liegt. Der Mann legt sich dann zwischen ihre Beine, so

▼ ***Wenn die Frau sich in einen komfortablen Sessel lehnt, der gut mit Kissen gepolstert ist, kann ihr kniender Partner in idealer Höhe ihre Klitoris mit der Zunge stimulieren.***

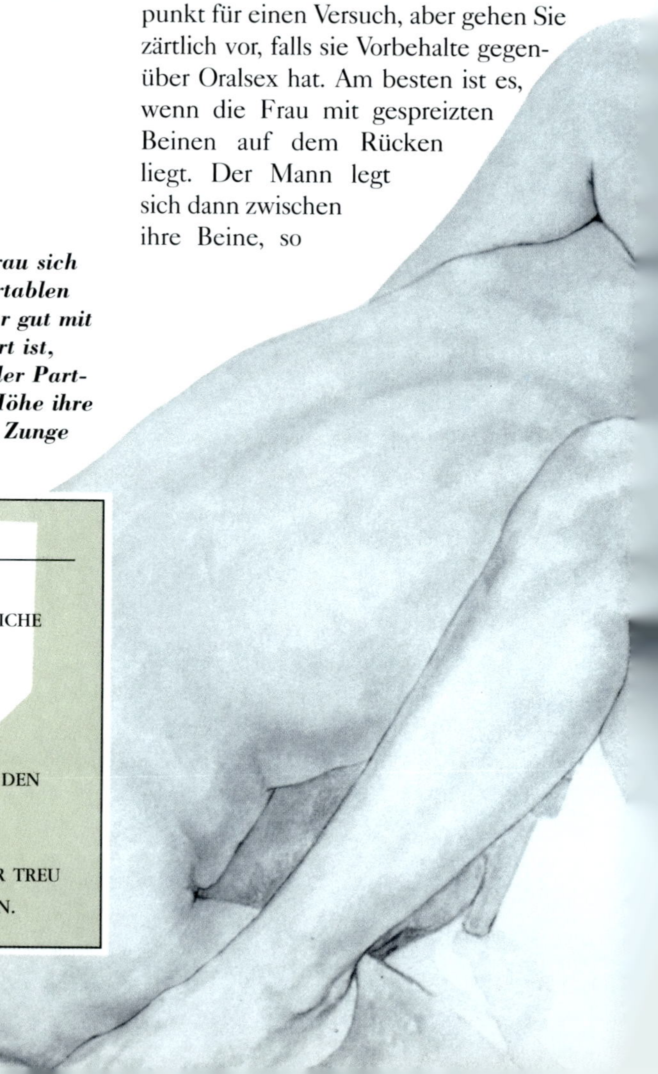

TIPS FÜR ORALSEX

FÜR IHN:

- RASIEREN SIE SICH – EIN DREITAGEBART WIRD DIE EMPFINDLICHE HAUT DER GENITALREGION NUR ZERKRATZEN.
- SAUGEN SIE AN DER KLITORIS, ABER BEISSEN SIE NICHT.

FÜR SIE:

- WASCHEN SIE VULVA, DAMM UND ANALZONE SORGFÄLTIG.
- ZIEHEN SIE IHREN SLIP AUS, ODER TRAGEN SIE EINEN BODY, DEN SIE SCHNELL ÖFFNEN KÖNNEN.

FÜR BEIDE:

- HABEN SIE NUR ORALSEX MITEINANDER, WENN SIE EINANDER TREU SIND UND DIE SEXUELLE VERGANGENHEIT DES ANDEREN KENNEN.

daß er sie leicht lecken, küssen und an ihren Genitalien saugen kann. Beugen Sie Nackenschmerzen vor, indem Sie ein Kissen unter ihre Hüften legen. So wird ihre Vagina erhöht und in die richtige Position gebracht. Diese Stellung ist gut dafür geeignet, die Klitoris zu lecken und zu küssen.

Sie können die Stellung variieren, indem die Frau in dieser Position bleibt, der Mann sich jedoch umdreht, so daß sein Gesicht zu ihren Füßen zeigt. Jetzt befinden sich seine Genitalien über ihrem Gesicht, so daß sie an seinem Penis saugen und ihn küssen kann, wenn beide das möchten. Wenn er sich auf die Ellenbogen stützt, kann er ihre Vulva und ihre Klitoris küssen; er sollte sich jedoch nicht zu fest auf sie legen.

Der Mann sollte sich auf Knie und Ellenbogen stützen. In

▶ Die Frau liegt mit zur Decke gestreckten Beinen auf dem Rücken, legt den größten Teil ihres Gewichtes in ihre Schultern und greift zur Unterstützung die Beine ihres Partners. Er beugt sich nach vorne – die Beine leicht gebeugt – und küßt oder leckt ihre Vulvaregion und ihren Damm.

Ich mag keinen Oralsex, weil ich in dieser Region sicher unangenehm rieche. Sollte ich vielleicht ein Vaginaldeodorant benutzen?

Auf keinen Fall. Das Problem existiert eher in Ihrem Kopf, denn Sie glauben, Ihre Genitalien seien schmutzig. Wenn Sie sich vor dem Sex waschen, gibt es absolut keinen Grund, weshalb Ihre Genitalien unangenehm riechen sollten.

▲ ***Die Frau stützt sich auf Arme und Beine, unterstützt von ihrem Partner, der eine Hand unter ihr Gesäß hält. Ihr Partner hat nun die ideale Position, um die Vulvaregion mit seiner Zunge zu liebkosen.***

dieser Position kann er unter ihre Oberschenkel greifen, sie auseinanderziehen und ihre äußeren Schamlippen öffnen, um die beste Position für Oralsex zu haben. Der geschickte Mann kann sogar die Finger der einen Hand (oder beide) in die Vagina einführen, während er die Klitoris und die Vulvaregion küßt. Diese Stellung ist vor allem für Paare geeignet, die gerne einen Dildo oder einen Vibrator benutzen. Der Mann kann beobachten, wie dieser sich rein- und rausbewegt; die Frau hat die Hände frei, um ihn zu liebkosen und, wenn sie möchte, an seinem Penis zu saugen.

Die Frau liegt mit den Hüften auf der Bettkante, die Füße flach auf dem Boden. Der Mann kniet zwischen ihren Oberschenkeln und küßt und reibt ihre Vulva und ihre Klitoris. Wenn sie erregter wird, kann die Frau ihre Oberschenkel an die Brust

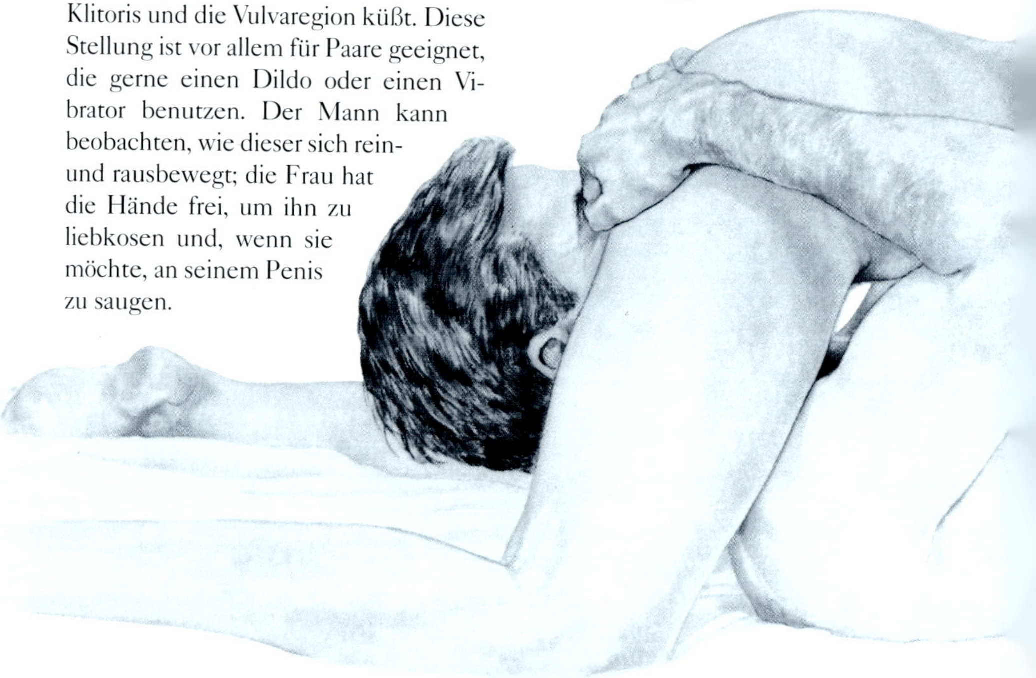

▼ Dies ist eine weitere Position, die der Frau mehr Bewegungsfreiheit ermöglicht. Der Mann kann das Gesäß seiner Partnerin liebkosen, ihre Vulvaregion öffnen und sich ganz der Klitoris, der Vagina und dem Damm widmen.

ziehen, sollte sie jedoch weiterhin gespreizt lassen, damit er Zugang zu ihrer geöffneten Vulva hat.

All diese Stellungen können auch ausgeführt werden, wenn die Frau auf einem Tisch liegt. Das ist bequemer für den Mann, weil er sich weniger bücken muß, damit sich die Vulva der Frau etwa auf gleicher Höhe mit seinem Gesicht befindet. Der Mann liegt flach auf dem Rücken, und die Frau kniet über seiner Brust, gibt ihm einen Vaginalkuß. Sie kann auch den Penis oral liebkosen.

Der Mann kniet sich vor die Frau, die breitbeinig dasteht. Jetzt kann er von unten ihre Vulva lecken, küssen und saugen.

Eine Variante für waghalsige Paare: Der Mann legt sich mit hochgezogenen Knien mit dem Rücken aufs Bett oder auf den Boden. Die Frau kniet sich mit dem Rücken zu seinen Knien über sein Gesicht. Ihre Beine sind weit geöffnet, und ihre Vulva befindet sich über seinem Mund. Dann lehnt sie sich zurück gegen seine Knie und legt ihren Kopf darauf.

Die Vulva ist besonders weit geöffnet, und der Mann kann seine Zunge in ihre Vagina stecken und Vulva und Klitoris mit dem Mund liebkosen. ❤

„Ich finde, man kann der Frau nicht besser zeigen, dass man sie begehrt, als wenn der Mann sie ausgiebig oral befriedigt – und dies offensichtlich geniesst."

Wenn ich die Vulva meiner Partnerin küsse, habe ich das Gefühl, daß ich meine Zunge nicht tief genug in ihre Vagina stecken kann. Was soll ich tun?

Die Anatomie mancher Frauen macht dies sehr schwierig. Aber Sie können versuchen, ihre Hüften auf ein Kissen zu legen. Wenn Sie mit Ihrem Gesicht dann ganz nah an ihrer Vagina sind, können Sie Ihre Hände unter ihr Gesäß legen und ihre Hüften ein wenig anheben. Wenn sie sehr erregt und bereit ist, von Ihnen liebkost zu werden, kann sie ihre Oberschenkel anziehen und so ihr Gesäß noch einmal heben.

2

Sexstellungen

Die alten chinesischen Meister sagten, Sex solle jedesmal eine einzigartige Erfahrung sein. Dies mag für die meisten von uns ein hoher Anspruch sein, aber viele Paare würden es sicherlich genießen, ab und an ihr Sexualrepertoire zu erweitern. Menschliche Sexualreaktionen sind derart vielfältig, daß Sex genau so aufregend und neu oder beruhigend und vorhersehbar sein kann, wie Sie es möchten. In diesem Kapitel werden Sie neue Ideen finden; bei manchen spielt der Mann die dominante Rolle, und bei anderen ist die Frau die aktivere.

REITER-STELLUNGEN

Wenn Sie sensationellen Sex haben möchten, dann kehren Sie die traditionellen Rollen um, und lassen Sie die Frau die Initiative ergreifen. Die Vielfalt der möglichen Stellungen macht den Sex elektrisierend.

Wenn die Frau gerne die Initiative ergreift und der Mann seine Partnerin beim Sex betrachten möchte, dann ist eine Stellung unschlagbar, bei der die Frau oben sitzt. Außerdem kann er so tief in seine Partnerin eindringen, daß die sexuelle Lust durch neue Empfindungen für beide gesteigert wird.

Fast alle Männer behaupten, daß sie es gelegentlich mögen, wenn sie nicht die Initiative ergreifen müssen; und genauso, wie sich manche Frauen geschmeichelt fühlen, wenn sie mit großer Leidenschaft genommen werden, mögen es viele Männer, von ihrer Partnerin „genommen" zu werden.

▼ *In dieser Position kann die Frau sich so frei bewegen, wie sie möchte, während der Mann mit den Händen über ihren ganzen Körper gleitet. Dabei können beide Partner die Lust des anderen sehen.*

WACHSENDE ERREGUNG

Es wird beiden viel Spaß bereiten, wenn die Frau ihn vor dem Geschlechtsverkehr ein wenig neckt. Sie kann den Penis ihres Mannes festhalten und reiben, während sie mit der Vagina die Eichel berührt. Sie kann damit auch ihre Klitoris und die Schamlippen vor dem Geschlechtsverkehr stimulieren.

Eines der Hauptargumente von Frauen, die eine Stellung, bei

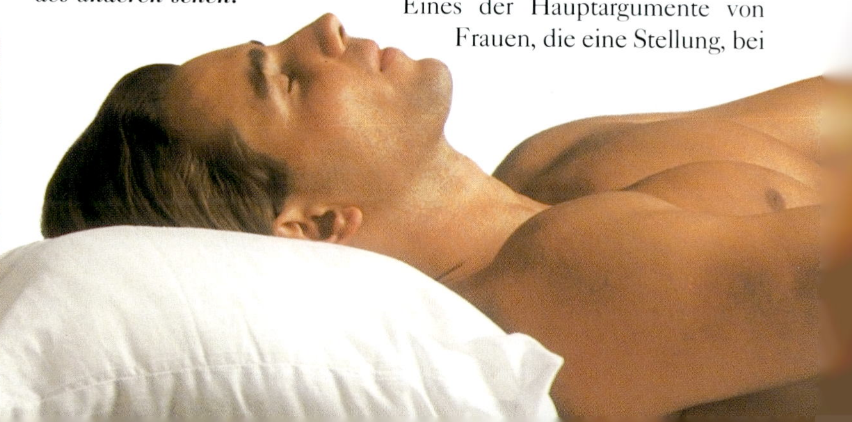

der sie oben sitzen, vorziehen, ist größere Kontrolle. Denn wenn der Penis in die Vagina eindringt, besitzt die Frau eine große Kontrolle.

Winkel und Rhythmus

Wenn sie einmal in Position ist, kann die Frau Winkel und Rhythmus der Penetration so verändern, wie sie möchte, indem sie sich vor- und zurückbewegt, oder auch zur Seite. Sie kann ihr Becken drehen oder hoch- und runterschieben.
Sie kann sich auch nach vorne beugen, um ihren Partner zu küssen; sie kann aufrecht sitzen, während er mit seinen Händen über ihren Körper streicht, seine Hoden oder seinen Anus streicheln oder sich zurücklehnen, damit der Penis gegen ihren G-Punkt an der Vorderwand der Vagina stößt. Am wichtigsten ist, daß sie die Tiefe des Eindringens variieren kann, so wie es ihr gefällt.

Zärtliche Bewegungen

Viele Frauen glauben, sie könnten ihre Hüften kaum bewegen, wenn sie sich im Reitersitz zurücklehnen. Aber kleine, rhythmische Beckenbewegungen werden bei beiden völlig neue Empfindungen auslösen. Die Versuchung ist groß, die Stoßbewegung fortzusetzen, aber langsame, sanfte Bewegungen in dieser Position können den Sex verlängern und beide zu einem äußerst befriedigenden Höhepunkt führen.
Man kann in dieser Stellung die Klitoris der Frau stimulieren.

Die Frau kann hocken oder liegen, um in Kontakt mit seinen Schambeinknochen zu kommen; sie kann dann ihre Hüften anheben, um sich daran zu reiben, oder Sie können die Klitoris langsam und ganz zärtlich mit der Hand streicheln.

▲ ***Kontrollieren Sie Tiefe und Rhythmus der Penetration.***

„Erst als wir Sex in einer Stellung machten, in der ich oben saß, konnte ich einen Orgasmus bekommen, wenn David in mir war. So konnte er meine Klitoris mit seinem Penisschaft stimulieren."

◀ ***Die Frau kann ihre Hüften frei bewegen, um die Tiefe des Eindringens zu kontrollieren, und den Kopf des Partners eng an ihre Brüste pressen. Dies ist eine sehr innige, zärtliche Stellung mit großer Bewegungsfreiheit für die Frau.***

Topstellungen

Bei der Standard-Reiterstellung liegt der Mann auf dem Rücken. Die Frau kniet rittlings auf ihm, das Gesicht ihm zugewandt, und führt seinen Penis zärtlich ein. Während sie sich auf- und abbewegt, kontrolliert sie Geschwindigkeit und Tiefe des Eindringens und liebkost ihn mit den Händen. Er streichelt ihren Oberkörper und ihre Brüste und kann zusehen, wie sein Penis in sie eindringt.

In dieser Stellung kann sich die Frau nach vorne beugen, so daß ihre Brüste auf dem Oberkörper oder dem Gesicht ihres Partners liegen. Dadurch ist ihre Bewegungsfreiheit eingeschränkt, aber sie kann sich anschließend wieder erheben und ihre Hüften über dem Penis senken, während ihr Partner sein Gesicht zwischen ihren Brüsten vergräbt und an ihren Brustwarzen leckt und saugt.

Der Penis des Mannes rutscht manchmal, wenn sie sich nach vorne beugt, aus der Frau heraus. Das dürfte nicht passieren, wenn sie die Bewegungen klein und sanft hält oder einfach fest gegen seinen Penis drückt und dann mit den Hüften kreist, anstatt den Schaft auf- und abzugleiten.

▼ ***Diese Stellung setzt eine starke Beinmuskulatur voraus. Der Penis dringt dabei tief in die Vagina ein.***

Von ihm abgewandt

In der anderen Grundposition kniet die Frau rittlings auf dem Penis des Mannes, wendet ihm jedoch den Rücken zu. So dringt er tief in sie ein und kann ihren Rücken, ihr Gesäß und ihren Anus streicheln. Wenn er sich vorbeugt, kann er beobachten, wie sein Penis sich rein- und rausbewegt; und er kann ihre Klitoris mit der Hand stimulieren. Vom Partner abgewandt zu sitzen ist genauso sinnlich, wie sich einander zuzuwenden, denn in dieser Stellung kann die Frau die Hoden und die Innenseite seiner Oberschenkel streicheln. Wenn sie sportlich ist, kann sie sich in dieser

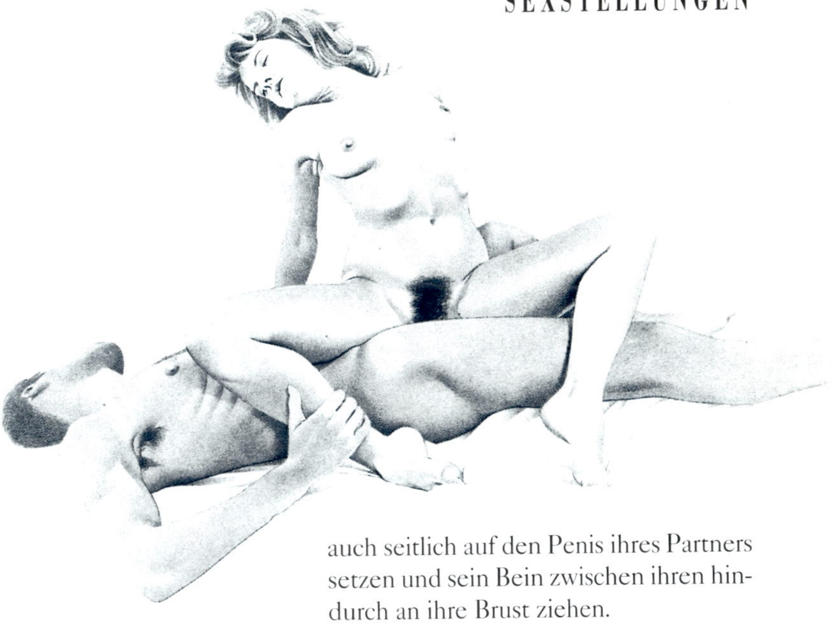

▲ ***Eine Drehung zur Seite kann neue Empfindungen hervorrufen – eine Variante für Paare, die eine tiefe Penetration mögen.***

Stellung auf seinem erigierten Penis umdrehen. Das wird bei beiden ganz neue Lustgefühle hervorrufen.
Wenn die Frau vom Mann abgewandt sitzt, kann er ihr Gesäß streicheln, zusammenpressen und mit seinen Fingern über ihren Anus gleiten.

Höchst erotisch

Viele Männer finden es äußerst erotisch, zu sehen, wie sie in die Frau eindringen, und natürlich bietet diese Stellung die perfekte Sicht. Sie eignet sich gut dazu, tief einzudringen und den G-Punkt der Frau zu stimulieren, der sich an der Vorderwand der Vagina befindet. Zwar sehen Sie in dieser Stellung nicht den Gesichtsausdruck des anderen, und der Mann kann nicht die ganze Zeit über die Brüste der Frau streicheln; doch ist das nicht unbedingt ein Nachteil, wenn Sie gerade Lust auf diese Stellung haben.

▲ ***Die meisten Männer lieben die runden Kurven des weiblichen Gesäßes. Hier können Sie sie besonders genießen, während Sie zusehen können, wie Ihr Penis in sie eindringt.***

Zu jeder Grundposition, bei der die Frau oben sitzt – das Gesicht ihm zu- oder von ihm abgewandt – gibt es wundervolle Variationen.
Die Frau kann knien, hocken oder mit ausgestreckten Beinen sitzen. Wenn sie mehr Hautkontakt möchte, sollte sie sich auf dem Mann ausstrecken, um seine Haut auf ihrem ganzen Körper zu spüren. Sie kann sich auch seitlich auf den Penis ihres Partners setzen und sein Bein zwischen ihren hindurch an ihre Brust ziehen.
Dies ist eine besonders gute Stellung für Paare, die eine tiefe Penetration während des Geschlechtsverkehrs lieben.

Beobachten und zuhören

Schauen und hören Sie beim Sex immer sorgfältig auf die Reaktionen Ihres Partners. So werden Sie sehr schnell herausfinden, was beiden gefällt und wie Sie die Lust, die Erregung und die Befriedigung Ihres Partners am besten steigern können.
Wenn Ihr Partner unbeschnitten ist, können Sie seine Vorhaut zärtlich – so weit es geht – zurückschieben und sich dann auf seiner entblößten Eichel hin- und herbewegen. Am besten hocken Sie sich dabei; es ist etwas anstrengend, erregt den Mann aber stark und bringt ihn sehr schnell zum Orgasmus. Die Penetration ist allerdings meist nicht sehr tief. Wenn Sie eine tiefe Penetration lieben, so nehmen Sie den Penis Ihres Partners ganz tief in sich auf und klopfen dann mit den Fingerspitzen schnell gegen seine Peniswurzel.
Wenn Sie Ihre Finger so halten, daß Sie gleichzeitig Ihre Klitoris manipulieren können, erregt das beide sehr.
Bei vielen Sexstellungen sind die Bewegungen der Frau eingeschränkt. Doch

die meisten Stellungen, bei denen die Frau oben sitzt, ermöglichen es ihr, sich nach Belieben frei zu bewegen. Sie kann sogar mitten im Geschlechtsakt ihre Stellung ändern, ohne daß der Penis ihren Körper verläßt.

ES LANGE HINAUSZÖGERN

Wenn der Mann nicht zu schnell kommen möchte, sind Stellungen, bei denen die Frau oben sitzt, gut geeignet, um die Ejakulation hinauszuzögern – dies ist sehr wichtig für Männer, die gelegentlich vorzeitig ejakulieren.

Die männlichen Erektions- und Ejakulationsreflexe werden verlangsamt, wenn er auf dem Rücken liegt und die „Preßtechnik" anwenden kann, um einer Ejakulation vorzubeugen.

Wenn er das Gefühl hat, daß er zu schnell kommen wird, sollte er das seiner Partnerin signalisieren. Sie kann dann

▼ Sich auf seinem Penis sitzend herumzudrehen, eröffnet viele Möglichkeiten. Wenn die Frau zu schüchtern ist, ihre Klitoris zu berühren, während er sie beobachtet, kann diese Position es ihr leichter machen; gleichzeitig kann sie zärtlich seine Hoden streicheln.

seinen Penis herausnehmen und die Eichel fest mit den Fingern zusammenpressen, bis er seine Erektion verliert. Danach erregt sie ihn erneut, und sie können mit dem Sex fortfahren.

SCHWANGERSCHAFT

Stellungen, bei denen die Frau oben sitzt, sind während der Schwangerschaft ideal. So lastet kein Druck auf ihrem Bauch, und sie kann sicherstellen, daß Tiefe und Geschwindigkeit des Eindringens angenehm für sie sind.
Der Mann sieht und fühlt dabei ihren Bauch. Diese Art von Sex kann für beide Partner überaus erregend sein. So ist Geschlechtsverkehr – und das ist oft ein Problem für Männer wie für Frauen – fast die ganze Schwangerschaft über möglich.
Stellungen, bei denen die Frau oben sitzt, sind auch sinnvoll, wenn der Mann sich von einer ernsthaften Krankheit oder Operation erholen muß. Hat die Frau vor kurzem entbunden, kann sie sich dabei entspannen, wohlwissend, daß ihr Mann es nicht übertreiben wird.
Vergessen Sie nicht, daß jeder anders gebaut ist. Die Genitalien mancher Frauen befinden sich viel weiter vorne als bei anderen. So gelangt der Penis anders mit der Klitoris in Kontakt, und was für das eine Paar ein tiefes Eindringen ist, ist für ein anderes nur ein leichtes Eindringen. Wie bei allen Sexstellungen sollten Sie experimentieren, und mit ein wenig Phantasie werden Sie bald herausfinden, was Ihnen beiden gefällt.

▶ In dieser Stellung kann die Frau den Penis, so tief sie möchte, in sich aufnehmen; ihre seitlichen Bewegungsmöglichkeiten sind jedoch begrenzt.

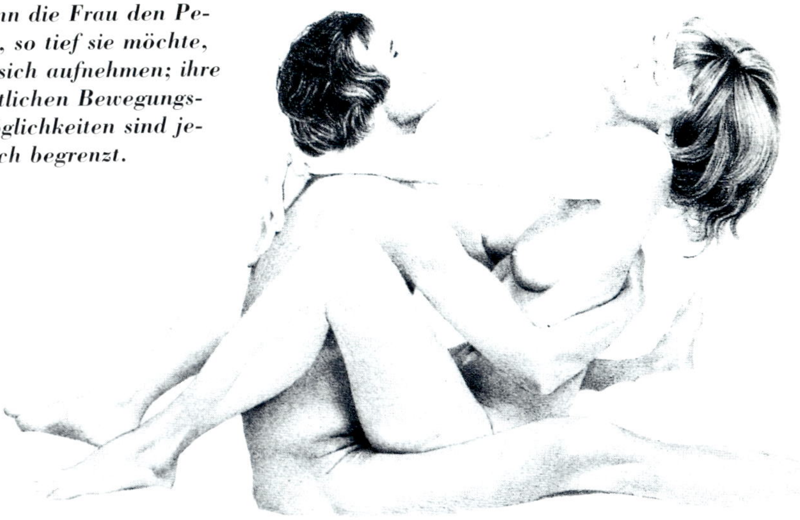

▼ Sex in einer Reiterstellung ermöglicht es Ihnen, mit Hilfe Ihrer Phantasie viele Variationen auszuprobieren. Sie können so ein sehr erotisches Vorspiel genießen.

MISSIONARSSTELLUNGEN

Sexstellungen, bei denen der Mann oben liegt, setzen nicht immer eine passive Frau voraus. So kann sie die Tiefe des Eindringens kontrollieren und das Tempo des Geschlechtsverkehrs bestimmen.

Viele Paare lieben die Missionarsstellung am meisten, bei der die Frau mit gespreizten Beinen auf dem Rücken liegt, während der Mann sich auf ihr bewegt und in sie eindringt. Das ist die Grundposition für alle Stellungen, bei denen der Mann oben liegt. Alle anderen variieren dasselbe Thema.

Spitzenpositionen

Die Missionarsstellung ist aus vielerlei Gründen die beliebteste Sexstellung. Frauen halten sie für die romantischste Position, wahrscheinlich, weil das Paar sich dabei immer das Gesicht zuwendet. Sie sehen den Gesichtsausdruck des anderen, können sich küssen und sehen, daß sie geliebt werden – was in anderen Positionen nicht möglich ist.

Die Missionarsstellung versetzt die Frau in eine passivere Rolle und spricht sie von der Verantwortung frei, viel zu unternehmen. Manche Frauen können sich eher entspannen und den Sex mehr genießen, wenn sie nicht die dominante, aktive Rolle übernehmen. Männer haben meist entgegengesetzte Gefühle; viele lieben es, beim Geschlechtsverkehr eine „dominante" Rolle zu spielen, und schätzen solche Stellungen mehr – doch

▼ Die beliebteste Missionarsstellung ist entspannt und liebevoll und paßt zu den meisten Situationen. Es mag nicht die phantasievollste Stellung sein, doch viele Paare kommen immer wieder darauf zurück.

◀ ***Küssen ist wichtig für den Sex, wird aber oft vernachlässigt. Missionarsstellungen ermöglichen es Ihnen optimal, sich zu küssen und zu liebkosen; Ihr Verhältnis wird so noch intensiver.***

von Zeit zu Zeit genießen sie es, wenn die Partnerin die Führung übernimmt.
Viele Frauen befriedigt es stark, wenn sie beim Sex dominiert werden. Sie genießen es sehr, wenn der Mann alles in die Hand nimmt. Hierfür ist die Missionarsstellung ideal. Der Mann liegt oben, kontrolliert das Stoßen und kann die Frau gegen das Bett pressen; er kann sie fest und in seinem Tempo nehmen. So „genommen" zu werden, kann für einige Frauen sehr aufregend sein. Die Frauen, die Schuldgefühle wegen ihrer sexuellen Bedürfnisse haben, können sie in dieser Haltung durch die Vorstellung von sich abschütteln, von einem starken Mann überwältigt zu werden.

KUSSFREIHEIT

Weil die Gesichter der Partner enger beieinander sind, können sie sich leicht küssen – nicht nur auf die Lippen, sondern auf das ganze Gesicht, auf Brüste und Hals.
Das schafft eine liebevolle und fürsorgliche Atmosphäre. Wenn die Frau durch Brustwarzenstimulation stark erregt wird, kann der Mann sie in der Missionarsstellung liebkosen.

▼ ***Die einfache Missionarsstellung ist ideal für Paare, die zärtlichen Sex mögen. Wenn ein tiefes Eindringen schmerzhaft ist – etwa nach einer Geburt –, ist dies die beste Stellung.***

Wenn die Frau den Winkel zwischen ihren Oberschenkeln und der Brust verändert, kann sie die Tiefe des Eindringens variieren, auch wenn der Mann in exakt derselben Position bleibt. Wenn sie ihre Knie näher an die Brust heranzieht, dringt der Penis tiefer ein. Die Frau kann genau den richtigen Winkel herausfinden, bei dem sie am intensivsten empfindet – etwa, wenn der Partner mit seiner Penisspitze ihren Gebärmutterhals stimuliert. Außerdem kann die Frau ihr Becken vor- und zurückbewegen. „Melkt" sie gleichzeitig den Penis, indem sie ihre Beckenmuskeln kontrahiert und entspannt, kann das den Mann extrem erregen.

Am besten für Babies!

Die Missionarsstellung ist sehr gut für Paare, die ein Baby bekommen möchten, denn die Penetration kann sehr tief sein. Wenn die Frau ihre Beine hinter den Knien festhält und die Oberschenkel an die Brust heranzieht, kann das Sperma tief in die Vagina – und damit an den Gebärmutterhals – gelangen. Dies bietet die beste Chance für eine Schwangerschaft. Bleibt die Frau nach dem Sex mit einem Kissen unter den Hüften liegen, sind die Chancen am größten, daß das Sperma die Gebärmutter erreicht und ein Ei befruchtet wird.

Mehr als nur Romantik

Da diese Stellung eine romantische, jedoch konventionelle Position ist, eignet

▼ ***Während sich der Mann mit den Händen abstützt, kann er die Tiefe der Penetration beim Rein- und Rausstoßen kontrollieren.***

▲ ***Wenn die Frau auf der Seite liegt und das obere Bein anhebt, kann der Mann sich an ihren Oberkörper schmiegen und in sie eindringen. Die meisten Paare mögen diese liebevolle Art von Geschlechtsverkehr sehr.***

WERDEN SIE EIN KAT-LIEBHABER

Ein amerikanischer Psychotherapeut hat eine revolutionäre Variation der Missionarsstellung in die Diskussion gebracht, die verspricht, mehr Frauen während des Geschlechtsverkehrs zum Orgasmus zu verhelfen – und auch mehr gleichzeitige Orgasmen für viele Paare zu ermöglichen.
Bei dieser Methode, koitale Aufeinander-abstimmungstechnik (kurz KAT) genannt, wird sichergestellt, dass die Klitoris kontinuierlich stimuliert wird, was für einen Orgasmus notwendig ist. Anstatt die Erregung abhängig von der Reibung beim Rein- und Rausstossen zu machen, setzt KAT auf den konstanten Kontakt zwischen Penis und Klitoris beim Sex. Die Position ist dabei das wichtigste. Der Mann liegt auf der Frau, sein Becken über ihrem, so dass der Schaft seines Penis gegen ihren Venushügel gepresst wird. Die Bewegungen müssen rhythmisch und in Tempo und Bewegungsmuster identisch sein. Die Frau beginnt, indem sie nach oben drückt und das Becken des Mannes zurückdrängt, während er standhält, um Druck auf ihre Klitoris zu erzeugen. Durch diesen Druck nimmt die Frau den Penis tiefer in sich auf. Während das Becken des Mannes sich nach unten bewegt, wird das der Frau zurückgedrängt, und sie drückt dagegen. Konstant Druck ausüben!

sie sich gut für Sex mit einem neuen Partner.
Wenn Sie sich noch nicht so gut kennen, sollten Sie eine sehr liebevolle Stellung auswählen. Sie macht es dem Paar möglich, sich zu küssen und zu liebkosen. Die Frau hat die Hände frei, um den Mann zu streicheln. Das könnte besonders wichtig sein, um ihm zu zeigen, daß er in der neuen Beziehung geliebt und begehrt wird.
Da der Mann die Stöße kontrollieren kann, kann er auch die Geschwindigkeit beeinflussen, mit der er zum Orgasmus kommt. Das ist wichtig für Männer, die fürchten, die Kontrolle über ihre Ejakulation zu verlieren. Ein guter Liebhaber kann eine Pause einlegen, wenn er das Gefühl hat, kurz vor der Ejakulation zu sein. Und auch für Männer, die sehr stark stoßen müssen, um ihre Erektion zu halten, ist diese Stellung gut.

▼ ***In dieser Stellung, auch „brünstiger Hirsch" genannt, wird die Tiefe des Eindringens von der Lage Ihrer Beine kontrolliert.***

Variationen

Das *Kamasutra* und chinesische Erotikbücher beschreiben viele Variationen der Missionarsstellung. Oft unterscheiden sie sich lediglich in Details, doch bieten sie viele einfache Stellungen, bei denen der Mann oben liegt, die Sie zur Abwechslung ausprobieren können.

• Die Missionarsstellung, bei der die Frau das eine Bein bis zur Brust zieht, ist eine angenehme Variation, die das Bekken der Frau in die Schräglage versetzt; der Mann kann so ihre Eierstöcke auf einer Seite stimulieren.

• Der Mann kniet und hebt das Gesäß der Frau auf den unteren Teil seiner Oberschenkel, während er in sie eindringt. Sie verschränkt die Füße hinter seinem Rücken. Dies kann sehr erregend sein für Frauen, die es mögen, wenn ihre Vaginalöffnung stimuliert wird.

• Der Mann kniet zwischen ihren geöffneten Schenkeln, dringt in sie ein und hebt dann ihr Gesäß vom Bett auf, um sie so nah wie möglich an sein Becken heranzubringen. Das kann beide sehr erregen; es ist jedoch anstrengend für die Frau, ihren Rücken für längere Zeit so gekrümmt zu halten. Sie sollten vielleicht ein paar Kissen unter ihren Rücken legen.

• Die Frau liegt mit weit geöffneten Beinen auf der Bettkante oder einem niedrigen Hocker. Der Mann dringt in sie ein und lehnt sich zu ihr hinüber, wobei er sich auf seine Unterarme oder Hände stützt. Das kann allerdings anstrengend für den Mann sein, denn seine Bewegungsfreiheit ist eingeschränkt. Deshalb ist diese Position nicht unbedingt für Paare geeignet, die ein tiefes Stoßen beim Sex genießen oder brauchen.

▶ Wenn die Frau nahe der Bettkante liegt, kann der Mann sich nach vorne beugen, in sie eindringen und sich dabei auf seine Unterarme stützen.

▶ Stellungen, die eine tiefe Penetration ermöglichen, sind ideal für Paare, die sich ein Baby wünschen (rechts oben).

▶ Nur leichte Variationen der Missionarsstellung erzeugen neue erregende Empfindungen (rechts unten).

▼ Wenn die Frau sich ihrem Partner ganz hingeben will, kann sie die Füße über seine Schultern legen, während sie ihn in sich aufnimmt.

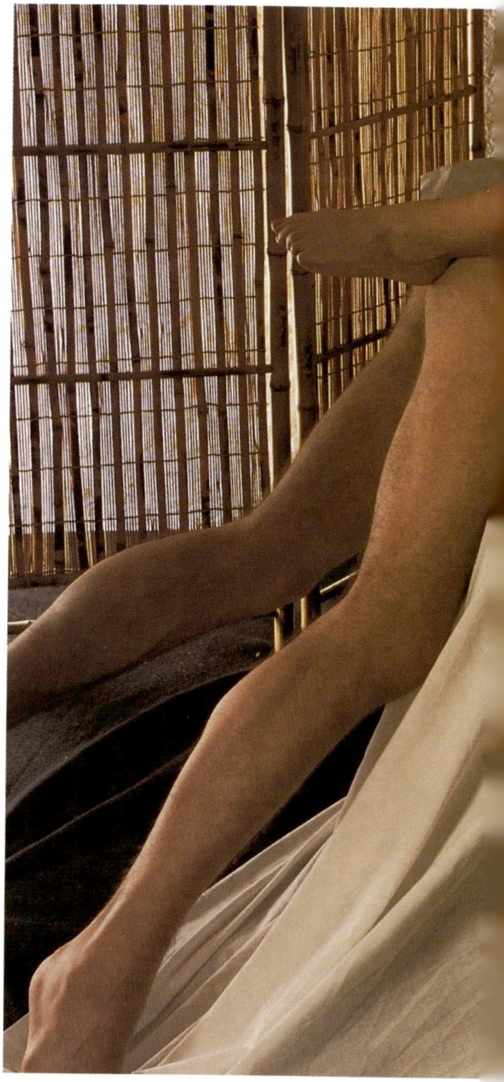

• Die Frau liegt auf der Seite und hebt das obere Bein. Der Mann kuschelt sich an ihre Brüste und dringt in sie ein. Dann schlingt sie ihren Oberschenkel um seinen Körper. Auch hier kann der Winkel des eindringenden Penis zu einer Seite ausgerichtet sein, so daß ungewöhnliche Bereiche im weiblichen Becken stimuliert werden. Die Bewegungsmöglichkeiten der Frau sind bei dieser Stellung eingeschränkt. Die Frau sollte ihre Beckenmuskeln kontrahieren, um ihren Partner stärker zu befriedigen.

• Alternativ kann die Frau ihren Oberschenkel anheben, um ihr Becken noch

weiter zu öffnen und die „Klammer“ um seine Hüfte zu lösen. So hat er mehr Bewegungsfreiheit, auch wenn beide auf der Seite liegen, und wenn sie den Winkel ihres Oberschenkels verändert, ruft sie neue Empfindungen hervor. ❤

> *„Für mich ist die altmodische Art von Sex – wenn mein Mann die Initiative ergreift und oben liegt – unschlagbar. Wenn wir uns einander zuwenden, können wir beim Sex küssen und knuddeln.“*

Sex von Hinten

Von allen Sex-von-hinten-Positionen ist die Hundestellung sicherlich die bekannteste. Doch mit etwas Phantasie können Sie weitere, noch erregendere Stellungen entdecken.

Sex mit einander zugewandten Gesichtern ist aus vielen Gründen bei fast allen Paaren am meisten beliebt.

Erstens mögen es die meisten Frauen, wenn sie gehalten werden und beim Sex sehr engen Körperkontakt haben. Zweitens sind die Brüste und Lippen der Frau – zwei Hauptquellen erotischer Stimulation – auf der Vorderseite ihres Körpers, und ihr Partner kann sie beim Sex sehen und stimulieren. Und drittens assoziieren viele Frauen mit Sex von hinten animalisches Verhalten und finden es deshalb unangenehm.

Für Abwechslung sorgen

Wenn Sie mehrmals pro Woche Sex haben, bietet eine Position, bei der der Mann von hinten in die Frau eindringt, eine erfrischende Abwechslung.

Der G-Punkt

Seit kurzem spricht man überall vom G-Punkt. Wissenschaftler haben darauf hingewiesen, daß Sex von hinten vom Standpunkt der Frau aus vorzuziehen sei. In dieser Stellung stimuliert der Penis des Mannes die vordere Vaginalwand, was Frauen mit einem sensiblen G-Punkt sehr erregt.

Praktische Vorteile

Trotz der physischen und emotionalen Vor- und Nachteile beim Sex von hinten gibt es viele praktische Vorteile für Paare, die Sex auf diese Art genießen.

Beim Sex von hinten fühlt sich die Frau besonders ausgeliefert. Einige Frauen erregt das sehr: Der Gedanke, penetriert und auf animalische Weise genommen zu werden, macht sie sehr an. Andere Frauen stößt es eher ab, weil sie es für eine „unromantische" Position halten.

Bei aller Lust und allen Vorurteilen: Sex von hinten ist nicht unbedingt romantisch. Doch für viele Paare ist das kein Hinderungsgrund, denn Frauen wollen

▼ *Für einige Frauen ist Sex von hinten, der den G-Punkt stimuliert, die beste Methode, um zum Orgasmus zu gelangen.*

▶ ***Bei dieser idealen Variation der traditionellen Hundestellung kniet die Frau auf dem Boden und stützt sich auf dem Bett ab, während der Mann, der ebenfalls kniet, in sie eindringt.***

manchmal mit Heftigkeit genommen werden, während sie zu anderen Zeiten liebevoll-zärtlichen Geschlechtsverkehr vorziehen.

Wir Menschen haben viele Möglichkeiten, und das ist von Vorteil. Heute behaupten viele Frauen, daß sie sich im Bett liebevolle Männer wünschen, die viel Zeit mit einem langen, intensiven Vorspiel verbringen; hier wäre Routine langweilig, so schön es auch ist.

Viele Frauen erzählen in ihrer Therapie, daß sie es sehr genießen, wenn sie hart genommen werden. Es beweist ihnen, daß sie so begehrenswert sind, daß ihr Mann sich nicht zurückhalten kann.

So müssen sie sich auch nicht zu lange mit einem Vorspiel aufhalten, das sie vielleicht zu langweilig finden.

Für Männer, die gerne das Gesäß und den Anus ihrer Partnerin betrachten, kann Sex von hinten extrem stimulierend sein. Wenn es beiden Partnern gefällt, kann der Mann dabei ihr Gesäß liebkosen und ihren Anus stimulieren. Da bei den meisten Von-hinten-Stellungen die Oberschenkel der Frau angewinkelt sind (besonders bei der klassischen Hundestellung), ist die Penetration recht tief und gelegentlich sogar sehr tief.

Für Frauen, die einen extrem sensiblen G-Punkt besitzen, können Von-hinten-Stellungen sehr schön sein. Der Penis kann genau den richtigen Punkt treffen oder ihn zart massieren, wie auch immer die Frau es möchte.

Auch wenn eine Frau nicht empfänglich für eine G-Punkt-Stimulierung ist, wird sie ganz neue Empfindungen haben, von denen viele sehr erregend sein werden, vielleicht auch nur deshalb, weil die Stellung neu für sie ist.

Eine gehemmte Frau, eine Frau, die von einem anderen Mann träumen

möchte, oder eine, die befriedigt werden will, aber aus irgendeinem Grund nicht zu stark an ihren Partner denken möchte, kann mit der Von-hinten-Stellung ihr Problem umgehen. Von ihrem Partner abgewandt, kann sie seinen Penis und seine Liebkosungen fast anonym genießen. Beim Sex von hinten kann der Mann mit den Händen den Körper der Frau streicheln und stimulieren. Bei einigen Von-hinten-Stellungen, insbesondere in der Hundestellung, kann er ungehinderter stoßen und die Frequenz und den Winkel der Penisbewegungen variieren.

Von-hinten-Stellungen sind ideal, wenn die Frau schwanger ist und die Missionarsstellung zu unbequem findet. Doch in den letzten Schwangerschaftswochen sollte der Partner weniger tief eindringen.

VARIATIONEN

Von-hinten-Stellungen reichen von der einfachen Hundestellung bis zu sehr abenteuerlichen Positionen, die eher sportliche Paare ansprechen werden.

Für welche Stellung auch immer Sie sich entscheiden: Sie muß beiden gefallen. Wenn einer der Partner eine Stellung unangenehm, schmerzhaft oder langweilig findet, dann beeinträchtigt das seine Lust.

• Die bekannteste und beliebteste Stellung ist sicherlich die Hundestellung. Die Frau kniet auf dem Bett oder dem Boden, und ihr Partner kniet hinter ihr und dringt in sie ein. Sie kann ihr Becken unterschiedlich stark abwinkeln, je nachdem, wie weit sie sich nach vorne lehnt und wie sehr sie sich abstützt.

▲ ▶ Wenn die Frau auf dem Bauch liegt, kann der Mann sich zwischen ihre geöffneten Beine legen. Verlagert er dann sein Gewicht auf seine Arme, kann er sich frei bewegen und kräftig stoßen – wenn sie das mag. Diese Von-hinten-Stellung bietet entspannten, langsamen Sex.

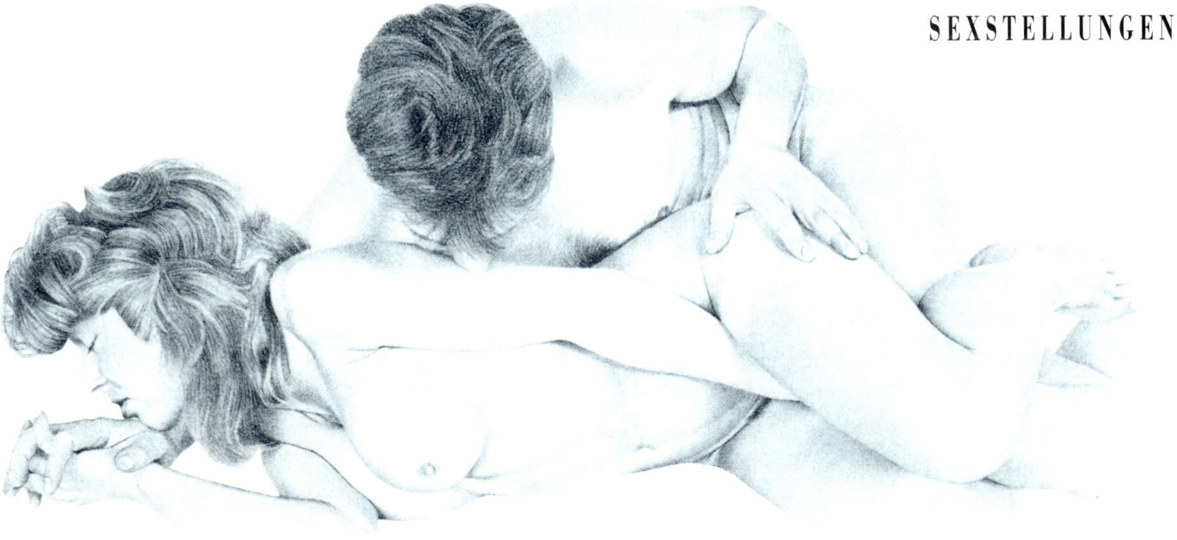

Jede Stellung läßt beide ganz neu empfinden. Die Frau kann z. B. ihren Rükken horizontal halten, indem sie sich auf Hände und Knie stützt. Sie kann sich auf den Ellenbogen abstützen oder mit am Körper entlanggestreckten Armen liegen; sie kann sie auch unter die Stirn nehmen, während sie auf ihren Brüsten liegt. Die Penetration ist so sehr schön, vor allem, wenn die Frau mit dem Oberkörper auf dem Bett liegt. Der Mann besitzt viele Bewegungsmöglichkeiten, und die Frau kann sehr heftig genommen werden, was viele mögen. Einige wenige Frauen haben bei manchen dieser Stellungen das Gefühl, daß Luft in ihre Vagina befördert wird. Das muß nicht unbe-

Obwohl ich Sex von hinten mag, habe ich immer Angst davor, daß mein Mann in meinen Anus eindringt, was ich nicht möchte. Ich fühle mich bei diesen Stellungen sehr ausgeliefert. Was soll ich tun?

Zunächst müssen Sie mit Ihrem Mann darüber sprechen und ganz deutlich sagen, daß Sie keinen Analsex wollen. Er kann sich nicht „an Sie heranschleichen" und etwas gegen Ihren Willen tun, nur weil Sie beim Sex von hinten sehr erregt sind. Für viele Männer, deren Partnerinnen keinen Analsex wollen, ist Sex von hinten ein guter Kompromiß. Die Empfindungen sind nicht dieselben, doch Männer, die das Gesäß und den Anus ihrer Partnerin besonders erregend finden, werden dabei ähnlich viel Lust verspüren wie beim Analverkehr.

Vielleicht können Sie ihm diesen Kompromiß anbieten. Sagen Sie ihm, daß Sie auf keinen Fall Analsex haben wollen und werden, aber daß er Ihr Gesäß und Ihren Anus liebkosen darf, wenn er von hinten mit Ihnen schläft und sich dabei vielleicht vorstellt, Analsex mit Ihnen zu haben.

◀ *Viele Frauen lieben Sex-von-hinten-Stellungen, denn sie geben ihnen ein Gefühl von Ausgeliefertheit und besonderem Kitzel.*

▲ ***Viele Frauen lieben Sex-von-hinten-Stellungen, denn so kann der Partner ihren Körper und ihre Brüste beim Sex liebkosen.***

dingt problematisch sein, doch wenn der Penis Luft mit sich führt und diese in den oberen Teil der Vagina gelangt, kann das Schmerzen verursachen.

Wenn die Frau sich umdreht, entsteht ein unangenehmes Geräusch, doch die meisten Paare ignorieren es oder lachen darüber.

• Bei einer Variante der Hundestellung kniet die Frau sich auf einen niedrigen Hocker oder Tisch, der mit etwas bedeckt ist, das ihre Knie polstert. Der Mann steht hinter ihr zwischen ihren geöffneten Beinen und dringt in sie ein.

• Bei einer anderen guten Von-hinten-Stellung für besonders Sportliche beugt sich die Frau mit weit geöffneten Beinen nach vorne und stützt sich mit den Händen vor sich auf den Boden. Ihr Gesäß und ihre Vulva sind nun vor ihm plaziert, und der Mann kann in sie eindringen. Bewegungsmöglichkeiten und Penetration sind – zumindest für den Mann – gut, doch die Bewegung der Frau ist etwas eingeschränkt. Sie kann jedoch mit den Hüften wackeln, um die Lust noch zu steigern. Und sie kann, wie bei allen Von-hinten-Stellungen, ihre Beckenmuskeln kontrahieren, so daß es für beide stimulierender ist.

• Sehr entspannend und genußreich ist die Löffelstellung. Die Frau liegt mit dem Rücken zu ihrem Partner, die Knie angezogen. Der Mann kuschelt sich von hinten an ihren Körper, schlingt sich um sie herum und dringt in sie ein. Sie kann still liegen, den Penis in ihrem Körper, oder sich bewegen. Die Penetration kann sehr tief sein, wenn sie ihren Körper auf dem Bett zu den Füßen hin anwinkelt.

• Der Mann liegt mit geschlossenen Knien auf dem Bett. Die Frau kniet auf seinen Hüften, das Gesicht von ihm abgewandt. Sie stützt ihr Gewicht auf die Hände, die zu beiden Seiten seiner Beine liegen. Bei dieser Von-hinten-Stellung, bei der die Frau oben sitzt, kontrolliert sie die Bewegungen. Diese Stellung ist besonders beglückend für Männer, die gesäßorientiert sind, denn er kann Gesäß und Anus sehen und streicheln, während seine Partnerin die Führung übernimmt.

• Die folgende Stellung eignet sich für Frauen mit starken Armen. Dabei lehnt sich die Frau über das Bett, stützt ihr gesamtes Gewicht auf die Arme, und der Mann hebt ihre geöffneten Beine vom Boden und stellt sich zwischen sie, während er von hinten in sie eindringt.

Trotz eingeschränkter Bewegungsfreiheit kann der Mann sehr tief eindringen. ❤

“Ich liebe es, wenn mein Freund von hinten in micht eindringt. Da ich einen besonders sensiblen G-Punkt besitze, habe ich wunderbar intensive Orgasmen.”

◀ ***Von-hinten-Stellungen führen zu einer tiefen Penetration, was für die Frau sehr befriedigend und für den Mann sehr stimulierend ist – besonders für einen gesäßorientierten Mann.***

SEX IN SEITENLAGE

Für Paare, die beim Sex Intimität und engen Körperkontakt schätzen, ist die Seitenlage am besten, um zu schmusen, zu streicheln und sich zu küssen.

▼ *Sex in Seitenlage erlaubt Ihnen, Ihrem Partner physisch und emotional besonders nah zu sein.*

Die meisten Paare mögen es, Abwechslung in ihr Sexualleben zu bringen, indem sie verschiedene Positionen ausprobieren, die jeweils zu ihrer besonderen Stimmung passen. Und bei Paaren, die mehrmals pro Woche miteinander schlafen, kann Sex von liebevollen, intimen bis hin zu besonders ausgefallenen Stellungen reichen.

Für gelenkige Paare können sehr sportliche Stellungen von Zeit zu Zeit höchst genußreich sein, doch sie haben auch Nachteile. Viele der eher abenteuerlichen Positionen sind, auch wenn sie neu und anders stimulieren, oft ermüdend und selten romantisch.

▲ ***Diese Stellung ist ideal für Männer, die beim Sex gerne den Genitalbereich der Frau ansehen. Die Penetration ist gut, und beide Partner können die Klitoris der Frau erreichen, um sie zu stimulieren. Der Mann kann sie überall streicheln.***

INNIGE POSITIONEN

Sex in Seitenlage bietet maximalen Körperkontakt und ist entspannend und ideal, wenn Vertrautheit am wichtigsten ist. Diese Positionen sind besonders gut, wenn einer der Partner oder beide müde sind oder wenn die Frau schwanger ist.

Bei vielen Sexstellungen in Seitenlage kann der Mann mit seiner Partnerin kuscheln und hat die Hände frei, um sie zu streicheln.

DIE LÖFFELSTELLUNG

Die berühmteste dieser Stellungen ist als Löffelstellung bekannt geworden. Sie ist eine sehr gute Position während der Schwangerschaft, weil der Bauch der Frau flach auf dem Bett liegen kann. Das ist in den letzten Monaten der Schwangerschaft sehr entspannend für sie.

Ich habe Schwierigkeiten, eine Erektion zu bekommen, wenn ich müde bin, und ich bekomme sie nur, wenn ich meine Verlobte lange und intensiv küsse. Ist eine Seitenlage-Sexstellung dafür gut geeignet?

Ja, probieren Sie eine der Stellungen aus, bei der man Gesicht an Gesicht liegt – insbesondere die, bei der sie ihre Beine anzieht und Sie dazwischen liegen, während sie Ihren Körper mit den Beinen umschlingt. Da Sie Seite an Seite liegen, ist es sehr entspannend. Diese Position wird Sie ausreichend anregen, aber Sie können Ihre Verlobte auch um Hilfe bitten, indem sie die Beckenmuskeln kontrahiert und so Ihren Penis während des Stoßens greift.

> *„Ich bin hochschwanger, und mein Mann und ich finden es immer schwieriger, auf bequeme Weise Sex zu haben. Wir haben jedoch entdeckt, dass die Löffelstellung ideal ist, weil ich mich kaum bewegen muss, während er mich erregt."*

Das Paar liegt auf der Seite, während der Mann sich an den Rücken der Frau schmiegt und sie ihre Knie an den Bauch zieht. Dann dringt er in sie ein.

Die Penetration ist meist sehr tief, besonders wenn die Frau ihren Körper zu den Füßen hin anwinkelt, und der Mann kann, in Grenzen, Stoßbewegungen durchführen. Er kann um sie herumfassen und ihre Klitoris stimulieren, oder sie kann ihre Beine öffnen und dies selber tun. Es ist auch möglich für ihn, ihre Brüste und ihren Bauch zu streicheln und gleichzeitig Nacken und Rükken zu küssen. Der Hautkontakt ist immens, und dies kann sehr romantisch und sinnlich sein.

Diese Stellung ist sehr angenehm für Paare, die nach dem Sex am liebsten gleich einschlafen – man kann sogar einschlafen, während der Penis noch in der Vagina ist.

Variationen

Bei einer Variation dieser Stellung dreht sich die Frau während des Geschlechtsakts leicht auf dem Rücken und legt ein Bein über den Oberschenkel des Mannes. So wird ihre Vulva weit geöffnet, und ihre Klitoris kann von ihr oder ihrem Partner stimuliert werden. Jetzt hat sie beide Hände frei, um sich oder ihren Partner zu streicheln.

Ihr Bauch ist ganz entlastet, weshalb sich diese Position für das letzte Schwangerschaftsstadium eignet. Die Penetration ist gut, aber nicht besonders tief, und die Stoßbewegungen sind etwas eingeschränkt.

Für die Frau ist es entspannend. Sie kann sich selbst und die Hoden ihres Partners streicheln. Bei einigen Frauen stimuliert der Penis des Mannes in dieser Position den G-Punkt, was sie zusätzlich erregt.

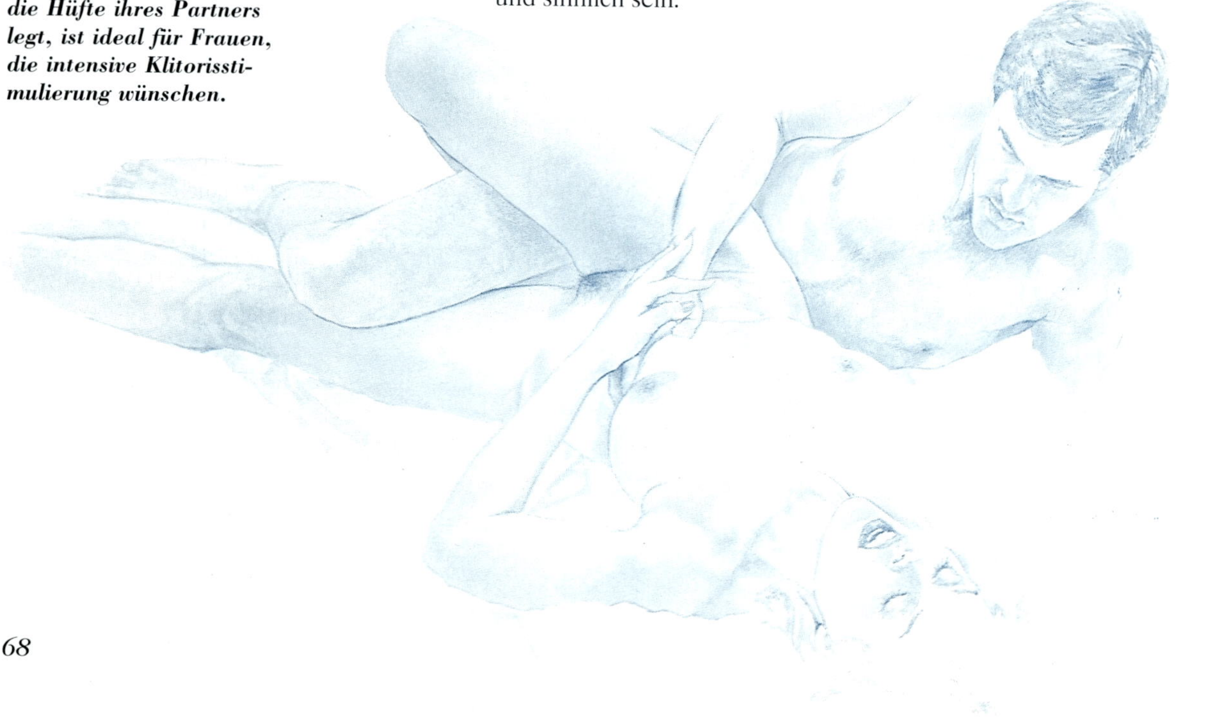

▼ ***Eine Variante der Löffelstellung, bei der die Frau ein Bein über die Hüfte ihres Partners legt, ist ideal für Frauen, die intensive Klitorisstimulierung wünschen.***

Ich habe sehr kleine Brüste, die seit meiner letzten Schwangerschaft sehr häßliche Schwangerschaftsstreifen aufweisen. Gibt es eine gute Stellung, in der mein Mann meine Brüste nicht sieht, sie jedoch streicheln kann?

Ja, in Seitenlage von hinten, wie etwa in der Löffelstellung, geht das sehr gut. Ihr Mann kann um Sie herumfassen und mit Ihren Brüsten und Brustwarzen spielen, kann sie jedoch nicht sehen. Sie machen möglicherweise zu viel Aufhebens darum, denn Ihre Brüste sind sicherlich nicht so häßlich, wie Sie es darstellen. Die meisten Männer sagen, sie fänden den Körper ihrer Partnerin wunderschön, auch wenn er Schwangerschaftsstreifen, Narben oder was auch immer hat. In der Therapie fragen viele Männer: „Was für Schwangerschaftsstreifen?" Sie haben sie einfach nicht bemerkt, auch wenn ihre Partnerin sehr beunruhigt deswegen ist. Vergessen Sie nicht, daß Ihr Partner Sie so liebt, wie Sie sind.

▲ ***Die Löffelstellung ist eine der bequemsten und zärtlichsten Stellungen, weil der Mann sie leicht küssen und ihr zärtliche Worte ins Ohr flüstern kann.***

▼ ***Hier schränkt die Position ihrer Beine die Stoßbewegungen des Mannes während des Geschlechtsverkehrs ein, aber er kann ihren Körper streicheln und ihre Brüste küssen, wenn sie das mag.***

Das Paar liegt einander zugewandt auf der Seite. Die Frau zieht die Beine bis zur Brust an und öffnet sie weit. Dann dringt der Mann in sie ein, während die Frau ihre Beine um seinen Rücken legt. Außerdem schlingt sie ihre Arme um seine Schultern. Die Penetration kann sehr gut sein, aber die Bewegungsfreiheit ist eingeschränkt. Das Paar kann sich leicht und sehr leidenschaftlich küssen. Es gibt viel Hautkontakt mit einem Gefühl extremer Innigkeit.

Sex in Seitenlage

Eine der besten Sexstellungen ist die in Seitenlage. Die Frau liegt auf dem Rükken, und der Mann liegt im rechten Winkel zu ihrem Körper auf der Seite. Die Frau kann dann ihre Oberschenkel an ihren Bauch heranziehen, während er unter ihr liegt und in sie eindringt.

Die Penetration ist tief, und die Bewegungsmöglichkeiten sind gut, wenn auch nicht exzellent. Es ist eine weitere entspannende Stellung während der Schwangerschaft oder für eher dicke Frauen. Beide Partner können die Klitoris der Frau erreichen, um sie zu stimulieren, und der Mann kann

MEINE FREUNDIN UND ICH HABEN EINE VIELZAHL VON SEXSTELLUNGEN AUSPROBIERT – KONVENTIONELLE UND AUSSERGEWÖHNLICHE. DOCH FÜR DIE VÖLLIG SINNLICHE UND INTIME LUST IST SEX IN SEITENLAGE UNSCHLAGBAR. WIR KÖNNEN UNS ZEIT LASSEN UND UNS GEGENSEITIG GANZ LANGSAM STREICHELN UND ANEINANDERKUSCHELN.

▼ Die Bewegungsfreiheit ist hier größer und die Penetration recht tief, besonders, wenn die Frau das Gesäß leicht vom Bett hebt. Die Frau kann keine sehr aktive Rolle spielen, aber der Partner kann ihre Brüste streicheln und ihre Schultern küssen.

sie fast überall streicheln, auch ihre Brüste. Der Nachteil ist, daß sie sich nicht küssen können.
Es ist eine gute Stellung für einen „Quickie", denn man braucht sich dabei kaum auszuziehen. Sie ist gut, wenn die Frau schwanger werden möchte, vor allem, wenn sie nach dem Geschlechtsverkehr einige Minuten mit angezogenen Beinen liegenbleibt. Die Frau kann auch die Hoden des Mannes erreichen. Der Anus beider Partner ist zugänglich, wenn sie Anusstimulierung mögen.

PENETRATIONSGRADE

Die Frau liegt auf der Seite, dreht sich etwas nach vorne und stützt ihren Oberkörper leicht mit den Unterarmen vom Bett ab. Der Mann schmiegt sich wie in der Löffelstellung an ihren Rücken und legt dann sein oberes Bein über ihre Hüften, während er in sie eindringt.
Es ist eine entspannende Stellung, bei der der Mann mit einer Hand den Rükken der Frau streicheln kann, aber ihre Handlungsmöglichkeiten sind begrenzt. Die Penetration ist nicht sehr tief, denn ihre Beine sind nahezu gestreckt; er kann sich gut bewegen.
Wenn sie ihre Beine an den Bauch heranzieht, kann sie die Penetration intensivieren. Die Stellung wird dann zu einer ruhigeren und befriedigenderen Löffelstellung. Diese Stellung ist auch ideal für Frauen, die zum ersten Mal nach einer Geburt Sex haben. Zu diesem

▼ ***Die Frau legt ihr Bein über den Oberschenkel des Mannes, damit er tief in sie eindringen kann.***

Zeitpunkt möchte die Frau vielleicht keine tiefe Penetration, vor allem nach einem Dammschnitt nicht. Sie kann mit fast gestreckten Beinen mit dem Sex beginnen. So wird die Penetration eingeschränkt, und wenn ihr Vertrauen wächst, kann sie ihre Knie anziehen. Doch sie wird jederzeit alles kontrollieren, und das kann mögliche Ängste vertreiben. ❤

Ich brauche starke Klitorisstimulation, um zum Orgasmus zu kommen. Ich mag es, wenn ich die ganze Zeit über einen Vibrator benutzen kann. Gibt es dafür eine gute Stellung?

Ja, Sex in Seitenlage, wenn der Mann im rechten Winkel unter Ihren Oberschenkeln liegt. Sie können Ihre Klitoris mit dem Vibrator stimulieren, während Ihr Mann in Sie eindringt und Sie am ganzen Körper streichelt.

▲ ***Die Frau liegt auf dem Bauch, das Gesäß leicht angehoben, und der Mann liegt im rechten Winkel über ihr und dringt von hinten in sie ein.***

SEX FÜR FORTGESCHRITTENE

Für Paare, die gelegentlich experimentieren wollen, gibt es immer wieder etwas Neues.

Sex ist nicht sehr unterschiedlich in Asien und Europa. Doch in Asien wurden all die guten Bücher darüber geschrieben. Das indische *Kamasutra*, der arabische *Parfumgarten* und die chinesischen und japanischen *Kopfkissenbücher* haben geholfen, unser Sexualverhalten zu systematisieren und das auszuprobieren, was andere vor uns getan und als erfolgreich und befriedigend empfunden haben. So müssen wir uns nicht nur auf unsere Intuition verlassen.

Die französische Methode

Die Franzosen haben sich sehr viel mit dem Sex beschäftigt und einige interessante Bezeichnungen für die etwas raffinierteren Sexstellungen hervorgebracht.

• Die Flanquettestellungen: Bei den Flanquettestellungen, bei denen der Mann oben liegt, wendet er sich der Partnerin zu, doch nur eines seiner Beine befindet sich zwischen ihren. Entweder liegt er direkt auf ihr, oder sie liegen Seite an Seite.

Alle Flanquettestellungen ermöglichen eine tiefe Penetration, und durch die Haltung seiner Schenkel wird eine gute Klitorisstimulierung erreicht. Viele Männer finden es stimulierend, wenn die Schenkel der Frau gegen ihre Hoden reiben, andere Männer dagegen empfinden diese Vorstellung als bedrohlich. Achten Sie darauf, die Bewegungen immer

▼ *Bei dieser Flanquettestellung ist der Mann seiner Partnerin zugewandt, eines seiner Beine zwischen ihren. Der Mann kann tief eindringen und mit seinem Oberschenkel ihre Klitoris stimulieren.*

▼ *Das Vorspiel ist ein wichtiger Teil des Sex. Viele Männer finden es erregend, wenn die Frau dominant ist.*

fließend zu halten. Eine plötzliche Bewegung ihres Beins könnte sonst sehr schmerzhaft sein.

Von hinten

Die Franzosen nennen Sex-von-hinten-Stellungen oftmals à la négresse. Sex von hinten wurde als animalisch betrachtet und als viel zu „unzivilisiert" für Europäer. Man dachte, diese Positionen wären nur für die „niedrigeren" heidnischen Rassen geeignet. Die Stellungen wurden im Hinblick auf die Frau oft als unterwürfig betrachtet, und möglicherweise bezieht sich à la négresse auf den Umgang der weißen Plantagenbesitzer mit ihren Sklavinnen. In Wirklichkeit erfordert diese Stellung eine aktive Rolle der Frau, so daß sie keineswegs gedemütigt wird. Zunächst liegt sie mit im Nacken verschränkten Händen auf dem Bauch, das Gesäß in die Höhe gestreckt.

> *„Mein Freund und ich haben am liebsten Sex von hinten. Wenn er sich an mich schmiegt, sein Bein erst unter eines meiner Beine und dann über das andere schlingt, kann er tief in mich eindringen. Dabei kann er, wenn er sich auf die Ellenbogen stützt, mein Gesicht sehen."*

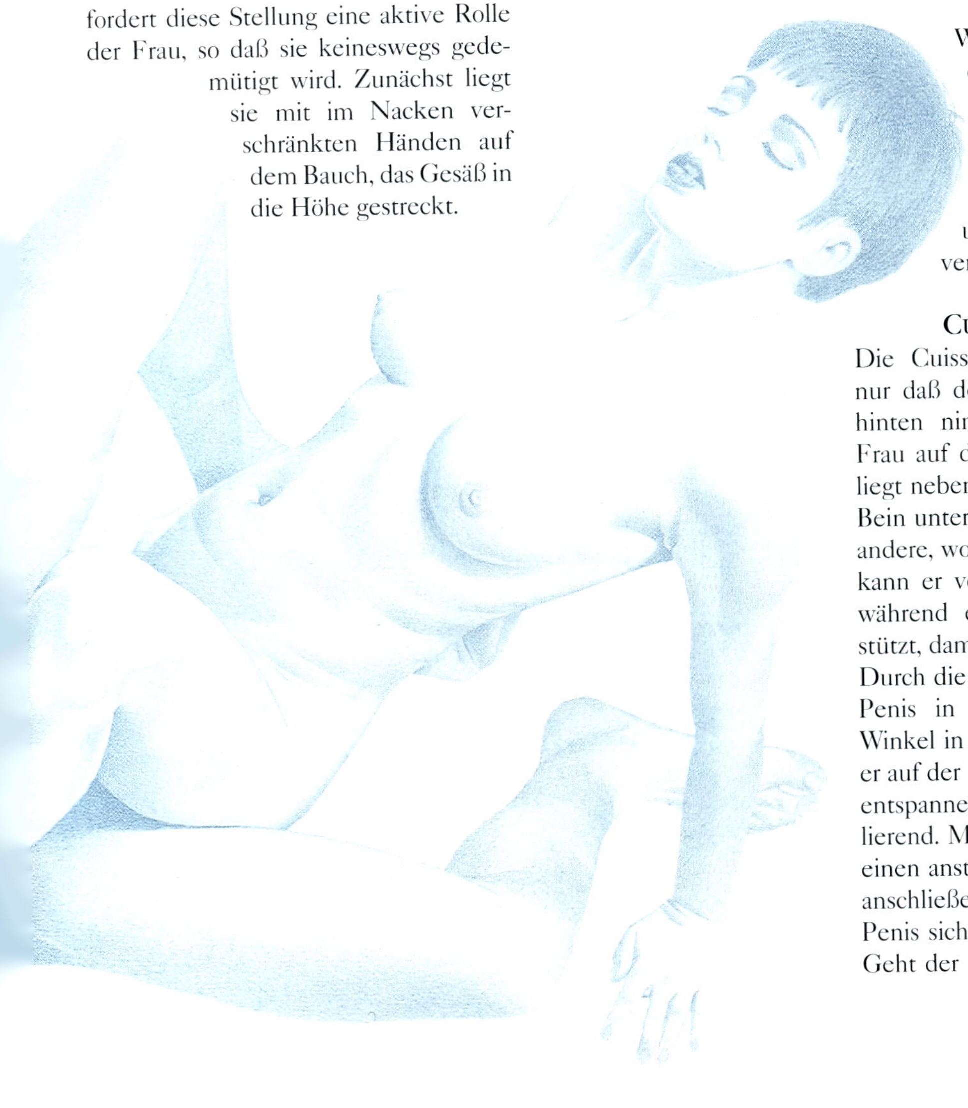

Wenn der Mann in sie eindringt, klammert sie ihre Beine um seine und zieht ihn so an sich heran. Auf diese Weise kann die scheinbar unterwürfige Frau Tempo und Tiefe des Geschlechtsverkehrs bestimmen.

Cuissadestellungen

Die Cuissadestellungen sind ähnlich, nur daß der Mann die Frau halb von hinten nimmt. Gewöhnlich liegt die Frau auf dem Rücken, und der Mann liegt neben ihr. Dann schlängelt er sein Bein unter eins von ihren und über das andere, wobei er ihr Becken dreht. Nun kann er von hinten in sie eindringen, während er sich auf die Ellenbogen stützt, damit sie sich ansehen können.
Durch die Cuissadestellungen kann der Penis in einem sehr stimulierenden Winkel in die Vagina eindringen. Wenn er auf der Seite liegenbleibt, ist das sehr entspannend für beide – und sehr stimulierend. Mit dieser Stellung können Sie einen anstrengenden Tag beenden und anschließend einschlafen, während der Penis sich noch in der Vagina befindet. Geht der Mann zärtlich vor, dann kann

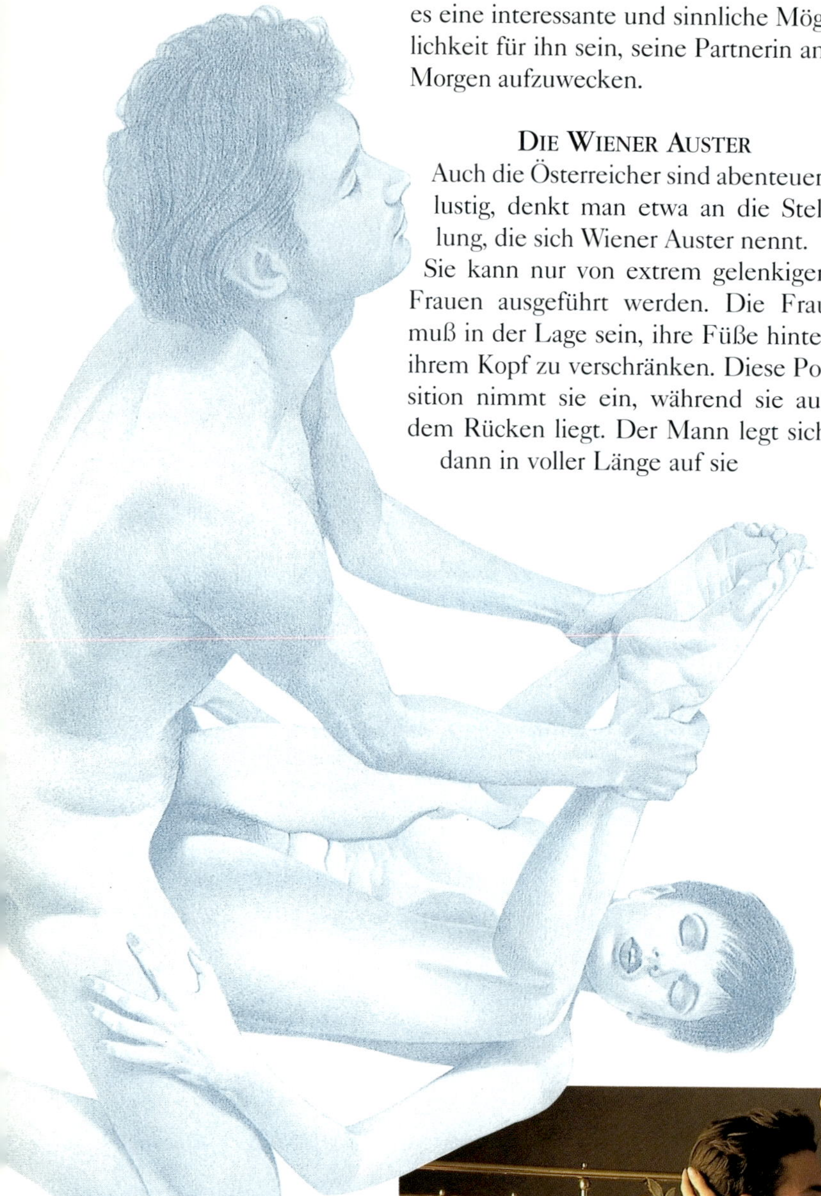

es eine interessante und sinnliche Möglichkeit für ihn sein, seine Partnerin am Morgen aufzuwecken.

Die Wiener Auster

Auch die Österreicher sind abenteuerlustig, denkt man etwa an die Stellung, die sich Wiener Auster nennt. Sie kann nur von extrem gelenkigen Frauen ausgeführt werden. Die Frau muß in der Lage sein, ihre Füße hinter ihrem Kopf zu verschränken. Diese Position nimmt sie ein, während sie auf dem Rücken liegt. Der Mann legt sich dann in voller Länge auf sie und preßt ihre Füße zusammen. Abgesehen von der Fußsohlenstimulierung ermöglicht diese Stellung einzigartige wiegende Beckenbewegungen.

Ist eine Frau nicht so gelenkig, sollte sie versuchen, die Knie bis zu den Schultern zu bringen und die Füße vor ihrem Bauch zu verschränken.

Florentinischer Sex

Durch den Koitus à la Florentine kann die Frau den Mann genießen, auch wenn sein Penis nicht völlig erigiert ist. Sie hält seine Penishaut jedesmal, wenn er in sie eindringt und wieder rauskommt, mit Zeigefinger und Daumen fest, so daß sie straff gespannt ist. Das macht den Penis manchmal steif genug für den Geschlechtsverkehr, auch wenn der Mann überhaupt nicht erregt ist.

Die Frau kann die Technik auch benutzen, um den Zeitpunkt seiner Ejakulation zu beeinflussen – meist, um zu beschleunigen. Für einen gesetzten Mann, der mittelmäßig potent und erregbar ist, kann Florentinischer Sex extrem stimulierend sein.

Wenn Sie die Missionarsstellung hinter sich gelassen haben, bieten Stellungen, bei denen die Frau oben sitzt, vortreffliche Variationen. Diese Stellungen sind alle gut: Sie intensivieren das

▲ ***Bei der Wiener Auster liegt die Frau auf dem Rücken und legt die Knie auf ihre Schultern. Der Mann preßt ihre Füße zusammen, während er in sie eindringt.***

▼ ***Diese Stellung, bei der die Frau oben liegt, ermöglicht beiden Partnern den völligen Körperkontakt. Die Frau legt ihre Fußsohlen auf die Füße des Mannes.***

Eindringen, fördern die klitorale Reizung und geben der Frau die Kontrolle, so daß sie die Ejakulation des Mannes zurückhalten kann, bis sie selbst erregt genug ist, um einen Orgasmus zu bekommen.

Die wollüstige Frau

Der einfachsten Stellung, bei der die Frau oben liegt, verleiht man eine neue Dimension, indem die Frau ihre Fußsohlen auf die Füße des Mannes legt. Dabei muß sie ihre Beine schräg stellen, was der Stellung ihren Namen gibt: der Frosch. So haben Mann und Frau mit ihren Beinen intensiven Körperkontakt.

Raffinierte Variationen

Ausgehend von der Position, bei der die Frau auf dem Mann kniet, kann sie ein Bein unter dem Oberschenkel ihres Partners positionieren, dann das andere Bein auf dieselbe Seite bringen und auf die Schulter des Mannes legen.
Immer noch auf ihm sitzend, kann sie sich jetzt zurücklehnen, so daß sein Penis einen maximalen Druck auf die Vorderseite ihrer Vagina ausübt. Diese Stellung ist als X-Stellung bekannt und verlängert den Geschlechtsverkehr. Dabei ist es nicht einfach, das Gleichgewicht zu halten.

„Wir haben angefangen, Yogaunterricht zu nehmen, um gelenkiger zu werden und unser Sexrepertoire zu vergrössern. Wir hatten schon nach wenigen Stunden viel Spass dabei, auch unsere persönlichen Übungen auszuprobieren!“

◀ ***Bei der X-Stellung sitzt das Paar sich gegenüber, und die Frau legt ihre Beine so – eines auf die Schulter des Mannes, das andere zwischen seine Beine –, daß eine Art X entsteht.***

> *„Wir mögen am liebsten Stellungen, bei denen ich oben sitze, weil es ihn weniger anstrengt, wenn ich ihn stimuliere. Ich finde es gut, dass ich dabei mehr Kontrolle habe."*

Sie kann ihm jedoch um den Hals fassen oder seine Hand halten.

Postkutsche

Die beste aller Stellungen, bei der die Frau oben sitzt, wird von den Franzosen „Die Postkutsche nach Lyon" genannt. Bei dieser Stellung liegt der Mann auf dem Rücken, und die Frau kniet rittlings auf ihm und wendet ihm den Rükken zu. Wenn sein Penis ganz eingeführt ist, lehnt sie sich zurück und stützt sich auf die Hände. Dann schiebt sie ihre Beine nach hinten, so daß ihre Füße flach neben seinem Oberkörper liegen. Das übt nicht nur Druck auf ihren G-Punkt aus; es stimuliert auch seinen Penis und gibt ihm einen erregenden Ausblick auf ihren Körper.

Aus dieser Position heraus kann sie sich drehen, so daß ihr Körper zunächst quer über ihm liegt.

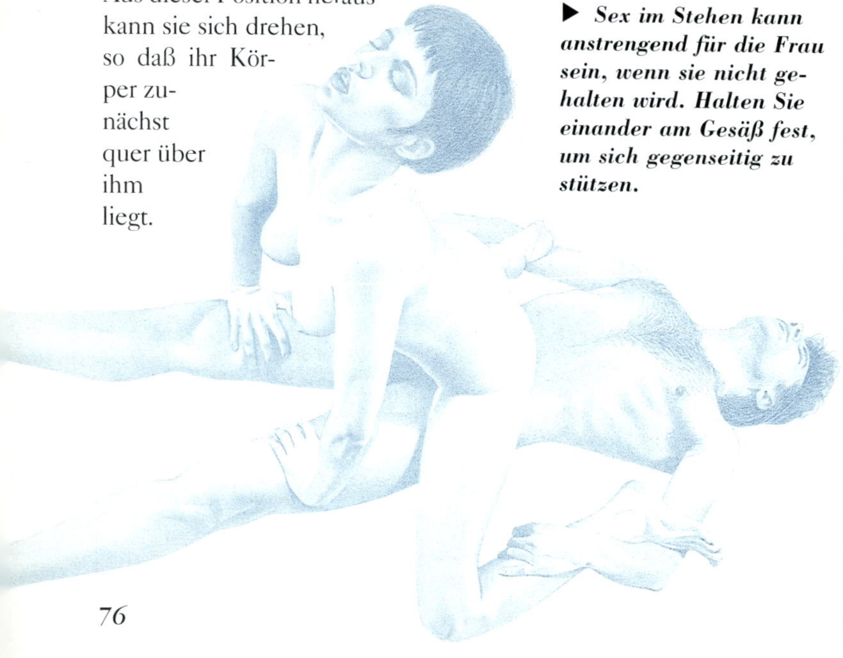

▲▼ In der Schubkarren- und in der Postkutschenstellung (unten) kann die Frau sich beim Eindringen aufstützen.

▶ Sex im Stehen kann anstrengend für die Frau sein, wenn sie nicht gehalten wird. Halten Sie einander am Gesäß fest, um sich gegenseitig zu stützen.

Dann kann sie sich ganz umdrehen, bis sie ihm zugewandt ist, und sich nur auf ihre Hände und Füße stützen.

Sex auf Stühlen

Die einfachste Stellung, bei der die Frau oben sitzt – abgesehen vom Bett –, ist die auf einem Stuhl. Wenn der Mann sich hinsetzt, kann die Frau sich rittlings auf ihn setzen, mit dem Gesicht zu ihm. Viele Eßzimmerstühle aus Holz haben vorne niedrige Sprossen, auf die der Mann seine Füße stellen kann, und an der Seite höhere Sprossen für ihre Füße. Sie kann sich auch andersherum auf seinen Schoß setzen. Möbel können eine reiche Quelle erotischen Vergnügens sein.

Sex im Stehen

Viele junge Paare haben Sex im Stehen an öffentlichen Orten, weil sie oft nicht wissen, wo sie sonst hingehen sollen. Der klassische „Kniezitterer" kann unangenehm anstrengend sein, wenn die Frau nicht etwas größer als der Mann ist. Wenn nicht, sind Telefonbücher gute Hilfsmittel, denn mit ihnen können Sie die Höhe gut zu regulieren. Auch die unterste Treppenstufe hat zumeist die richtige Höhe. Seien Sie jedoch vorsichtig! Oft werden Ihre Beine während des Orgasmus schwach. Am sichersten ist es, wenn Sie sich gegen eine Wand oder einen anderen massiven Gegenstand lehnen, der Ihnen Halt bieten kann. Wenn Sie Sex im Stehen haben, ohne sich anzulehnen, dann beugen Sie Ihre Knie, und stützen Sie sich gegenseitig.

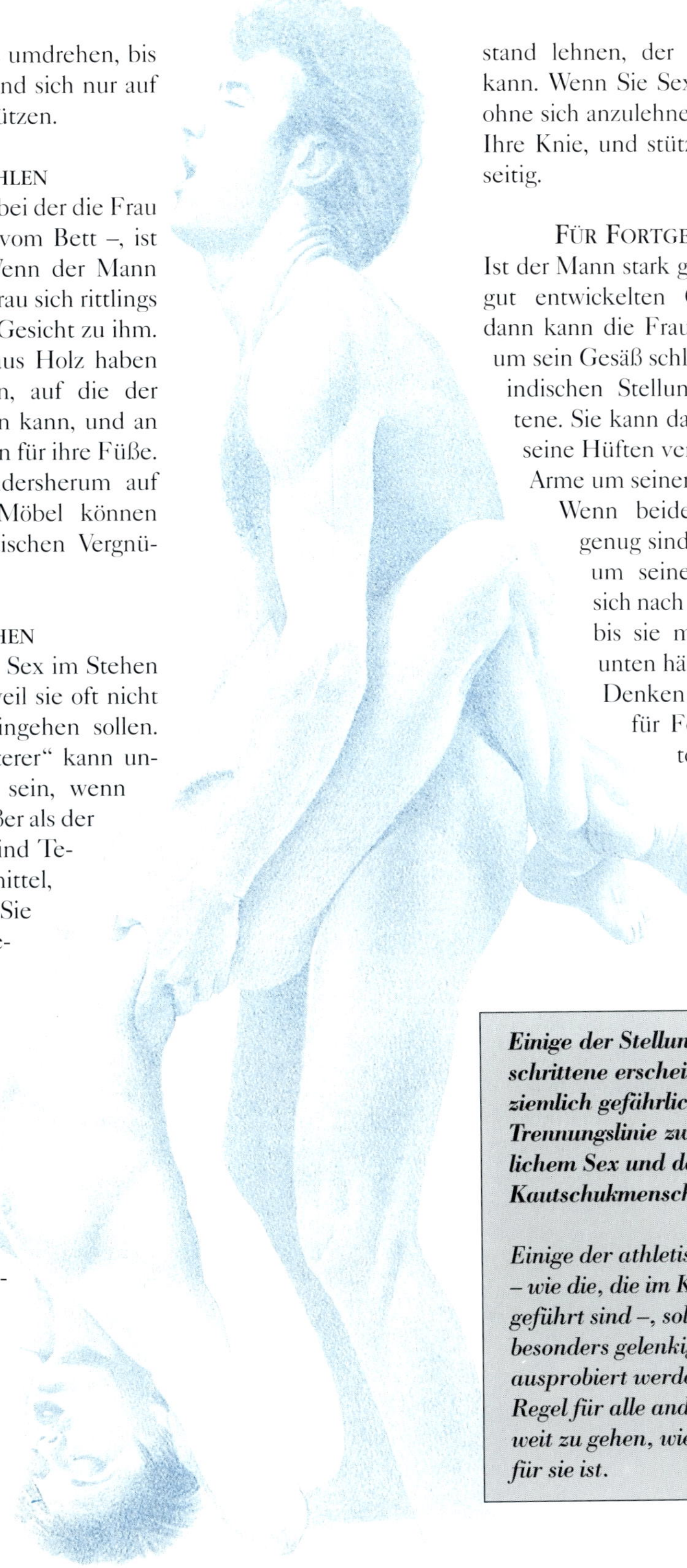

▶ ***Der Mann stützt die Frau, indem er ihre Taille hält, während sie mit dem Kopf nach unten hängt.***

Für Fortgeschrittene

Ist der Mann stark genug und hat einen gut entwickelten Gleichgewichtssinn, dann kann die Frau zunächst ein Bein um sein Gesäß schlingen, wie bei einer indischen Stellung für Fortgeschrittene. Sie kann dann beide Beine um seine Hüften verschränken und ihre Arme um seinen Hals schlingen.

Wenn beide Partner sportlich genug sind, kann sie den Griff um seinen Hals lösen und sich nach hinten fallen lassen, bis sie mit dem Kopf nach unten hängt.

Denken Sie aber daran: Sex für Fortgeschrittene sollte nicht das ein und alles sein. ❤

Einige der Stellungen für Fortgeschrittene erscheinen mir als ziemlich gefährlich. Wo ist die Trennungslinie zwischen sportlichem Sex und dem Verkehr für Kautschukmenschen?

Einige der athletischen Stellungen – wie die, die im Kamasutra aufgeführt sind –, sollten nur von besonders gelenkigen Paaren ausprobiert werden. Die goldene Regel für alle anderen lautet, so weit zu gehen, wie es angenehm für sie ist.

STELLUNGEN FÜR FORTGESCHRITTENE

Innig, erotisch, sportlich und bizarr – all das beschreibt die Vielfalt an Stellungen, die einem phantasievollen Paar offensteht.

In den meisten Beziehungen probiert das Paar anfangs viele Sexstellungen aus und entscheidet sich dann für drei oder vier davon, die seines Erachtens am besten zu ihnen passen. Daran ist nichts auszusetzen – wenn sie glücklich damit sind, sind sie gut bedient mit dem, was sie am liebsten mögen. Sex findet allerdings unter so vielen unterschiedlichen Voraussetzungen und in so vielen verschiedenen Stimmungen statt, daß Sie alle Möglichkeiten erforschen sollten.

WIE VIELE STELLUNGEN?

„Experten" sind sich seit Jahrhunderten uneinig, wie viele Sexstellungen ein Paar nutzen kann. Ein Forscher errechnete, daß es bis zu 10 000 sind, ausgehend von den bekannten Missionarsstellungen bis hin zu den unorthodoxen, athletischen und bizarren Stellungen. Doch eigentlich gibt es beim Sex fünf Grundpositionen: Der Mann liegt oben (bekannt als Missionarsstellung), die Frau liegt oben (Reiterstellung), Sex von hinten, Sex in Seitenlage und Sex im Stehen.

Die Missionarsstellung ist vielleicht die beliebteste aller Sexstellungen. Durch sie kann der Mann die Führung übernehmen. Sie ist romantisch, weil das Paar die ganze Zeit über Blickkontakt hat.

Doch Stellungen, bei denen die Frau oben liegt, bieten auch viele Vorteile. Bei allen Varianten ist es die Frau, die die Kontrolle übernimmt. Außerdem hat sie die Hände frei, um ihren Partner zu streicheln oder sich selbst zum Orgasmus zu bringen. Sie kann sich beim Sex entweder ihm zu- oder von ihm abwenden.

Sex von hinten, die Hundstellung, eignet sich für schnelleren, aggressiveren Sex. Der Mann kann fester stoßen als in jeder anderen Stellung; einige Paare finden, daß das ihren Sex animalischer macht, was sie von Zeit zu Zeit schätzen. Die Frau kann dabei so wenig oder so viel agieren, wie sie möchte.

Sex in Seitenlage, wobei der Mann die Frau mehr von der Seite als von hinten nimmt, ist entspannend und befriedigend, weil er nur im Liegen ausgeübt werden kann. Da der Mann seinen Kör-

▼ ***Wenn die Frau oben liegt, führt das zu einem äußerst befriedigenden Eindringen.***

„Damit der Sex wirklich phantastisch ist, wechseln mein Partner und ich zwischendurch mehrmals die Stellung. Wir können dann abwechselnd die Initiative ergreifen und das Tempo bestimmen."

▲ *Diese Stellung, bekannt als „Die Ufer des Nils", gibt der Frau viel Bewegungsfreiheit. Der Mann liegt in Rückenlage auf dem Bett und zieht seine Knie an die Brust heran, während die Frau sich vorsichtig auf seine Oberschenkel setzt. Wenn sich sein Penis in ihrer Vagina befindet, kann sie sich auf- und abbewegen, drehen und mit beiden Händen ihre Klitoris stimulieren, um gleichzeitig mit ihrem Partner zum Orgasmus zu gelangen.*

per um den der Frau schlingt, kommt es zu einem maximalen Körperkontakt. Sex im Stehen ist möglicherweise dann am besten, wenn das Paar Lust auf einen Quickie hat oder sich besonders sportlich fühlt. Zweifellos besitzen all diese Stellungen einen großen Charme, wenn Zeitpunkt, Umgebung und Stimmung richtig sind.

Welche Stellung wann?

Ein erotisches Erlebnis kann unvergeßlich sein, wenn man nicht mit der Lieblingsstellung beginnt, sondern die Positionen zwischendurch ändert. Diese Art von Sex ist gut für Paare, die die Vorlieben ihres Partners sehr gut kennen. Wenn der Mann über eine gute Peniskontrolle verfügt und ein Gespür dafür hat, wann das Tempo erhöht oder die Stimmung zärtlicher werden sollte, dann können Sie die Position nicht nur einmal, sondern mehrmals ändern. Ebenso kann die Frau plötzlich von einer passiven in eine aktive Rolle wechseln. Was als langsamer, romantischer Sex begann, kann oft schwungvoller werden, wenn die Partner leidenschaftlicher werden.

Neue Orte entdecken

Natürlich wissen erfahrene Liebhaber, daß zum Sex für Fortgeschrittene nicht nur eine gute Stellung gehört. Ein neuer Ort oder eine andere Tageszeit können aus einer alten Lieblingsstellung etwas Neues machen. Und wer keine größeren Veränderungen will, kann die Stellung während des Akts subtil verändern. Beide Partner können z.B. bei einer Missionarsstellung ganz neu empfinden, wenn die Frau die Beine hebt und um die Hüfte ihres Partners schlingt oder über seine Schultern legt. Sex von hinten, bei dem die Frau mit dem Gesicht nach unten auf dem Bett liegt, kann sich verändern, wenn sie ihr Gesäß anhebt und ihrem Partner entgegenstreckt. Beide Stellungen können völlig anders sein, wenn sie auf dem Fußboden ausprobiert werden, oder vielleicht im Freien – wenn Wetter und Umstände es erlauben.

Zurück zu den Grundpositionen

Einige Variationen der Grundpositionen sind so gering, daß sie sich kaum von ihnen unterscheiden. Aber andere sind es wert, ausprobiert zu werden, da sie einem – oder beiden – Partnern völlig neue Empfindungen ermöglichen.

Meine Freundin und ich haben die verschiedensten Sexstellungen ausprobiert. Doch während ihr einige besonders viel Lust bereiten, sind andere für mich besser. Woran liegt das?

Offensichtlich ist es für den Mann am einfachsten, seinen Penis in die Vagina der Frau zu stecken, wenn er ihn gerade einführt, so daß der Penis parallel zu den Vaginalwänden ist. Doch da Frauen auf viele Arten stimuliert werden können, sollte man den Penetrationswinkel variieren. Wenn die Frau einen sensiblen G-Punkt hat, sollten Sie eine Stellung wählen, bei der der G-Punkt, der sich an der Vorderwand der Vagina befindet, angeregt wird. Sie sollten auch daran denken, daß der einzige andere empfindsame Bereich der Vagina die Öffnung ist. Die meisten Frauen spüren in den Tiefen ihrer Vagina kaum mehr als die Bewegung des Penis. Vielleicht behaupten deshalb so viele Frauen, daß die Penisgröße ihres Mannes unbedeutend für sie ist. Stellen Sie sich darauf ein, und genießen Sie die Positionen, die Ihnen beiden Lust bereiten.

Missionarsstellungen

Bei der traditionellen Missionarsstellung liegen beide Partner auf dem Bett. Der Mann dringt in die Frau ein, wobei sich seine Beine zwischen ihren befinden. Ihre Beine sind angezogen, und die Füße stellt sie aufs Bett. Doch es gibt einige interessante Alternativen.

Die Frau kann ihre Beine strecken und weit öffnen, anstatt sie aufzustellen. Der Mann dringt auf dieselbe Weise in sie ein, doch da ihre Vulva jetzt nach vorne statt nach oben und somit in die Richtung ihres Partners zeigt, ist der Winkel etwas anders. Der Penis des Mannes ist natürlich nach oben gerichtet, weswegen er ihren G-Punkt wirkungsvoller reizen kann. Auch für ihn wird es sich etwas anders anfühlen.

Der Mann kann seine Beine um die der Frau legen. Dabei preßt er mit seinen Oberschenkeln ihre Schenkel zusammen, so daß ihre Oberschenkel seinen Penis zusammenpressen. Wenn die Frau ihre Beckenmuskeln ausdehnt und zusammenzieht, kann sie dem Mann neue Empfindungen bereiten. Diese Variante empfiehlt man Frauen nach der Geburt. Wenn Sie ein oder zwei Kissen unter das Gesäß der Frau legen, ändern sich die Empfindungen bei allen Missionarsstellungen, denn die Penetration ist dann tiefer. Auch der Winkel des Penis wird sich ändern.

Reiterstellungen

Die klassische Reiterstellung üben meist Paare aus, bei denen die Frau den Sex kontrollieren will. Sie sitzt dabei mit aufgerichtetem Rücken auf ihm, ihre Knie liegen neben ihrem Mann auf dem Bett. Sie kann ihre Fußsohlen auf die Füße ihres Partners stellen, und beide können die Beine mit angezogenen Knien weit auseinanderspreizen.

Die Stellung, bei der die Frau mit dem Rücken zum Mann auf ihm sitzt, ist fast genauso weit verbreitet wie die Grundposition. Beide Partner können beim Geschlechtsverkehr ganz neue, aufregende Empfindungen entdecken, wenn die Frau sich langsam von einer Stellung in die andere dreht.

Sie kann sich auch über den Penis des Mannes hocken, und, anstatt zu knien, ihre Beine strecken, auf seine Schultern legen und sich dann in ihrem eigenen

▶ ***Wenn die Frau ihm zugewandt rittlings auf ihrem Partner sitzt, kann sie sich zu ihm hinunterbeugen und seinen Oberkörper mit ihren Brüsten streicheln, während er sie mit den Händen näher an sich heranzieht, um noch tiefer in sie einzudringen.***

Tempo auf- und abbewegen. Nur diese Reiterstellung ermöglicht es der Frau, sich ganz umzudrehen, ohne das Risiko, dem Mann weh zu tun. Außerdem kann der Penis des Mannes sie so aus jedem möglichen Winkel heraus erregen. Der Mann muß den Zeitpunkt des Höhepunkts kontrollieren.

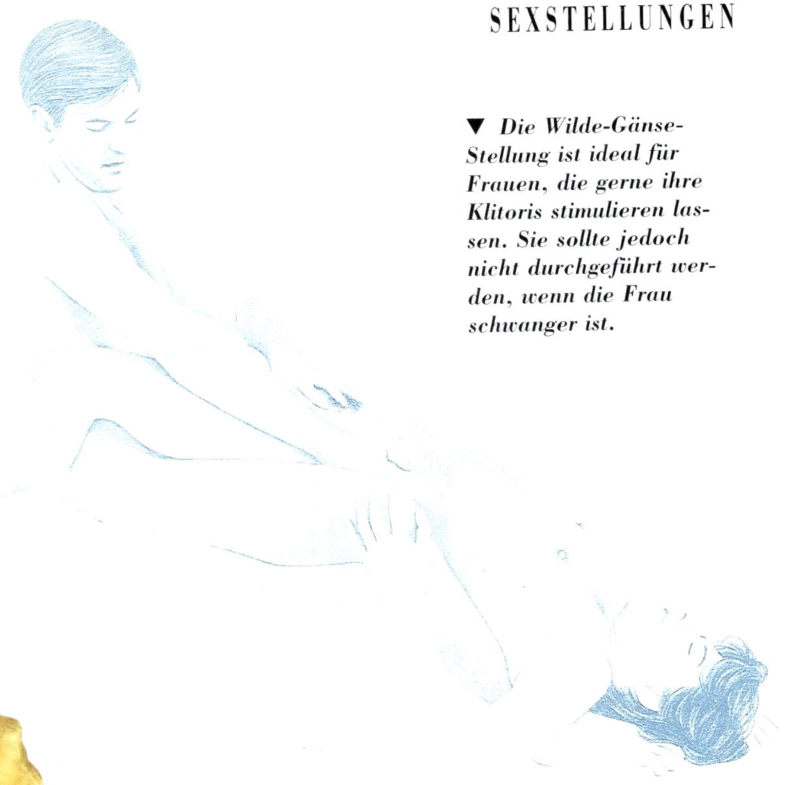

▼ Die Wilde-Gänse-Stellung ist ideal für Frauen, die gerne ihre Klitoris stimulieren lassen. Sie sollte jedoch nicht durchgeführt werden, wenn die Frau schwanger ist.

Sex von hinten

Bei der beliebtesten Sex-von-hinten-Stellung liegt die Frau bäuchlings auf dem Bett, das Gesäß angehoben. Der Mann kniet hinter ihr und dringt in sie ein. Jeder der beiden Partner kann den Penis in die Vagina einführen. Im folgenden finden Sie einige erregende Variationen der Grundstellung. Wenn die Frau flach auf dem Bauch liegt und die Beine so weit auseinanderstreckt, wie sie mag, ist es vielleicht etwas schwieriger, in sie einzudringen, doch die Stellung versetzt den Penis des Mannes in einen anderen Winkel. Es ist außerdem entspannender für die Frau, auch wenn es ihre Bewegungsfreiheit einschränkt.

Anstatt zwischen den Beinen der Frau zu knien, kann der Mann seine Knie nach außen nehmen, so daß er nach vorne rutschen kann, bis er fast rittlings auf ihrem Rücken sitzt. Dabei hat er mehr das Gefühl, auf der Frau zu „reiten", als bei jeder anderen Sex-von-hinten-Stellung.

Für die besonders Beweglichen gibt es endlos viele Variationen zu den Grundstellungen. Hier sind vier davon.

Der brünstige Hirsch

Dies ist eine Variante der Missionarsstellung, die dem Mann eine tiefe Penetration und entschiedenes Stoßen ermöglicht.

Die Frau braucht ihren Oberkörper nicht zu bewegen, aber sie kann den Sex

mit kräftigen Beckenbewegungen – abwechselnd hoch und runter und von Seite zu Seite – intensivieren.

Die Frau liegt mit dem Rücken auf dem Bett. Ihre Beine befinden sich auf dem Boden. Auch ihr Gesäß sollte auf dem Bett liegen. Wenn der Mann in sie eindringt, zieht sie ihre Knie an den Bauch heran, und er stützt sich auf die Hände und zieht sich nach vorne.

Um die Penetration zu vertiefen, kann die Frau ihre Knie noch weiter anziehen und auf die Schultern ihres Partners legen. Gelenkige, sportliche Frauen sind vielleicht sogar in der Lage, ihre Füße hinter dem Hals zu verschränken.

▲ ***Die meisten Paare kommen, nachdem sie einige ungewöhnliche Stellungen ausprobiert haben, immer wieder zur Missionarsstellung zurück.***

▼ ***„Nach dem Himmel greifen" ermöglicht es dem Mann, sich zur Seite zu bewegen; nicht zur G-Punkt-Stimulierung geeignet.***

Die Wellen teilen

Auch wenn die Bewegungsfreiheit beider Partner eingeschränkt ist, bietet diese Stellung einen einzigartigen Penetrationswinkel.

Die Hauptschwierigkeit liegt darin, die Stellung einzunehmen. Die Frau sollte auf dem Rücken liegen, nahe der Bettkante, und ihre Beine in die Höhe strekken. Der Mann kniet mit dem Rücken zu ihr auf dem Boden, dringt so in sie ein und beugt sich dann langsam nach vorne. Er stützt sich mit den Händen auf dem Fußboden ab, während sie mit ihren Händen sein Gesäß faßt, um sein Stoßen zu unterstützen.

Nach dem Himmel greifen

Auch wenn dies nicht eine der romantischsten Stellungen ist, bietet sie dem Mann doch einen besonderen Penetrationswinkel, so daß die Frau ganz neu empfindet. Sie liegt dabei bequem mit gespreizten und in die Höhe gestreckten Beinen auf dem Rücken.

Zunächst sollte sich der Mann mit dem Rücken zu ihr über ihre angezogenen Schenkel knien. Wenn sie dann die Beine hebt, kann er in sie eindringen.

Durch den Peniswinkel kann er die hintere Vaginawand berühren, stimuliert also nicht den G-Punkt. Er kann so fest stoßen, wie sie beide möchten. Die Stellung gibt dem Mann außerdem viel Bewegungsfreiheit zur Seite hin.

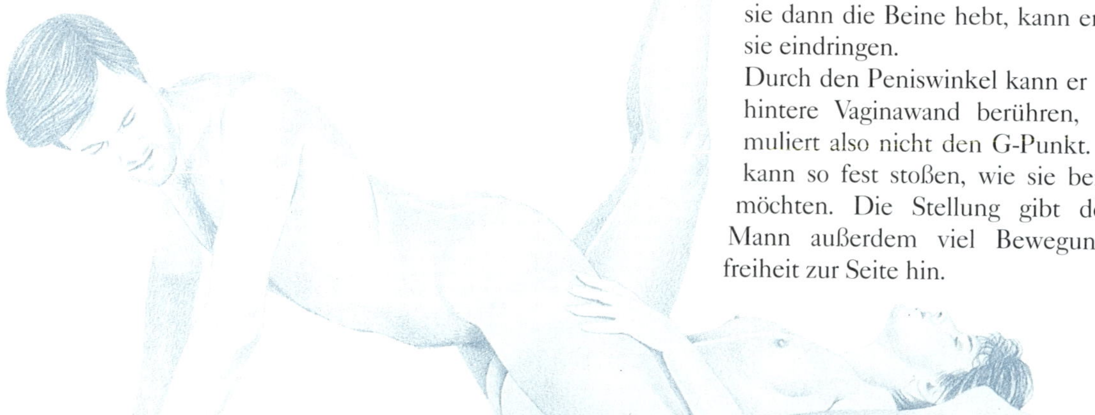

Phantasievollen Paaren macht diese Technik vieles möglich, denn wenn der Mann nicht den Hals dreht, um nach hinten zu schauen, kann keiner der Partner den anderen sehen.

WILDE GÄNSE

Bei dieser Position kann der Mann die Klitoris der Frau besonders gut mit den Händen reizen, um den Zeitpunkt ihres Orgasmus zu beeinflussen. Die Stellung ist für die Frau auch bequemer, als es scheint. Sie sollte jedoch nur ausgeführt werden, wenn Sie auf dem Fußboden neben dem Bett einen Läufer oder einen dicken Teppich haben.

Die Frau setzt sich aufs Bett und streckt ihren Rücken zum Boden, bis es angenehm für sie ist. Sie kann, wenn sie möchte, ihren Kopf auf die Füße ihres Mannes legen. Der Mann setzt sich dann zwischen ihre Beine aufs Bett und zieht sie zu sich heran. Die möglichen Beckenbewegungen sind bei beiden begrenzt, was gut ist, wenn der Mann nicht zu schnell kommen will; das kann bei unkonventionellen Stellungen oft passieren. Die Frau kann ihre Beckenmuskeln kontrahieren, um seinen Penis festzuhalten. Wenn sie das Tempo steigern möchten, kann der Mann die Frau hochziehen, so daß sie auf ihm hockt. Dann kann sie die Initiative übernehmen. ❤

▼ Die meisten Frauen mögen ein phantasievolles Vorspiel, um sich beim ausgedehnten Sex von hinten besser zu befriedigen.

Mein Mann sagt, daß er Stellungen mag, bei denen er am tiefsten in mich eindringen kann. Welche sind dafür geeignet?

Die meisten Männer mögen eine tiefe Penetration, besonders in dem Moment, in dem sie ihren Orgasmus haben. Die tiefste Penetration ist möglich in Stellungen, bei denen die Frau ihre Oberschenkel an ihren Körper preßt. Wenn die Frau auf dem Rücken liegt und die Knie an die Brust zieht oder auf allen vieren hockt, dringt der Penis des Mannes tief in die Vagina ein. Je mehr ihre Oberschenkel in einer Linie mit ihrem Körper sind und je geschlossener sie sind, desto geringer ist die Penetrationstiefe. Wenn Sie keine tiefe Penetration wünschen, können Sie sie kontrollieren, indem Sie eine der Reiterstellungen wählen.

3

Vollendete Orgasmen

Ein Orgasmus ist der Höhepunkt beim Sex; liebevolle Paare wollen, daß möglichst beide Partner einen Orgasmus bekommen. Da die Ejakulation eine biologische Notwendigkeit ist, bekommen Männer oft sehr leicht einen Orgasmus; doch für einige Frauen ist es schwieriger. Auf den folgenden Seiten finden Sie diverse Ratschläge für diese Frauen und ihre Partner. Simultane Orgasmen sind ein besonderer Genuß, den Sie allerdings nicht bei jedem Geschlechtsverkehr anstreben sollten.

SIMULTANE ORGASMEN

Für ein Liebespaar kann es das höchste Ziel beim Sex sein, genau zur gleichen Zeit zu kommen. Das Geheimnis liegt darin, ihr Sextempo aufeinander abzustimmen.

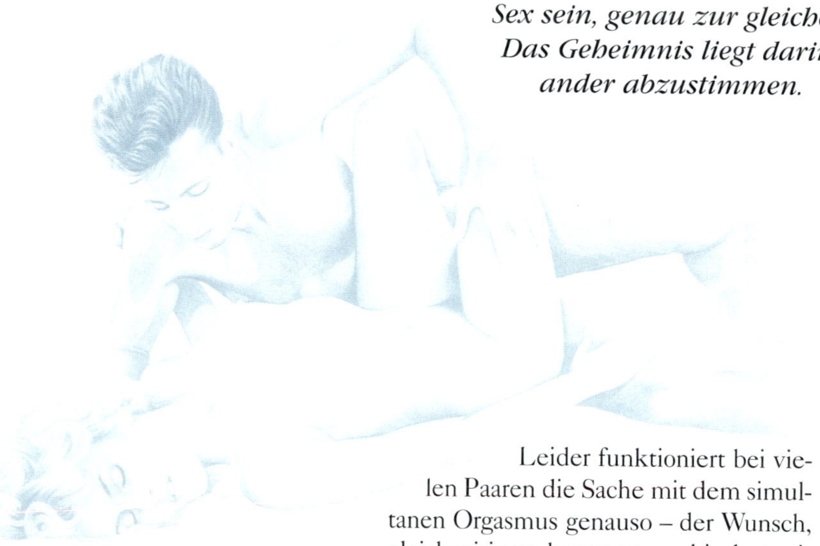

◀ Ein gemeinsamer Orgasmus verlangt meist, die Reaktion der Frau zu beschleunigen und gleichzeitig die des Mannes zu verlangsamen. Bei dieser Stellung hat der Mann beide Hände frei – mit der einen kann er ihre Klitoris streicheln, während er mit der anderen weitere Körperteile stimuliert.

Für viele Paare ist es ideal, wenn beide gleichzeitig einen Orgasmus haben – alles andere wird im Vergleich dazu als unbedeutend angesehen. Natürlich kann es sehr angenehm sein, wenn Orgasmen so zusammenkommen; aber strebt man beim Sex immer dieses Ziel an, dann kann das viel Ärger verursachen.

Es zu sehr forcieren

Versuchen Sie, sich Sex wie eine Dinnerparty vorzustellen, bei der man sich über das Essen und die Gäste freut. Wenn Sie sich dazu verpflichten würden, den letzten Essensbissen gleichzeitig mit Ihrem Partner herunterzuschlucken, wären Sie ausschließlich mit dem Timing beschäftigt. Sie könnten sich nicht auf das Essen konzentrieren, und das Ergebnis wäre, daß Sie es nicht genießen würden. Und angenommen, Sie würden beide den letzten Bissen des Essens genau zum gleichen Zeitpunkt zu sich nehmen – wäre der Abend dadurch gelungener?

Leider funktioniert bei vielen Paaren die Sache mit dem simultanen Orgasmus genauso – der Wunsch, gleichzeitig zu kommen, verhindert seine eigene Erfüllung. Der Streß, der damit verbunden ist, seinen eigenen Orgasmus zurückzuhalten, kann sehr anstrengend für den Mann sein. Er kann den richtigen Zeitpunkt seiner Ejakulation verhindern und so die Intensität seines Orgasmus mindern. Für die Frau kann es sehr anstrengend sein, ihren Orgasmus zu beschleunigen, um gleichzeitig mit ihm zu kommen.

Orgasmen beim Geschlechtsverkehr

Für Männer ist der Orgasmus ein wichtiger Bestandteil des Zeugungsaktes: Ohne ihn kann er eine Frau nicht schwängern. Der Orgasmus des Mannes ist also eine biologische Notwendigkeit.

Der weibliche Orgasmus ist dagegen viel schwerer faßbar und weniger klar umrissen. Biologisch notwendig ist lediglich, daß die Frau den Penis des Mannes

▶ Auch wenn gleichzeitige Orgasmen sehr beglückend sind, sollten sie nicht als das ein und alles beim Geschlechtsverkehr betrachtet werden. Sex sollte beiden Partnern Lust bereiten und keine Mühe oder schwierige Aufgabe für einen von beiden sein.

in sich aufnimmt, damit sein Sperma an ihren Gebärmutterhals gelangt.
Von den Frauen, die Orgasmen haben, bekommen doppelt so viele diese durch manuelle oder orale Klitorisstimulation als durch Geschlechtsverkehr.
Eine amerikanische Untersuchung von 106000 Frauen im Jahre 1980 hat ergeben, daß 34 Prozent der Frauen meistens Orgasmen beim Geschlechtsverkehr haben. Wenn also die simultanen Orgasmen während des Geschlechtsverkehrs stattfinden sollen,

> *„Mein Freund und ich haben ein leidenschaftliches Sexleben. Doch am meisten befriedigt es uns, wenn wir gleichzeitig einen Orgasmus bekommen. Er bringt mich oral bis kurz vor den Orgasmus; dann setze ich mich auf ihn, und er stimuliert meine Klitoris mit der Hand, bis wir gemeinsam kommen."*

können nur sehr wenige Menschen sie erleben. Man hat herausgefunden, daß jüngere und unverheiratete Frauen seltener Orgasmen haben als ältere Frauen. Eine andere Untersuchung aus dem Jahre 1984 hat ergeben, daß 42 Prozent der Ehefrauen durch bloßen Geschlechtsverkehr einen Orgasmus bekommen, doch nur 24 Prozent der unverheirateten Frauen.

Aus diesen Erkenntnissen wird deutlich, daß die Wahrscheinlichkeit eines Orgasmus beim Geschlechtsverkehr – oder sogar eines simultanen Orgasmus – wächst, wenn die Frau älter wird. Das gilt vor allem für verheiratete Frauen.

▼ Wenn die Frau oben sitzt, kann sie auch besser ihre Vaginalwände stimulieren.

Mythen verabschieden

Einige Männer nennen ihre Frauen „frigide", wenn sie beim Geschlechtsverkehr keinen Orgasmus und vor allem keinen simultanen Orgasmus bekommen. Dies ist äußerst unfair, denn Frigidität meint die Unfähigkeit, überhaupt sexuelle Reaktionen zu zeigen. Für viele Männer ist eine Frau, die keine Orgasmen haben kann oder hat – am besten während des Geschlechtsverkehrs – irgendwie mit Mängeln behaftet. Dies ist eine verhängnisvolle und ungerechte Auffassung. Da die Männer in unserer Kultur sehr zielorientiert sind und den

Die Presstechnik üben

Der Mann sollte sich durch erotische Lektüre erregen. Wenn er eine sehr starke Erektion hat, sollte er aufhören, sich zu stimulieren, und seine Eichel zwischen Fingern und Daumen um den Rand herum zusammendrücken. Das wird die Erektion schnell zurückgehen lassen. Wenn sein Penis schlaff ist, sollte er ihn wieder so stimulieren, wie er es am liebsten hat; er sollte mit dem Kreislauf von Erregung und Auflösung so lange fortfahren, wie er es aushalten kann. Die Zeitspanne, in der er einen Orgasmus zurückhalten kann, sollte ausgedehnt werden, bis er problemlos eine halbe Stunde durchhält. Einige Männer machen das alles gemeinsam mit ihrer Partnerin. Es ist ein gutes Training, denn die erotische Situation ist realistischer und näher an den echten Bedingungen des Geschlechtsverkehrs. Übt eine Frau mit ihrem Mann, kann sie ihn so stimulieren, wie sie möchte, und dann seinen Penis zusammenpressen, damit seine Erektion zurückgeht. Nach einigen Übungstagen sollte der Mann in der Lage sein, eine Erektion zu bekommen und die Ejakulation einige Zeit zurückzuhalten. Er könnte vielleicht kurz das Haus verlassen oder seiner Partnerin irgendeinen Gefallen erweisen. Dann kann sie ihn wieder zur Erektion bringen. Solange die Übungsstunden immer mit dem Geschlechtsverkehr oder der Masturbation enden, werden daraus keine Probleme entstehen.

Nach ein paar Wochen wird fast jeder Mann in der Lage sein, seinen Orgasmus über fast jede Zeitspanne hinweg willentlich zurückzuhalten. Das Geheimnis liegt darin, herauszufinden, wann es kein Zurück mehr gibt. Dann sagt oder signalisiert er seiner Partnerin, dass sein Orgasmus bevorsteht, so dass sie aufhören kann, ihn zu stimulieren. Später, beim Geschlechtsverkehr, kann er diese Gefühle wiedererkennen, aufhören zu stossen und ihre Vagina verlassen, um den Penis zusammenzupressen oder seine Ejakulation anders zu kontrollieren. Nach den ersten Übungsphasen sollten Sie sehr behutsam zum Geschlechtsverkehr übergehen – was am besten funktioniert, wenn die Frau oben sitzt.

Orgasmus als das Entscheidende bei jeder sexuellen Begegnung betrachten, erwarten die meisten, daß auch ihre Partnerin einen Orgasmus bekommt. Eine Untersuchung von mehr als 4000 Männern in den Vereinigten Staaten aus dem Jahre 1977 hat ergeben, daß die meisten Männer das Ende des Geschlechtsverkehrs darin sehen, daß „beide einen Orgasmus hatten." Viele, wenn nicht sogar die meisten Frauen würden dem nicht zustimmen.

Perfektes Timing

Offensichtlich gibt es bei so etwas Individuellem wie der menschlichen Sexualität keine verbindlichen Regeln darüber, wie man einen simultanen Orgasmus erzielt. Für die Mehrheit der Paare gilt, daß die Frau ihren Höhepunkt schneller bekommt und der Mann seinen zurückhalten muß, wenn ein simultaner Orgasmus mehr als ein seltener Zufall sein soll. Hier sind einige Tips, wie Ihnen das gelingt.

Die Frau ans Ziel bringen

- Wenn der Mann die Frau oral nahe an den Höhepunkt bringt und dann in sie eindringt, kommt sie möglicherweise sofort. Die anschließende Stimulation durch das Stoßen des Penis ist gerade ausreichend, um die Frau zum Orgasmus zu bringen.
- Bei Frauen, die am G-Punkt stark erregt werden, kann Sex von hinten sicherstellen, daß sie am wirkungsvollsten Punkt stimuliert wird.

Ich habe keine Probleme, mich lange zurückzuhalten, wenn ich mit meiner Frau schlafe, und sie hat oft einen Orgasmus, während ich ejakuliere. Doch neulich hatte ich, als ich geschäftlich unterwegs war, mit einer anderen Frau Sex und habe völlig die Kontrolle verloren. Wie konnte das geschehen?

Das ist nichts Besonderes. Sie hatten Schuldgefühle wegen Ihres Seitensprungs; da Sie es deshalb schnell hinter sich bringen wollten, hat Ihr Unterbewußtsein Sie dazu getrieben, schneller zu ejakulieren, als Ihnen lieb war. Viele Männer in dieser Situation können überhaupt keine Erektion halten, geschweige denn ihren Orgasmus genau kontrollieren. Unbewußt entstehen Ängste davor, entdeckt zu werden, sexuell übertragbare Krankheiten zu bekommen oder eine ungewollte Schwangerschaft zu verursachen. Die Kontrolle Ihrer Ejakulation, während Sie mit Ihrer Frau schlafen, entsteht aus Ihrer stabilen Beziehung.

- Versuchen Sie es mit Ihrer Lieblingsphantasie. Manche Frauen können sich, wenn sie erregt sind, selbst zum Orgasmus bringen, indem sie eine besonders aufregende Phantasie einsetzen.
- Für die meisten Frauen liegt im Vorspiel die Lösung, wenn es um Orgasmen während des Geschlechtsverkehrs geht. Das muß individuell auf die jeweilige Frau abgestimmt sein.
- Das Paar sollte eine Stellung wählen, bei der

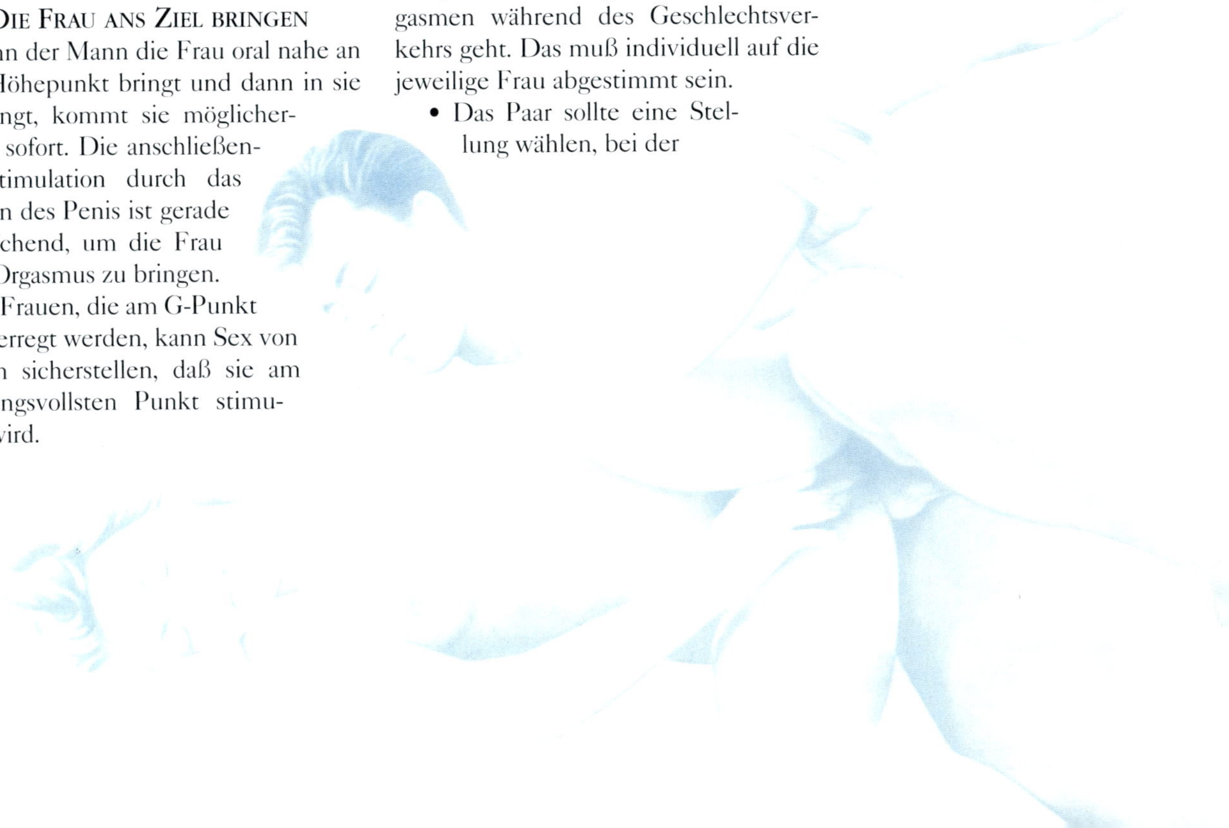

▼ Jede Sex-von-hinten-Stellung beschleunigt den Orgasmus der Frau, da sie den G-Punkt stimuliert.

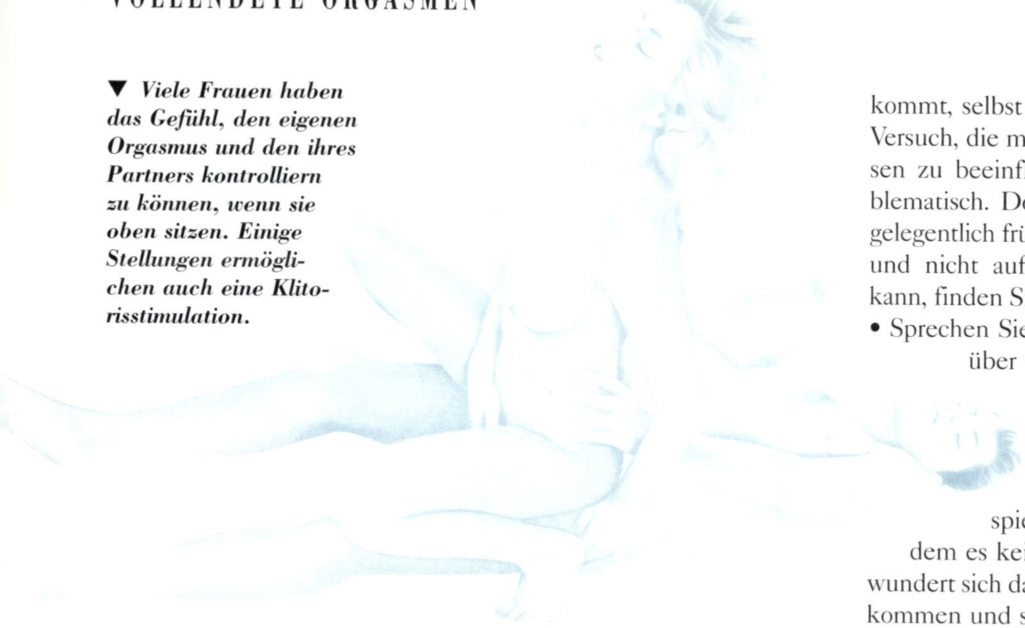

▼ *Viele Frauen haben das Gefühl, den eigenen Orgasmus und den ihres Partners kontrolliern zu können, wenn sie oben sitzen. Einige Stellungen ermöglichen auch eine Klitorisstimulation.*

die Klitoris der Frau einfach und bequem stimuliert werden kann. Eine der besten Stellungen ergibt sich, wenn der Mann im rechten Winkel zum Körper seiner Partnerin liegt, unter ihren erhobenen und gespreizten Oberschenkeln.

Den Mann zurückhalten

Wenn Sie versuchen, einen Mann zurückzuhalten, laufen Sie Gefahr, daß er am Ende keinen Orgasmus mehr bekommt, selbst wenn er es möchte. Der Versuch, die männlichen Erregungsphasen zu beeinflussen, ist durchaus problematisch. Doch wenn der Mann nur gelegentlich früher kommt als erwünscht und nicht auf seine Partnerin warten kann, finden Sie hier einige gute Tricks.

- Sprechen Sie mit Ihrer Partnerin darüber – sie kann Ihnen sicherlich helfen. Vielleicht stimuliert sie Sie zu leidenschaftlich und bringt Sie beim Vorspiel an einen Punkt, an dem es kein Zurück mehr gibt. Sie wundert sich dann, warum Sie so schnell kommen und sie noch nicht so weit ist. Das Geheimnis liegt darin, Ihr erotisches Tempo aufeinander abzustimmen.
- Benutzen Sie ein paar Wochen lang ein Präservativ. Das kann die Sensibilität so verringern, daß Sie das Problem der zu schnellen Erregung lösen können.
- Benutzen Sie für Ihre Eichel eine schwache anästhetische Salbe, um die Sensibilität zu verringern.
- Kontrahieren Sie nach jedem Stoßen fest Ihren Anus.

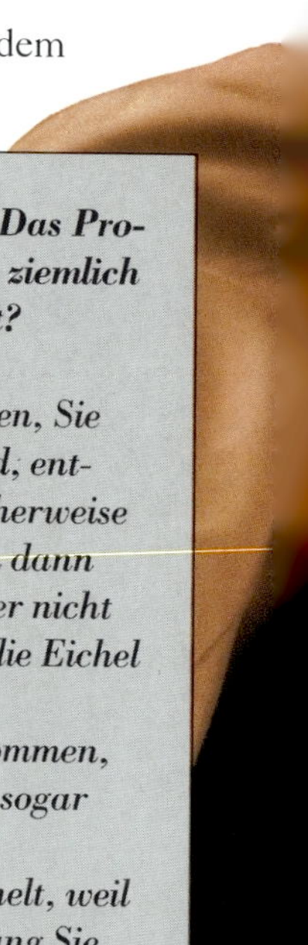

Mein Freund erregt mich so sehr, daß ich sofort komme, nachdem er in mich eingedrungen ist. Das Problem ist, daß er dann stundenlang mit dem Sex weitermacht und ich all das Stoßen und Reiben ziemlich langweilig finde, wenn ich meinen Orgasmus hatte. Was kann ich tun, damit er schneller kommt?

Sie sollten sich stärker darauf konzentrieren, Ihren Freund zu stimulieren, und ihn davon abhalten, Sie vor der Penetration mehr als nötig zu erregen. Wenn die orgastischen Kontraktionen vorüber sind, entspannen sich die Muskeln der Vaginalwände, und da diese dann sehr feucht sind, spürt er möglicherweise sehr wenig an seinem Penis. Sie sollten einen Augenblick pausieren, Ihre Vagina trocknen und ihn dann manuell oder oral stimulieren, bevor er wieder in Sie eindringt. Wählen Sie eine Stellung, bei der er nicht so tief eindringen kann. Nach dem Orgasmus ist die Vagina sehr ausgedehnt, und eventuell wird die Eichel dann nur sehr wenig gereizt.

Sie können natürlich Ihren ersten Orgasmus genießen und dann versuchen, einen zweiten zu bekommen, während Ihr Freund ejakuliert. Wenn Ihr Freund wirklich sehr lange in Ihnen bleibt, können Sie sogar mehrere Orgasmen bekommen, bevor er schließlich kommt.

Doch das müssen Sie selber herausfinden. Sprechen Sie mit ihm. Vielleicht fühlt er sich geschmeichelt, weil er Sie immer wieder zum Orgasmus bringen kann. Vielleicht hat er auch Probleme, bei deren Lösung Sie ihm mit viel Liebe helfen können.

▼ Wenn die Frau vor dem Geschlechtsverkehr schon einen Orgasmus hatte, ist es wahrscheinlicher, daß sie auch beim Geschlechtsverkehr einen Orgasmus bekommt.

• Richten Sie Ihre Aufmerksamkeit auf etwas Nichtsexuelles, um sich von einer zu schnellen Erregung abzulenken.

Die Zeichen erkennen

Gemeinsames Ejakulationstraining befähigt die Frau, die Warnsignale der bevorstehenden Ejakulation ihres Mannes genau kennenzulernen. Ein liebevoller und fürsorglicher Mann wird durch sorgfältige Beobachtung seiner Partnerin lernen, wann sie am stärksten erregt ist, damit er zur gleichen Zeit kommen kann.

Warnung

Wenn das Bemühen um einen simultanen Orgasmus Ihre Lust am Sex beeinträchtigt, sollten Sie damit aufhören. Es ist sinnvoller, dies nicht zu oft zu probieren und es sich zu erlauben, meistens spontaner miteinander zu verkehren. ❤

PERFEKTES TIMING

Ein gemeinsamer Höhepunkt ist nicht das wichtigste, um Spaß am Sex zu haben. Wenn es passiert, kann es den Sex für beide Partner zu etwas ganz Besonderem machen.

Die meisten Paare fänden es am schönsten, wenn der Sex jedesmal mit einem Orgasmus für beide enden würde, am besten gleichzeitig. Vielen Paaren fällt dies schwer, doch mit Fürsorge und Sensibilität ist ein simultaner Orgasmus für die meisten Liebespaare möglich.

TIMING

Normalerweise braucht die Frau länger, um zum Orgasmus zu kommen; deshalb benötigt sie ein phantasievolleres Vorspiel als der Mann. Interessanterweise können viele Frauen, die bei einem normalen Geschlechtsverkehr keinen Orgasmus bekommen, durch Masturbation, Oralsex oder mit Hilfe eines Vibrators einen Orgasmus erlangen. Sie sollten also eine Stellung wählen, bei der die Frau ihre Klitoris stimulieren kann; etwa eine Reiterstellung.

Die goldene Regel für einen simultanen Orgasmus ist immer das richtige Timing. Natürlich ist das nicht einfach. Einige Frauen können multiple Orgasmen bekommen; andere haben nur selten Orgasmen. Auch die Qualität des männlichen Orgasmus kann überraschend variieren.

WER ÜBERNIMMT DIE FÜHRUNG?

Beim Sex ist es wichtig, daß einer der Partner die Kontrolle übernimmt. Das kann auf viele Arten geschehen. Wenn der Mann zum Beispiel merkt, daß er dem Orgasmus nahe ist, und seine Partnerin keine Anzeichen davon zeigt, kann er das Tempo des Geschlechtsverkehrs kontrollieren, indem er minimal stößt und seine Partnerin streichelt. Er kann auch seinen Penis herausziehen und sie mit dem Finger oder dem Mund erregen, bevor er wieder in sie eindringt.

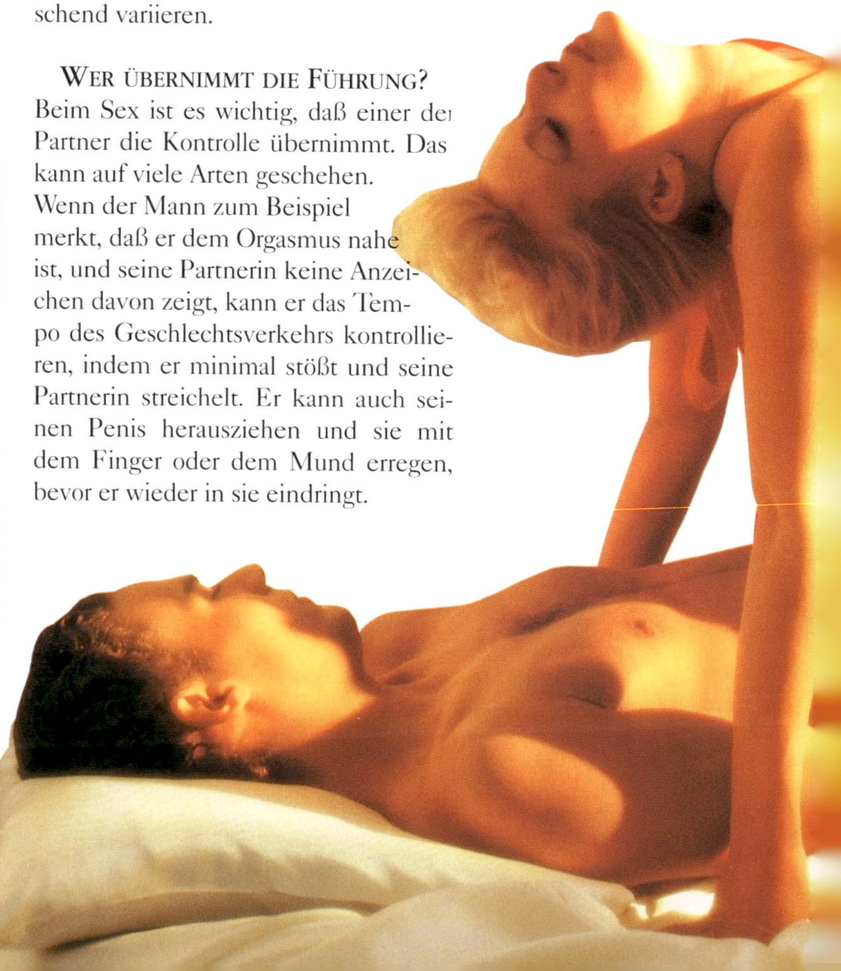

▼ ***Reiterstellungen sind sehr gut für Frauen, die gerne die Kontrolle behalten. Wenn Sie ihm den Rücken zukehren, können Sie Ihren eigenen Phantasien nachgehen, und der Ausblick auf Ihr Gesäß wird ihn sehr erregen.***

▲ ***Wenn man die Bedürfnisse des anderen kennt, werden die Chancen erhöht, einen simultanen Orgasmus zu bekommen.***

Wenn er mit seiner Partnerin im Einklang ist, wird er auch wissen, ob ein Stellungswechsel erforderlich ist.

Die Frau übernimmt die Führung

Genauso kann die Frau ihren Partner bremsen, wenn sie bemerkt, daß er seinen Orgasmus früher bekommen wird als sie, indem sie ihn nur minimal erregt, während sie ihre eigene Erregung steigert. Braucht ihr Partner mehr Zeit als sie für einen Orgasmus, kann sie seine Erregung verstärken, indem sie ihre Hände einsetzt und in der Reiterstellung das Tempo kontrolliert.

Ist es wichtig?

Dennoch ist ein gleichzeitiger Orgasmus nicht das ein und alles beim Sex. Gelegentlich ist die Intensität des Orgasmus des anderen wichtiger als der eigene Orgasmus. Es sollte als etwas Besonderes betrachtet werden, und Sie sollten sich vor allem darauf konzentrieren, einander Lust zu bereiten. Dann wird sich die Intensität des Orgasmus für beide Partner verstärken, und Sex wird zu einer gemeinsamen Erfahrung zweier Liebender.

Der Mann übernimmt die Führung

Um die Reaktion der Frau auf Ihre Liebkosungen zu beschleunigen, muß das Vorspiel sich auf ihre Vorlieben konzentrieren. Wenn Sie Worte, Küsse und Liebkosungen einsetzen – und eine Stellung wählen, in der Sie die Kontrolle haben –, können Sie die Dinge vorantreiben. Wenn Sie Schwierigkeiten damit haben, Ihren eigenen Orgasmus zurückzuhalten, ist es am besten, wenn Sie als erster einen

▼ ***Liebkosen Sie Ihre Partnerin mit Ihren Händen und Ihren Lippen, während sie ihre Vaginalzone stimuliert.***

> *„Die beste Art für meinen Partner und mich, unseren Orgasmus zu timen, ist die Reiterstellung. Wenn wir einander zugewandt sind, können wir die Erregung des anderen perfekt einschätzen."*

Da mein Freund beim Geschlechtsverkehr sehr schnell kommt, können wir Sex in dem Tempo weitermachen, das mir genug Zeit gibt, auch einen Orgasmus zu bekommen.

◀ ***In dieser Stellung sind Sie Ihrem Partner zugewandt. Sie können sehen, wie erregt er ist – und das Tempo variieren.***

bekommen; denn Ihr zweiter Orgasmus braucht immer länger als der erste. Doch wenn Sie danach für eine gewisse Zeit impotent sind, ist das keine gute Idee. Ist das nicht der Fall, wird Ihre Partnerin sicherlich glücklich darüber sein, daß Sie beim Sex zwei Höhepunkte erreichen, wenn die Intensität ihres eigenen Orgasmus dadurch verbessert wird.

Ein gutes Vorspiel

Entscheidend beim Sex ist immer die Intensität des Vorspiels – außer natürlich beim Quickie. Setzen Sie Ihre Finger und Ihre Zunge so ein, daß sie bis kurz vor den Orgasmus gelangt. Sagen Sie ihr, was Sie mit ihr tun möchten und wie sehr Sie sie begehren. Falls sie es gerne mag, wenn Sie beim Sex vulgäre Ausdrücke benutzen, dann tun Sie es.

Kreativ mit dem Vibrator

Wenn Sie einen Vibrator oder Dildo besitzen, verwenden Sie ihn für ihren ganzen Körper, aber richten Sie besonders viel Aufmerksamkeit auf ihre Vaginalzone. Oder regen Sie sie dazu an, ihn selber zu benutzen, während Sie sie mit Ihren Händen

▲ ▶ ***Meist kommt der Mann vor der Frau zum Orgasmus, doch er kann das Tempo kontrollieren, damit sie „aufholen" kann.***

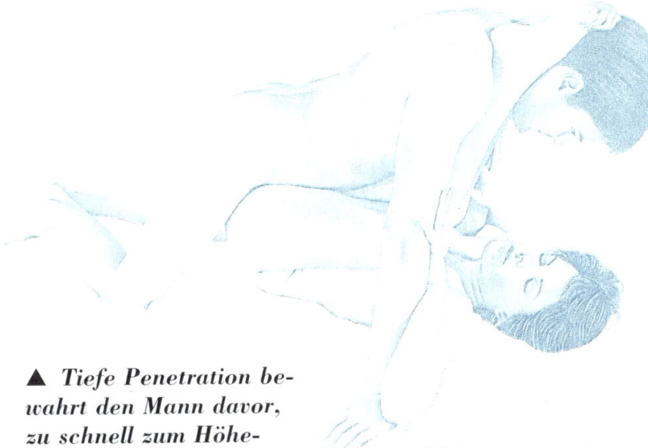

▲ ***Tiefe Penetration bewahrt den Mann davor, zu schnell zum Höhepunkt zu kommen – die Empfindungen des Penis sind dabei reduziert.***

▼ ***Das geschickte Einsetzen eines Dildos wird die Erregung Ihrer Partnerin schnell steigern – liebkosen Sie sie mit Ihren Händen und Lippen.***

und Lippen an anderen Stellen liebkosen. Lassen Sie sie den Vibrator so benutzen, wie sie es am liebsten hat. Wenn sie damit ihre Klitoris stimuliert, führen Sie Ihre Finger in ihre Vagina ein. Wenn Sie kurz vor dem Orgasmus ist, dringen Sie in sie ein.

Phantasien einsetzen

Für viele Frauen ist es eine klassische Art, einem Orgasmus näher zu kommen, wenn sie ihrer Vorstellung freien Lauf lassen.

Zum Masturbieren anregen

Da eine Frau ihre eigenen sexuellen Bedürfnisse besser kennt als jeder andere, sollten Sie sie zum Masturbieren ermutigen. Sie brauchen jedoch nicht bloßer Zuschauer zu sein. Küssen Sie ihre Lippen, Brüste, Schenkel oder ihren Anus.

Stellungen

Vermeiden Sie sportliche Stellungen, bei denen Sie sich mehr auf die Technik als auf die Bedürfnisse Ihrer Partnerin konzentrieren müssen.

• Wählen Sie die Missionarsstellung. Legen Sie Ihre Partnerin auf den Rükken, öffnen Sie ihre Beine so weit wie möglich, und dringen Sie in sie ein. Vielleicht möchte sie ihre Beine um Ihre Hüften schlingen oder über Ihre Schultern legen, damit Sie tiefer eindringen. Fangen Sie langsam an zu stoßen, und ermutigen Sie sie, ihre Klitoris zu stimulieren, während Sie sich darauf konzentrieren, Ihren Orgasmus auf den Ihrer Partnerin abzustimmen. Lassen Sie sich von ihren Reaktionen leiten, um zu sehen, wann Sie Ihr Tempo steigern können. Wenn sie dem Orgasmus nahe ist, dann stoßen Sie, so fest Sie können. Saugen Sie dabei an ihren Brüsten, oder küssen Sie ihre Lippen.

▶ ***Sex von hinten ist ideal für Frauen, die einen sensiblen G-Punkt besitzen. Er kann dabei gegen die Vorderwand ihrer Vagina stoßen.***

▶ In der Seitenlage kann der Mann gut die Klitoris der Frau stimulieren. Deshalb ist es eine geeignete Stellung, um den Zeitpunkt ihres Orgasmus zu kontrollieren. Zusätzlich ist sie eine sehr entspannende Position, die beiden große Bewegungsfreiheit ermöglicht.

▼ Sex von hinten bietet zwei Vorteile, wenn Sie die Erregung der Frau steigern möchten – sie kann besser ihren Phantasien nachgehen, und der Mann kann ihren G-Punkt stimulieren.

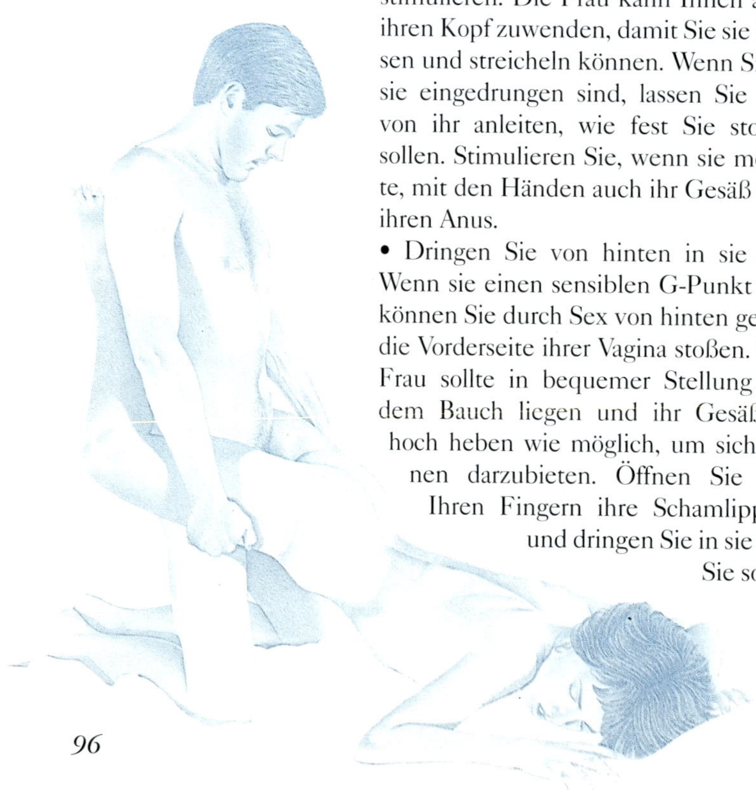

• Probieren Sie eine Seitenstellung aus. Der Mann liegt im rechten Winkel zum Körper seiner Partnerin unter ihren angehobenen und gegrätschten Oberschenkeln. Dies ist normalerweise eine entspannende Stellung, doch man kann sie auch energischer angehen. Beide haben die Möglichkeit, ihre Klitoris zu stimulieren. Die Frau kann Ihnen auch ihren Kopf zuwenden, damit Sie sie küssen und streicheln können. Wenn Sie in sie eingedrungen sind, lassen Sie sich von ihr anleiten, wie fest Sie stoßen sollen. Stimulieren Sie, wenn sie möchte, mit den Händen auch ihr Gesäß und ihren Anus.

• Dringen Sie von hinten in sie ein. Wenn sie einen sensiblen G-Punkt hat, können Sie durch Sex von hinten gegen die Vorderseite ihrer Vagina stoßen. Die Frau sollte in bequemer Stellung auf dem Bauch liegen und ihr Gesäß so hoch heben wie möglich, um sich Ihnen darzubieten. Öffnen Sie mit Ihren Fingern ihre Schamlippen, und dringen Sie in sie ein. Sie sollte sehr erregt und sehr feucht sein. Regen Sie sie dazu an, ihre Klitoris zu stimulieren, und stoßen Sie zunächst langsam. Zielen Sie auf ihren G-Punkt, und halten Sie Ihren eigenen Orgasmus zurück, bis sie sehr erregt ist.

Bewegungen

Kreative Liebhaber können ihren Penis beim Geschlechtsverkehr auch auf andere Weise einsetzen. Leider beachten die meisten Männer nicht, daß sie ihren Penis auch seitlich bewegen können.

Wenn Ihr Penis sich in ihrer Vagina befindet, so widerstehen Sie der Versuchung, die ganze Zeit über zu stoßen. Konzentrieren Sie sich statt dessen auf seitliche Bewegungen. Bewegen Sie Ihre Hüften und Ihr Gesäß, und versuchen Sie, die Seitenwände ihrer Vagina zu treffen. Lassen Sie dann Ihren Penis kreisen.

Weibliche Führung

Viele Frauen kann es sehr erregen, beim Sex das Tempo zu bestimmen. Für die meisten bedeutet dies, eine Reiterstellung auszuwählen. Es gibt davon viele Variationen, aber in den beiden Grundpositionen wendet sich die Frau entweder ihrem Partner zu oder von ihm ab.

Mein Freund kommt immer vor mir zum Orgasmus, obwohl er mich auf andere Weise sexuell befriedigt. Das fängt an, für uns zu einem Problem zu werden. Wie kann ich ihm helfen?

Sie müssen beim Sex die Führung übernehmen. Dies können Sie am besten tun, indem Sie eine der Reiterstellungen auswählen. Auf diese Weise wird alles von Ihnen bestimmt und davon, wie Sie Ihren Körper bewegen. Sie sollten so auch bestimmen können, wann Ihr Partner zu einem Orgasmus kommt; wenn Sie sich selber stimulieren, haben Sie weitaus mehr Kontrolle über den Zeitpunkt Ihres Orgasmus.
Möglicherweise muß er sich intensiver darum bemühen, Sie zu erregen. Regen Sie ihn dazu an, aber versuchen Sie, ihm auszureden, das als Problem zu betrachten. Sie sollten den Sex lediglich etwas kreativer und phantasievoller angehen.

• Ihm zugewandt. Diese Stellung gibt Ihnen die Möglichkeit, mit Ihren Händen seinen Körper zu erforschen und ihn anzusehen, damit Sie seine Reaktionen wahrnehmen können. Sie können außerdem das Tempo bestimmen und die Tiefe und Frequenz seines Stoßens kontrollieren. Die Stellung ermöglicht Ihnen auch, Ihren Körper kreativ einzusetzen. Sie können sich seitwärts oder auf- und abbewegen oder sich an ihm reiben. Legen Sie Ihren Partner auf den Rücken, hocken Sie sich auf seinen Penis, und helfen Sie ihm mit Ihren Händen, in Sie einzudringen. Fangen Sie mit langsamen, kleinen Bewegungen an. Nehmen Sie nur seine Eichel in sich auf, und vergrößern Sie dann Ihre Bewegungen, ohne das Tempo zu beschleunigen, bis sein Penis vollständig in Sie eingedrungen ist. Sie können die Penetrationstiefe variieren, indem Sie Ihren Rücken krümmen oder sich zu ihm hinwenden. Versuchen Sie, wenn er kurz vor dem Orgasmus steht, sich seitwärts zu bewegen, damit die Reibung gegen seinen Penis reduziert wird und seine Erregung abnimmt.

• Von ihm abgewandt. Diese Stellung bietet alle Vorteile der anderen Reiterstellung – doch können Sie die Reaktion Ihres Partners auf das, was Sie tun, nicht sehen. Sie können ihn jedoch bitten zu sagen, wenn er kurz vor dem Orgasmus steht. Das Besondere an dieser Stellung ist, daß Sie, während Sie von ihm abgewandt sind, die Möglichkeit haben, Ihren Phantasien nachzugehen. Sie können auch hemmungsloser mit dem Penis Ihres Partners umgehen.
Vielleicht nehmen Sie diese Stellung einmal als Ausgangsposition. Drehen Sie sich um, wenn der Höhepunkt naht, wobei der Penis Ihres Partners in Ihrem Körper bleibt. ❤

▲ ***Stimulieren Sie seinen Penis mit Mund und Händen, um Ihren Partner noch mehr zu reizen.***

▼ ***Wenn die Frau länger braucht, um erregt zu werden, sollte der Mann seinen eigenen Höhepunkt hinauszögern.***

DER G-PUNKT

Wenn Sie den G-Punkt so gut wie möglich nutzen, werden Sie dem Sex eine völlig neue Dimension verleihen. Denn so können sowohl sie als auch er intensive und völlig neuartige Orgasmen bekommen.

Bis weit in die 70er Jahre hinein glaubte man, daß Frauen fast allein durch Klitorisstimulierung bis zum Höhepunkt erregt würden und daß Männer nur einen Orgasmus bekommen könnten, wenn ihr Penis stimuliert würde. Doch es gibt sowohl beim Mann als auch bei der Frau eine verborgene Region, deren Stimulierung zu einer intensiven Erregung und zum Orgasmus führen kann. Bei Männern ist diese Region die Prostata; bei Frauen wird die Region G-Punkt genannt. In den 40er Jahren beschrieb der deutsche Gynäkologe Ernst Gräfenberg eine „Zone erogener Gefühle ... gelegen in der vorderen Wand der Vagina." Diese Region ist als der G-Punkt bekannt geworden (das G steht für Gräfenberg).

FÜR SIE

In den 80er Jahren entdeckten die amerikanischen Forscher Beverly Whipple und John Perry, daß die Stimulierung dieser Region einen besonders befriedigenden Orgasmus auslösen kann, wobei die Frau häufig eine kleine Menge klarer Flüssigkeit ejakuliert. Analysen haben ergeben, daß dieses Sekret ähnlich zusammengesetzt ist wie das Samensekret der männlichen Prostata.

Whipple und Perry untersuchten 400 weibliche Testpersonen, und bei jeder wurde ein G-Punkt entdeckt, was darauf hindeutet, daß dieses verborgene Lustzentrum bei Frauen nicht die Ausnahme, sondern die Regel ist.

WAS IST DER G-PUNKT?

Der G-Punkt scheint eine kleine Ansammlung von Nervenenden, Drüsen und Blutgefäßen um die Harnröhre herum zu sein, die vor der Vaginalwand verläuft.

Wenn eine Frau nicht erregt ist, spürt sie ihn normalerweise nicht. Er wird nur bei einer tiefen vaginalen Stimulation als spezifische Region deutlich. Dann beginnt diese Region anzuschwellen, manchmal sogar sehr schnell, und eine kleine, deutlich abgegrenzte Masse ragt aus der Vaginalwand hervor.

◀ ***Wenn sie eine der vielen Reiterstellungen wählt, kann die Frau die Richtung und die Tiefe des Eindringens kontrollieren, ihren G-Punkt direkt stimulieren lassen und so einen besonders intensiven Orgasmus erleben.***

Da das Sekret, das beim G-Punkt-Orgasmus ejakuliert wird, große Ähnlichkeit mit dem Prostatasekret aufweist (allerdings ohne Samen), glauben viele Wissenschaftler, daß der G-Punkt eine rudimentäre Version der männlichen Prostata ist.

Wo befindet er sich?

Er liegt ungefähr in der Mitte zwischen Schambeinknochen und Gebärmutter, in einem Bereich von 2,5 Zentimetern Entfernung zu beiden Seiten einer imaginären, vom Nabel aus vertikal heruntergezogenen Linie. Um ihn zu finden, muß er stimuliert werden – aber er ist nicht leicht zu finden!

Den G-Punkt entdecken

Eine Frau sollte herausfinden, wo ihr G-Punkt liegt, wenn auch nur, um sich selber zu beweisen, daß sie ihn besitzt. Sie kann dies nicht im Liegen tun, denn die Schwerkraft neigt dazu, die inneren Organe vom Vaginaleingang wegzuziehen. Eine sitzende oder hockende Haltung ist angebrachter. Es ist vielleicht einfacher für sie, während sie auf der Toilette sitzt, mit der Suche nach dem G-Punkt zu beginnen. Denn die bewußte Stimulierung des G-Punkts verursacht anfangs oft das Gefühl, als müsse man urinieren. Wenn die Frau vorher ihre Blase entleert und dann auf der Toilette sitzen bleibt, wird sie noch sicherer werden.

Beide Hände einsetzen

Sie sollte dann mit ihren Fingern starken Druck auf die vordere innere Vaginalwand ausüben. Es könnte hilfreich sein, wenn sie die andere Hand von außen fest auf ihren Bauch preßt.

Der G-Punkt wird nun anschwellen und sich wie ein kleiner Klumpen zwischen ihren Fingern in und außerhalb der Vagina anfühlen. Meist scheint der G-Punkt die Größe eines Zehnpfennigstücks zu besitzen.

Wenn der G-Punkt weiterhin stimuliert wird, beginnen lustvolle Kontraktionen den Uterus zu durchziehen. Schließlich wird sie einen intensiven Orgasmus erleben, der sich ganz anders anfühlen wird als einer, der durch Klitorisstimulierung erreicht wurde.

> *„Seitdem mein Mann entdeckt hat, wie er beim Sex meinen G-Punkt stimulieren kann, sind meine Orgasmen unglaublich intensiv geworden – viel besser als alle, die ich vorher erlebt habe.“*

Dabei ejakuliert die Frau möglicherweise eine kleine Menge eines klaren Sekrets aus ihrer Harnröhre. Das ist kein Urin, auch wenn es sich vielleicht so anfühlt. Wenn sie sich an diese Empfindungen gewöhnt hat, kann die Frau weiter experimentieren, während sie mit gegrätschten Beinen auf dem Boden oder Bett kniet.

Gemeinsame Entdeckung

Natürlich kann die Anwesenheit des Partners die Entdeckung ihres G-Punktes noch intimer und lustvoller machen. In diesem Fall sollte die Frau bäuchlings auf dem Bett liegen, ihre Hüften durch ein oder zwei Kissen erhöht. Ihr Partner kann dann zärtlich zwei Finger in sie einführen und beginnen, die Vorderseite der Vaginalwand entlangzustreichen. Wenn sie ihr Becken vor- und zurückbewegt, kann die Frau ihm beim Finden des G-Punktes helfen und auch die lustvollste Art der Stimulierung entdecken. Sie sollte sich jedoch merken, daß das anfängliche Gefühl nicht dasselbe ist wie das Bedürfnis, auf die Toilette zu gehen. Mit der Zeit wird die Frau lernen, daß diese Gefühle lediglich Teil der Entstehung eines Vaginalorgasmus sind.

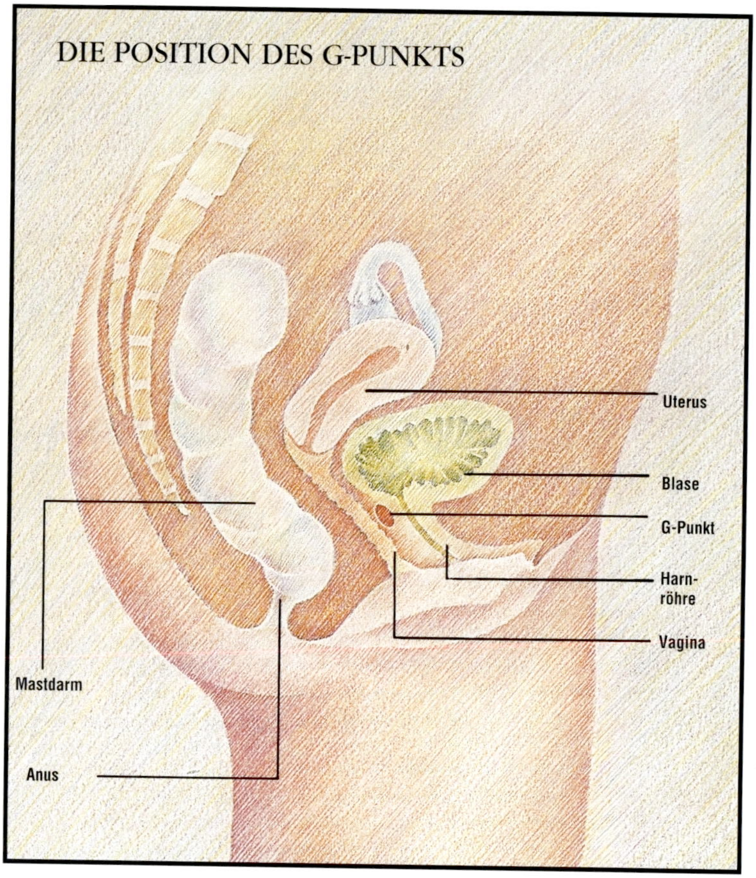

Die Bedeutung der Stellung

Die Europäer scheinen als einzige Kultur auf dieser Welt die Missionarsstellung als die übliche, bewährte Art von Sex zu betrachten. Zahlreiche andere Kulturen sehen sie lediglich als eine von vielen und dabei als denkbar altmodische Methode an.

In der Missionarsstellung trifft der Penis meist auf die hintere Vaginalwand. Dies kann zur Klitorisstimulierung führen, erregt jedoch nicht den G-Punkt.

Die beiden einfachsten Stellungen, in denen Sie eine G-Punkt-Stimulierung erzielen können, sind Sex

Ich habe großartige G-Punkt-Orgasmen, wenn mein Mann von hinten in mich eindringt, aber es ärgert mich, daß ich sie nicht bekommen kann, wenn ich masturbiere. Gewöhnliche klitorale Orgasmen scheinen mir im Vergleich dazu langweilig, so daß ich gerne in der Lage wäre, bessere zu bekommen. Gibt es da eine Lösung?

Offensichtlich können Sie Ihren G-Punkt nicht mit den Fingern erreichen, sonst hätten Sie dieses Problem nicht. Sie könnten versuchen, einen Vibrator oder einen Dildo zu benutzen, um Ihren G-Punkt zu stimulieren. Diese Gegenstände können auch ein Ersatz für den Penis Ihres Mannes sein, um Ihre Vaginalöffnung auseinanderzuziehen, was meist als sehr stimulierend empfunden wird.

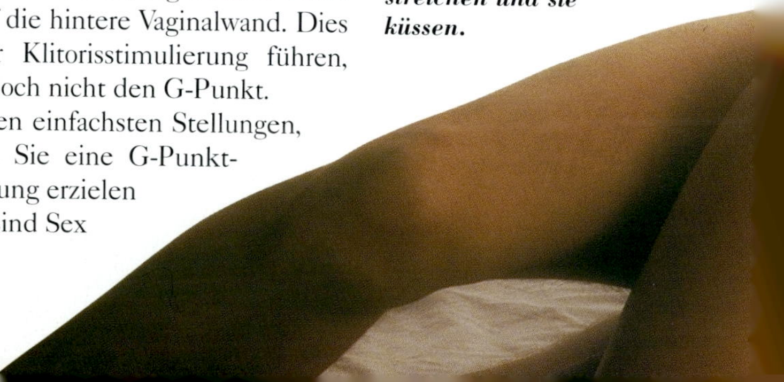

▶ Wenn die Frau eine Stellung einnimmt, bei der ihre Hüften von einem Kissen gestützt werden, kann der Partner mit seinen Fingern liebevoll über ihren G-Punkt streichen und sie küssen.

◀ ***Sex von hinten macht es dem Mann möglich, genau auf den G-Punkt seiner Partnerin zu zielen. Wenn die Frau ihr Gesäß hebt, kann sie sicherstellen, daß die Position seines Penis genau richtig ist, um sie zu stimulieren.***

von hinten und Sex in Seitenlage. Sex von hinten ermöglicht es dem Mann, mit seinem Penis den G-Punkt an der Vorderwand der Vagina zu stimulieren.

Reiterstellung

Reiterstellungen gewähren auch eine direkte Stimulierung des G-Punkts und helfen der Frau, die Richtung und Tiefe der Penetration zu kontrollieren. Wenn der Mann auf dem Rücken liegt und die Frau auf seinem Penis sitzt, kann sie diesen zur Steuerung ihrer Empfindungen einsetzen. Der Mann kann sie unterstützen, indem er sich bewegt und seine Hüften an ihren Körper preßt, um sicherzustellen, daß die Eichel in direkten Kontakt gerät. Beide Partner können auf diese Weise mehrere intensive Orgasmen erleben.

FÜR IHN

Auch Männer besitzen eine Art von G-Punkt. Es ist die Prostata, die unterhalb der Blase, rund um die Harnröhre, gelegen ist. Anders als der weibliche G-Punkt hat sie eine genau definierte Funktion. Die Prostata ist an der Produktion des Sekrets beteiligt, das das Sperma beim Geschlechtsverkehr in die Vagina transportiert. Ihre Stimulierung vor oder während des Geschlechtsverkehrs führt zu überaus intensiven Orgasmen.

Auch die Art, wie der Mann ejakuliert, ist dabei anders. Nach einer Prostatastimulierung ejakuliert er in einer sanften Flut und nicht in spritzenden Strahlen.

DIE PROSTATA FINDEN

Für einen Mann ist es schwierig, aber nicht unmöglich, selber seine Prostata zu erreichen. Dazu muß er einen Finger in seinen Mastdarm einführen. Die beste Position dafür ist, wenn er mit zur Brust hin angezogenen Knien auf dem Rükken liegt. Wenn er einen Finger in seinen Anus einführt und gegen die vordere Dammwand preßt, sollte er seine Prostata fühlen können. Es ist eine feste, ungefähr walnußgroße Masse. Die Entdeckung dieses verborgenen Lustzentrums ist erregender, wenn sie gemeinsam mit einem Partner erfolgt.

DEN PARTNER STIMULIEREN

Wenn eine Frau ihren Partner auf diese Weise stimulieren möchte, sind hier einige Tips:

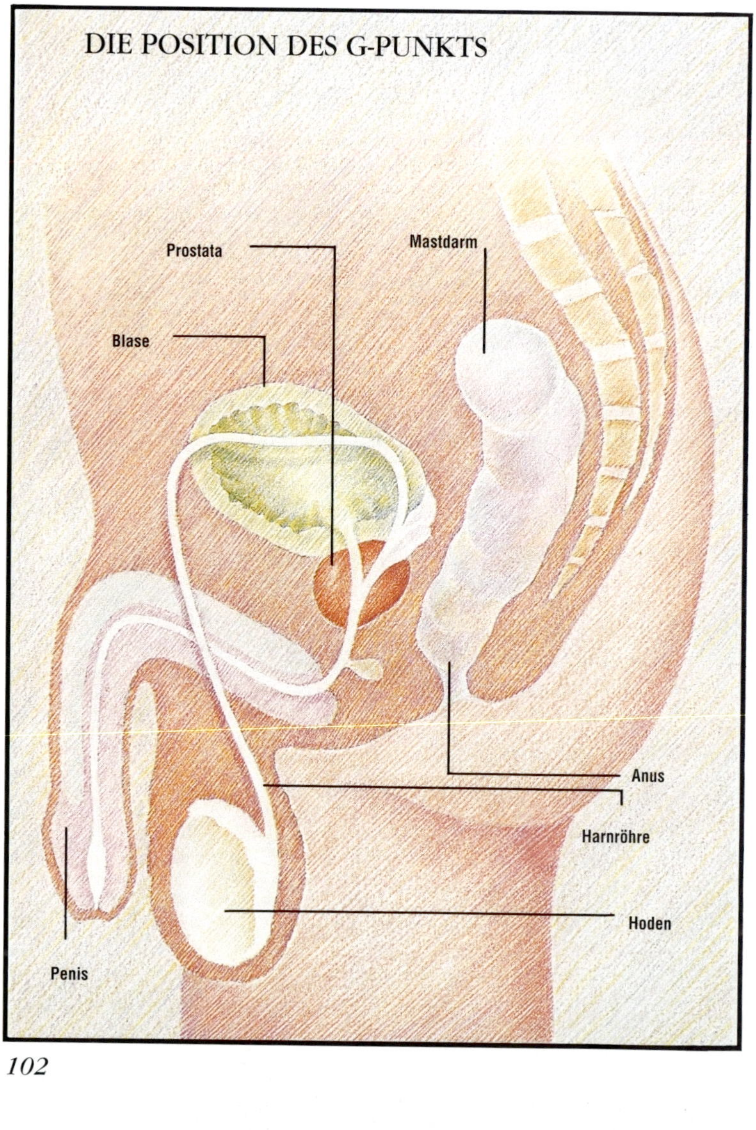

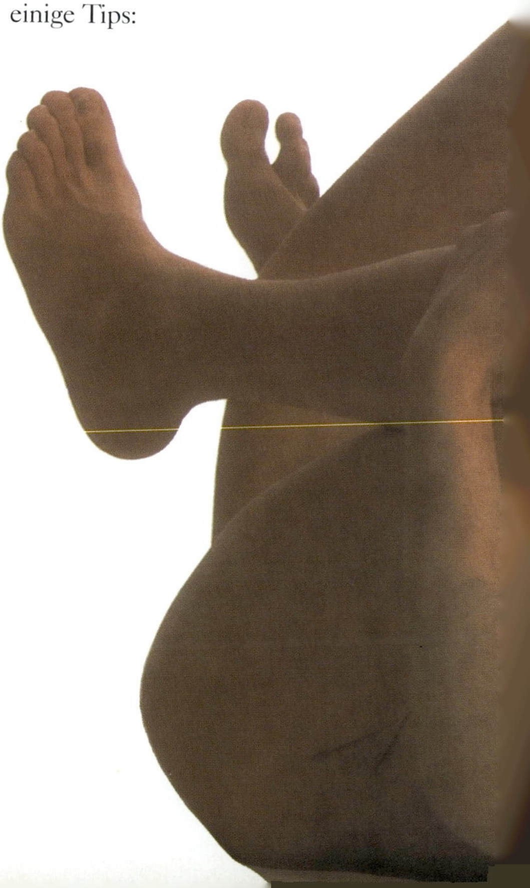

▼ Die beste Position für eine Stimulierung der Prostata ergibt sich, wenn der Mann mit zum Oberkörper hin angezogenen Knien auf dem Rücken liegt. Während er in die Frau eindringt, kann sie mit einer Hand seinen G-Punkt stimulieren.

- Achten Sie darauf, daß Ihre Fingernägel nicht zu lang sind, denn sonst könnten Sie ihn innen verletzen.
- Versichern Sie sich, daß Ihre Finger feucht sind. Anders als die Vagina ist der Anus kein feuchtes Organ. Verwenden Sie ggf. ein Gleitmittel oder etwas anderes Feuchtes, zum Beispiel Speichel.
- Der Mann sollte sich mit dem Rücken aufs Bett legen. Führen Sie dann langsam und zärtlich einen Finger in seinen Anus ein. Warten Sie einige Augenblicke, damit er mit der Situation vertraut werden kann.
- Tasten Sie über die vordere Mastdarmwand, bis Sie seine Prostata gefunden haben, und massieren Sie sie dann fest.
- Selbst wenn Sie seinen Penis nicht berühren, wird er eine Erektion bekommen und dann einen Orgasmus haben. ❤

Einige Stellungen scheinen meiner Freundin viel mehr Lust zu bereiten als andere, und sie scheint dann besonders intensive Orgasmen zu bekommen. Woran liegt das?

Offensichtlich ist es für den Mann die einfachste Methode, seinen Penis so in die Vagina einer Frau einzuführen, daß er parallel zu ihren Vaginalwänden ist. Doch da eine Frau zu einer Vielzahl von Empfindungen fähig ist, sollten Sie den Penetrationswinkel variieren. Vielleicht besitzt Ihre Freundin einen sensiblen G-Punkt und bekommt die intensivsten Orgasmen, wenn Sie eine Stellung wählen, bei der Ihr Penis in Kontakt mit der Vorderwand ihrer Vagina kommt. Versuchen Sie, ihren G-Punkt zu stimulieren und sie so zum Orgasmus zu bringen; dann werden Sie es herausfinden.

„Ich werde erregt und bekomme grossartige Orgasmen, wenn meine Prostata massiert wird. Wenn meine Freundin gleichzeitig Fellatio bei mir macht, gehört das zu meinen allerschönsten erotischen Gefühlen."

4

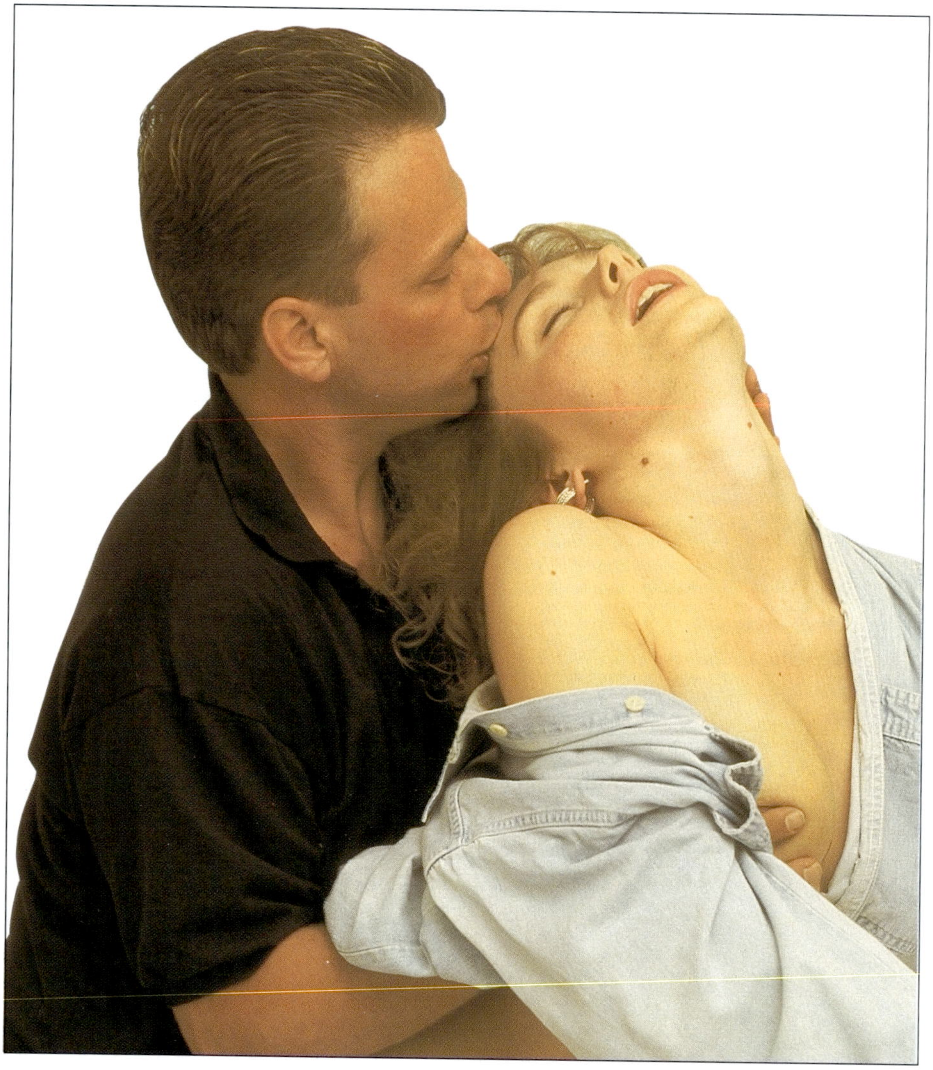

Sex genießen

Sex ist eine so intensive Erfahrung, daß es kaum überrascht, daß die Menschen alle möglichen Methoden erfunden haben, um ihre Lust zu intensivieren und zu verlängern. Erfahrene Liebhaber haben es zu jedem Zeitpunkt in der Geschichte und in jeder Kultur genossen, sich neue Methoden auszudenken, um ihre Partner zu stimulieren. Wenn Sie gerade die Intensität einer neuen Beziehung erleben oder schon eine Weile mit Ihrem Partner zusammen sind und Ihrem Liebesleben neuen Reiz verleihen möchten, dann ist dieses Kapitel das richtige für Sie.

PHANTASIEVOLLER SEX

Wenn es um Sex geht, ist das Experimentieren mit neuen Techniken immer besonders erregend.

▼ Erfahrene Liebhaber kennen ihre Grenzen und Schwächen – und die ihrer Partner. Sie richten ihr Sexleben danach aus.

Sex kann, „Experten" zufolge, unendlich vielfältig sein, doch für die meisten Paare kommt irgendwann die Zeit, wo sie nach Neuem suchen. Wie befriedigend ihre Orgasmen auch sind, sie sehnen sich danach, den Sex wieder zu etwas ganz Besonderem zu machen.

Variationen der üblichen Liebestechniken zu erforschen kann uns neue Möglichkeiten eröffnen. Sex kann dekadent oder innig sein; er kann entspannt, langsam und sinnlich, schnell und explosiv, sportlich und aufregend, ja sogar bizarr sein. Es liegt an uns zu entscheiden, was wir wollen.

MÄNNLICHE SEXUALREAKTION

Der Mann reagiert sexuell viel schneller als die Frau. Ein Mann kann innerhalb von Minuten erregt werden und ejakulieren. Wenn die Kleidung, der Körper, der Geruch und die Berührungen der Frau ihn genügend erregen, kann er fast sofort zum Orgasmus kommen.

Anders als die Frau ist er nicht in der Lage, passiven Sex zu haben, denn er benötigt dazu eine

„Mein Partner und ich haben es immer genossen, uns vor dem Sex erotisch zu massieren. Früher haben wir einfach unsere Hände und sehr viel Öl benutzt, doch jetzt haben wir unser Repertoire erweitert und beziehen auch Eis, Federn und sogar Gummihandschuhe mit ein."

Erektion. Es kann jedoch Zeiten geben, in denen er sexuell stärker stimuliert werden muß, doch dann kann Phantasie dazu beitragen, daß das Problem gelöst wird.

Weibliche Sexualreaktion

Die weibliche Sexualreaktion kann bedeutend vielfältiger sein als die des Mannes. Die goldene Regel für den Mann lautet, daran zu denken, daß seine Partnerin ganz individuelle sexuelle Bedürfnisse hat. Der feinfühlige Liebhaber beobachtet genau und lernt daraus. Der Schlüssel zu einem vielfältigen und erfüllten Sexleben für beide Partner ist absolute Aufgeschlossenheit.

Neuerungen

Auch die Paare, die in ihrem Sexleben Vorhersehbarkeit schätzen, können eine Lieblingsstellung oder Technik verändern, indem sie sie an einen anderen Schauplatz verlegen oder nur ein wenig abwandeln. Hier sind einige Anregungen, um Ihre erotischen Vorlieben zu variieren.

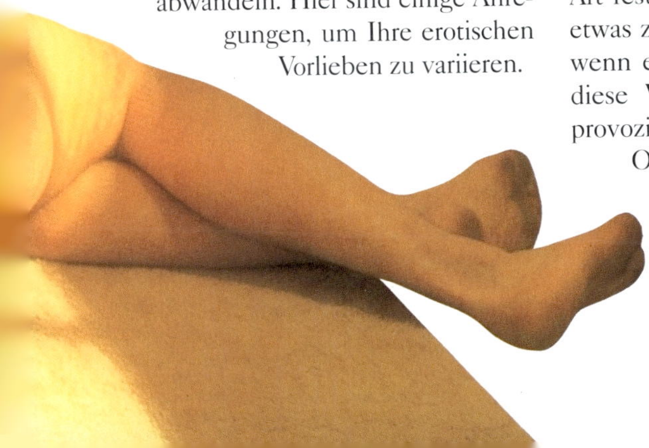

Erotische Kleidung

Fast alle finden gewisse Kleidungsstükke von Zeit zu Zeit erregend, wobei Männer visuell stärker erregt werden als Frauen. Ein Mann kann einen viel intensiveren Orgasmus bekommen, wenn seine Partnerin besonders erotisch gekleidet ist.

Sie braucht bloß Strumpfhalter und sexy Strümpfe zu tragen und ihren Partner zu einem Quickie von hinten zu verführen, und schon wird aus einer routinierten Stellung etwas völlig Neues. Auch Oralsex kann für beide Partner viel erregender sein, wenn einer von beiden partiell bekleidet ist.

Fesseln

Binden Sie Ihren Partner auf zärtliche Art fest. Sie sollten ihn jedoch nicht zu etwas zwingen, was er nicht tun würde, wenn er nicht festgebunden wäre. Auf diese Weise kann man den anderen provozieren, bis er danach fleht, zum Orgasmus gebracht zu werden.

Natürlich gibt es auch Gefahren. Sie sollten vorher ein Zeichen vereinbaren, das bedeutet: „Befreie mich!" Die Knoten sollten

▲ Verwöhnen Sie Ihren Partner – lassen Sie ihn sich entspannt zurücklegen, und bringen Sie ihn dann zum Höhepunkt. Erregen Sie ihn mit Ihren Händen, und verschaffen Sie ihm, wenn Sie das Gefühl haben, daß der Zeitpunkt der richtige ist, mit Ihrem Mund einen unvergeßlichen Orgasmus.

Sex mit den Oberschenkeln

Dies ist eine weitere Möglichkeit, einen Mann zum Orgasmus zu bringen, die Sie gelegentlich anwenden können. Sie wurde ursprünglich als Verhütungsmethode benutzt oder als eine Möglichkeit, die Jungfräulichkeit der Frau zu erhalten. Der Mann presst seinen Penis zwischen die geschlossenen Oberschenkel seiner Partnerin und ejakuliert dazwischen. Der Penis sollte ganz oben zwischen ihren Oberschenkeln plaziert werden, damit der Schaft sich zwischen ihren Schamlippen befindet. Die Frau presst in Abständen fest dagegen. Das ist oft erregender als eine Penetration!

▲ ***Sogar die kleinste Veränderung einer Lieblingstechnik, in bezug auf die Stellung oder auf Zeit und Ort, kann dem zur Routine gewordenen Sex eine neue und aufregende Dimension verleihen.***

niemals zu fest sein; es sollte nichts um den Hals gebunden werden, und Knebel sollten schnell wieder herausgenommen werden.

Augenbinden

Eine Augenbinde kann selbst bei altbewährten, oftmals durchgeführten Liebestechniken einzigartige Empfindungen auslösen; denn wenn wir unsere Augen nicht einsetzen, werden wir mit unseren anderen Sinnen kompensatorisch alles viel intensiver wahrnehmen.

Verschiedene Tageszeiten

Der üblichste Zeitpunkt für den Sex ist der späte Abend. Das hat viele praktische Gründe. Sie sollten jedoch versuchen, auch einmal zu einer anderen Tageszeit und an einem anderen Ort als nur im Bett Sex zu haben

Auch Petting, Oralsex oder vielleicht ein Quickie können sehr erregend sein. Wenn Sie die individuellen Bedürfnisse Ihres Partners sehr gut kennen, werden Sie immer die Zeit und einen Ort für Sex finden.

Erotische Videos

Auch erotische Videos haben ihren festen Platz in einer Liebesbeziehung.

Sie können selber ein Video drehen oder gemeinsam eines anschauen und das nachspielen, was auf dem Bildschirm geschieht. Wenn der Mann im Video zum Beispiel Cunnilingus an der Frau ausübt, können Sie dies bei Ihrer Partnerin auch tun.

Massage

Eine erotische Massage ist ein erprobtes und zuverlässiges Mittel zur Erregung. Es gibt Variationen, die für sexuell erfahrene Paare besonders erregend und stimulierend sein können.

• Federn: Wenn Sie Ihren Partner mit Hilfe von Federn reizen, kann das für ihn äußerst erotisch sein. Setzen Sie sie einfach so ein, wie Sie auch Ihre Hände

Ich besitze einen Vibrator und fände es schön, wenn mein Freund diesen beim Sex einsetzen würde. Kann man das auf verschiedene Arten tun?

Eine Möglichkeit ist, daß die Frau ihre Stellung zwischendurch ändert und der Mann abwechselnd den Vibrator, seine Hände und seinen Mund einsetzt. Wenn sich die Frau zum Beispiel auf alle viere hockt, kann der Mann sich unter sie legen und mit der Zunge ihre Klitoris stimulieren, während er den Vibrator in sie einführt. Bei einer anderen Variante dringt der Mann von hinten in sie ein, während sie mit dem Vibrator ihre Klitoris stimuliert. Bei einer gesäßorientierten Frau können auch duale Vibratoren in Anus und Vagina eingeführt werden.

Wenden Sie ihr dann den Rücken zu, knien Sie sich über sie, und fahren Sie zärtlich mit Ihrer Zunge über ihre Klitoris. Wenn sie sich stärker erregt, dann führen Sie einen oder mehrere Finger in sie ein. Ist sie kurz vor dem Orgasmus, reduzieren Sie das Tempo.

SIE FÜR IHN

Ihr Partner sollte sich hinlegen, während Sie seine Füße und Hände zusammenbinden. Massieren Sie ihn, und bei einer konventionellen erotischen Massage einsetzen würden. Wenden Sie sich erst zum Schluß den Genitalien zu.

- Eis: Eis hat eine seltsam schockierende Wirkung, die einige Paare höchst stimulierend finden. Wenn es direkt aus dem Gefrierschrank kommt, könnte es die Haut jedoch verletzen. Ziehen Sie damit eine Spur über den ganzen Körper Ihres Partners.

▶ ***Es gibt Momente beim Sex, in denen Sie egoistisch sein sollten, und solche, in denen Sie geben sollten. Mit etwas Phantasie und Sensibilität für die Bedürfnisse Ihres Partners kann sogar die Masturbation eine neue Dimension bekommen.***

SEXSPIELE

Für Paare, die ihr erotisches Repertoire erweitern wollen, gibt es einige sinnliche Spiele, die Ihnen vielleicht gefallen werden. Denken Sie daran, daß Sie sie natürlich auch variieren können.

ER – FÜR SIE

Ihre Partnerin sollte es sich auf dem Bett bequem machen. Verwenden Sie einen Bademantelgürtel oder etwas Ähnliches, um ihre Füße und Hände sanft zusammenzubinden. Geben Sie dann Öl auf ihren Körper, um sie überall zu massieren, ohne jedoch ihre Genitalien zu berühren. Erregen Sie sie mit Ihrem Penis, vielleicht, indem Sie damit über ihren Körper wandern. Lassen Sie sie Ihren Penis küssen und in den Mund nehmen. Aber vergessen Sie nicht, daß Sie den Orgasmus Ihrer Partnerin intensiver machen wollen und nicht Ihren eigenen.

◀ *Wenn Sie wissen, welche Möglichkeiten Ihnen offenstehen, können Sie jede Sextechnik annehmen oder ablehnen – oder vielleicht den eigenen Vorlieben anpassen.*

▼ *Fesseln kann höchst erotisch sein, doch sollten die Fesseln nicht zu fest sitzen. Wählen Sie eine Stellung, bei der Sie einander sehen können; bleiben Sie zärtlich, und vereinbaren Sie vorher immer ein Befreiungssignal.*

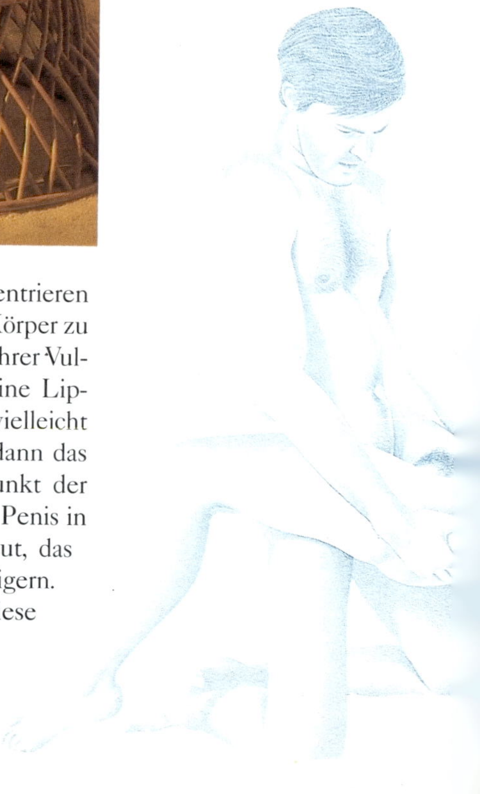

ignorieren Sie dabei seine Genitalien. Wenn er dann erregt ist und eine starke Erektion hat, knien Sie sich, mit dem Gesicht zu seinen Füßen, so daß Ihre Vagina nahe an seinem Gesicht ist und Ihr Mund an seinem Penis. Streichen Sie mit Ihrer Vulva leicht über seine Lippen, und nehmen Sie seinen Penis in den Mund. Greifen Sie seine Peniswurzel mit den Händen und entwickeln Sie einen langsamen Rhythmus. Steigern Sie dabei den Druck auf seine Lippen, während Sie sich mit den Hüften von einer Seite zur anderen bewegen. Wenn er kurz vor dem Orgasmus ist, legen Sie eine Pause ein; konzentrieren Sie sich darauf, ihn mit Ihrem Körper zu erregen. Behalten Sie den von Ihrer Vulva ausgehenden Druck auf seine Lippen bei, und necken Sie ihn vielleicht mit Ihren Brüsten. Wenn Sie dann das Gefühl haben, daß der Zeitpunkt der richtige ist, nehmen Sie seinen Penis in den Mund; beginnen Sie erneut, das Tempo und den Druck zu steigern. Es liegt bei Ihnen, wie oft Sie diese Phase wiederholen.
Saugen Sie fest an seinem Penis, und nehmen Sie ihn so tief wie möglich in den

Mund. Bewegen Sie Ihren Kopf auf und ab, während Sie ihn mit Ihren Händen masturbieren, bis er kommt.

Leichtes Schlagen

Männer scheinen das Schlagen mehr zu genießen als Frauen, doch spielt es im Sexualrepertoire mancher Paare eine wichtige Rolle.

Wenn der Mann die Frau leicht schlagen möchte, kann er sie über seine Knie legen, während er ihrem Gesäß zärtlich einen Klaps versetzt. Der Mann kann mit der anderen Hand ihre Klitoris streicheln oder seine Finger in ihre Vagina einführen. Er kann dabei auch über ihren G-Punkt streichen, während der Daumen die Klitoris stimuliert .

Auch für den Mann ist es erotischer, sich leicht aufs Gesäß schlagen zu lassen, wenn er es ihr entgegenstreckt. Die Intensität seiner Empfindungen kann extrem gesteigert werden, wenn sie sein Gesäß abwechselnd zusammenpreßt, auseinanderzieht und darauf klopft, während sie ihn gleichzeitig masturbiert.

Postillionage

Postillionage, das Einführen eines Fingers in den Anus Ihrer Partnerin, kann höchst erotisch sein. Die einzige Gefahr ergibt sich durch Bakterien im Anus, weshalb der Mann seine Finger nie zuerst in den Anus und dann in die Vagina einführen sollte.

Die Stellung ist dabei das wichtigste; deshalb ist es am besten, wenn der Partner sich dazu auf alle viere hockt. Für den Mann heißt das, daß seine Partnerin Zugang zu seiner Prostata oder seinem G-Punkt hat und ihn mit ihren

▼ Wenn Sie gemeinsam neue Wege erkunden und Ihre Phantasie einsetzen wollen, um den Sex noch mehr zu genießen, so sind die Möglichkeiten nahezu endlos.

Fingern zum Orgasmus bringen kann. Für die Frau ist Postillionage am besten in Verbindung mit Geschlechtsverkehr – etwa wenn der Mann oben liegt. Wenn sie ihre Beine anhebt und um seine Taille schlingt, kann der Mann kurz vor ihrem Orgasmus einen Finger in ihren Anus stecken. Bei beiden Partnern sollte Gleitmittel am Finger sein, damit das Eindringen in den Anus so angenehm wie möglich ist.

Den Damm küssen

Sie können einzigartige Empfindungen auslösen, wenn Sie mit Ihrer Zunge über die Spalte zwischen den Gesäßbacken Ihres Partners fahren. Am besten liegt dieser dabei bäuchlings auf dem Bett.

Das Küssen und Lecken des Damms kann gleichzeitig mit der Masturbation geschehen. Sie sollten jedoch danach keinen Oralsex ausüben. Verwenden Sie anschließend ein Mundwasser. ❤

DEN SEX VERLÄNGERN

Haben Sie es beim Sex eilig? Ist Ihr Sexleben aktiv, aber kurz? Dann sollten Sie Maßnahmen ergreifen, damit Ihr Sex länger dauert.

Es gibt Zeiten in einer sexuellen Beziehung, in denen der sogenannte „Quickie" erregend sein kann, und Zeiten, die nach einem ausgedehnten Geschlechtsverkehr verlangen.

Ein sinnlicher und besonders langer Geschlechtsverkehr kann nicht nur eine emotionale Bindung festigen; er kann auch physisch weitaus befriedigender sein als ein Quickie.

Den Sex zu verlängern ist kein Ziel an sich. Die Lösung liegt darin, Ihre Empfindungen und Reaktionen miteinander zu teilen und sensibel gegenüber den Bedürfnissen und Gefühlen Ihres Partners zu sein.

Die Erregung kann lange vor dem Geschlechtsverkehr anfangen und etwa durch sinnliche Küsse und Liebkosungen ausgelöst werden, durch Tagträume über Ihren Partner oder eine Phantasiegestalt, durch das Hören eines bestimmten Liedes, einen besonderen Duft, ein spezielles Essen oder Getränk. Wenn Sie den Sex verlängern wollen, ist es am besten, wenn Sie nicht nur den Akt selbst ausdehnen, sondern auch Vor- und Nachspiel.

ERREGUNGSSTADIEN

Das erste Stadium ist die Erregung. Sie kann von drei Minuten bis hin zu vielen Stunden dauern und durch eine physische oder emotionale Stimulierung ausgelöst werden – etwa durch Küsse, Liebko-

▶ ***Die Vorfreude ist ein wichtiger Aspekt der sexuellen Erregung; sogar das Entkleiden kann höchst aufregend sein. Leider ist dies ein Bestandteil des Vorspiels, dessen Reiz oftmals, besonders von Frauen, übersehen wird.***

▼ ***Einige Menschen glauben fälschlicherweise, daß die Fähigkeit, lange Sex zu haben, sie zu guten Liebhabern macht. Doch am wichtigsten ist es, daß beide Partner das Erlebnis auch wirklich intensiv genießen.***

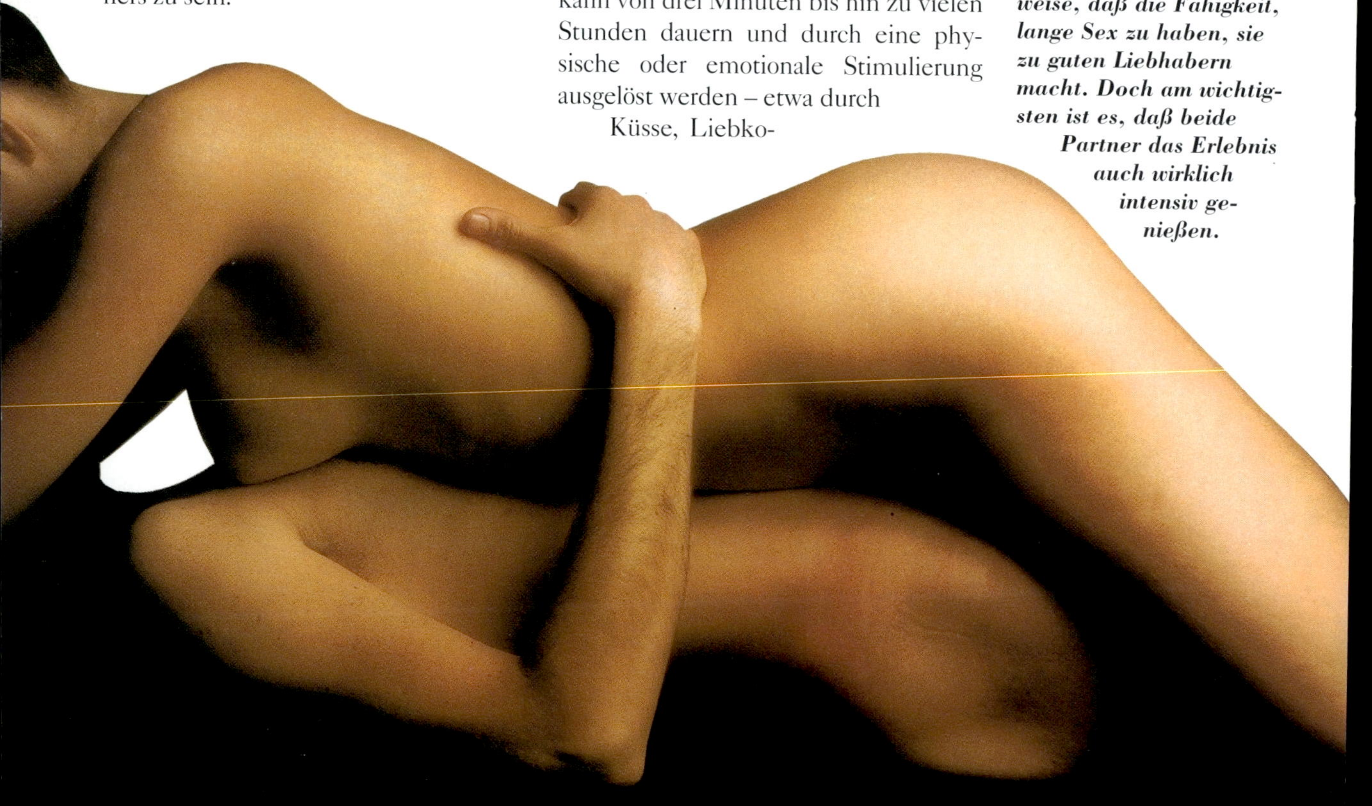

sungen oder einfach dadurch, daß Sie an das Objekt Ihrer Begierde denken. Der Penis und die Brustwarzen des Mannes werden dabei stärker durchblutet; ebenso die Klitoris, die Brüste, die Brustwarzen und die Schamlippen der Frau.

In der zweiten Phase, der Plateauphase, schießt eine wahre Flut durch ihre Körper, die durchbluteten Körperteile schwellen stärker an und bekommen eine dunklere Farbe.

Ist die Plateauphase erreicht, folgt gewöhnlich nach einer halben Minute bis drei Minuten der Orgasmus. Die dritte Phase ist die Auflösung, bei der das Gewebe wieder seine normale Größe und Farbe annimmt.

▲ ***Massieren Sie einander abwechselnd, und sagen Sie Ihrem Partner genau, was Ihnen am meisten Lust bereitet.***

STRIPPEN

Es gibt nichts Aufregenderes als das Entkleiden vor dem Sex. Frauen machen häufig den Fehler, sich zu schnell auszuziehen – was sehr bedauerlich ist, denn die meisten Männer finden den Anblick einer

▼ ***Versuchen Sie, Ihren Partner am ganzen Körper zu lecken, um seine empfindlichsten Zonen zu entdecken.***

Ich habe gehört, daß es schädlich ist, die Ejakulation zurückzuhalten, und deshalb finde ich es nicht gut, den Sex zu verlängern. Ist das wahr?

In vielen Kulturen glaubt man, daß im Sperma der Geist und die Kraft eines Mannes enthalten sind. Aus diesem Grund raten die arabischen, indischen und orientalischen Liebeslehrbücher alle zu „Imsak", also kontrollierter Ejakulation, und deuten das Gefühl der Schläfrigkeit nach dem Samenerguß als ein Zeichen dafür, daß der Mann durch den Liebesakt geschwächt wurde. In unserer modernen westlichen Welt versucht man, die Menschen davon zu überzeugen, daß Sex ein normaler und harmloser Zeitvertreib ist, und behauptet, daß es schädlich sei, sich nicht auf sexuelle Kontakte einzulassen. Beim Sex werden die Genitalien beider Partner stärker durchblutet. Nach dem Orgasmus bekommen sie innerhalb von 10 bis 15 Minuten wieder ihre normale Größe. Wenn es jedoch nicht zum Orgasmus kommt, kann der Prozeß der „Auflösung" bis zu einem halben Tag dauern und bei Ihnen ein Gefühl von Zerschlagenheit und Unzufriedenheit zurücklassen. Ein Schaden bleibt jedoch davon nicht zurück.

> *Mein Freund und ich finden die Vorfreude auf den Geschlechtsverkehr beide sehr erregend; deswegen versuchen wir, es so lange wie möglich mit Bemerkungen und Blicken in die Länge zu ziehen, bevor wir uns auch nur berühren.*

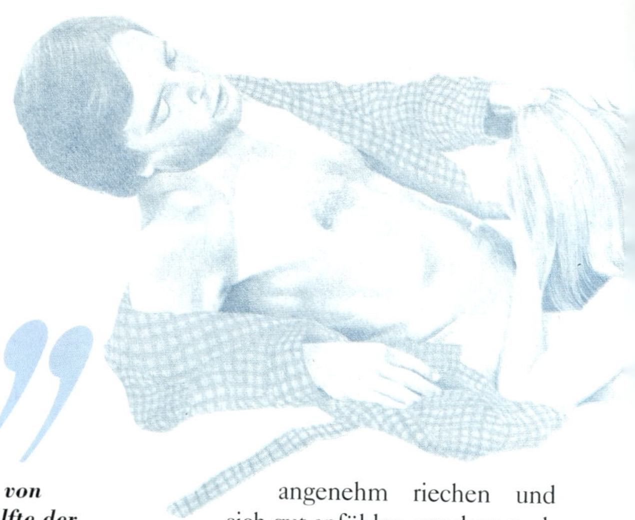

nur teilweise bekleideten Frau äußerst erregend.

Die Sprache der Liebe

Die Stimme ist genauso wichtig wie die Hände oder die Lippen. Sie können Ihren Partner sehr erregen, wenn Sie ihm erzählen, wie sehr Sie ihn lieben, wieviel Lust Ihnen sein Körper bereitet und wie erotisch geschickt er ist.
Duschen oder baden Sie vor dem Geschlechtsverkehr zusammen. Sie werden nicht nur angenehm riechen und sich gut anfühlen, sondern auch feststellen, daß Wasser, Seife und Shampoo es Ihnen erleichtern, mit Ihren Händen ganz zart über den Körper Ihres Partners zu gleiten.

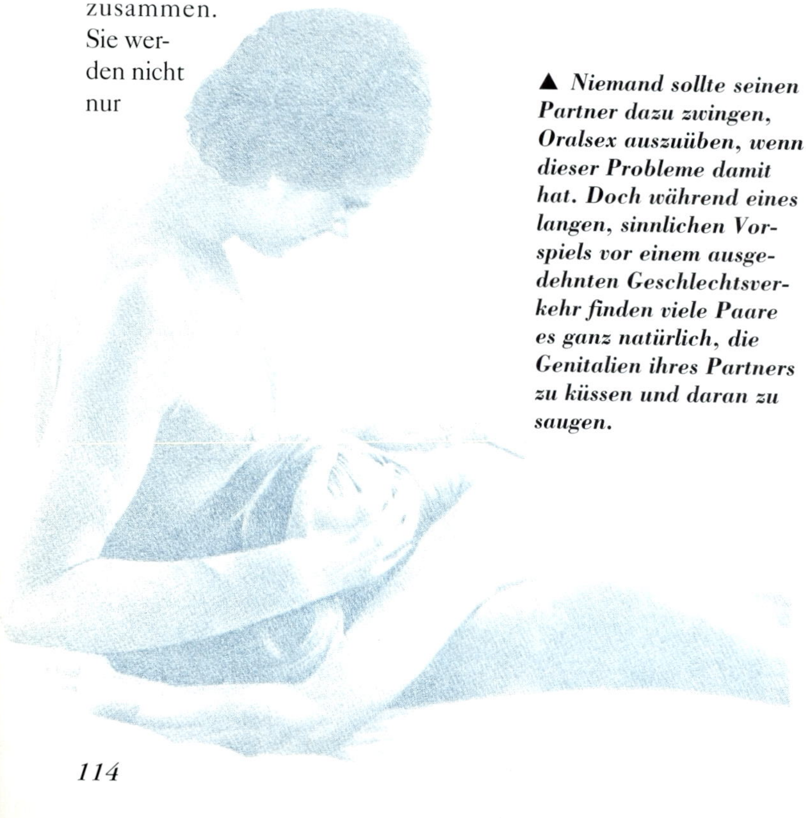

▲ *Oralsex wird von mehr als der Hälfte der sexuell aktiven Paare ausgeübt; es ist ein besonders intimer Akt und wird deshalb als ein Zeichen besonderer Hingabe und Fürsorglichkeit betrachtet.*

▲ *Niemand sollte seinen Partner dazu zwingen, Oralsex auszuüben, wenn dieser Probleme damit hat. Doch während eines langen, sinnlichen Vorspiels vor einem ausgedehnten Geschlechtsverkehr finden viele Paare es ganz natürlich, die Genitalien ihres Partners zu küssen und daran zu saugen.*

Das Tempo verlangsamen

Die Haut, mit ihrer Struktur, ihrem Geruch und ihrer Sensibilität gegenüber Temperatur, ist das größte nichtgenitale Geschlechtsorgan.
Die Frau kann zärtlich über den Penis und die Hoden ihres Mannes reiben und diese zusammenpressen, besonders die Eichel und das Frenulum (Vorhautbändchen); der Mann kann zarten Druck oder Reibung auf die Klitoris der Frau ausüben.
Die meisten Frauen finden es erregend, wenn ihr Partner seinen Zeigefinger in ihre Vagina einführt, die Handfläche gegen den Venushügel preßt und dann den Daumen hinzunimmt. Wenn er zärtlich seine Hand bewegt, wird die Klitoris durch den Daumenknöchel direkt stimuliert.
Achten Sie darauf, daß die Erregungsphase so lange wie möglich anhält, wenn Sie zum Geschlechtsverkehr übergehen. Beobachten Sie Ihre Partnerin, und hören Sie auf ihre Reaktionen; sagen Sie ihr vor allem, wenn Sie zu stark erregt werden, damit Sie sich noch zurückhalten können.

WUSSTEN SIE SCHON?

TIPS FÜRS KÜSSEN

Küssen sollte sich nicht auf blossen Mund-zu-Mund-Kontakt beschränken. Der Mund ist optimal dafür geeignet, jeden Zentimeter des Körpers Ihres Partners zu betasten und zu schmecken; Küsse auf den ganzen Körper sind ein wesentlicher Bestandteil des Vorspiels. Zungenliebkosungen auf Waden, Knie und Schenkel können als erregendes Vorspiel zum konventionellen oder oralen Geschlechtsverkehr dienen.

- Geben Sie keine nassen Küsse. Vergessen Sie das Schlucken nicht; normalerweise sollten Sie schlucken, bevor Sie küssen.
- Dehnen Sie einen Kuss nicht zu lange aus. Einer von Ihnen könnte sich dabei langweilen. Sorgen Sie für Abwechslung, indem Sie verschiedene Kusstechniken ausprobieren.
- Geben Sie keine schlafflippigen Küsse. Es ist immer angenehmer, von einem festen Mund geküsst zu werden.
- Halten Sie Ihren Mund tadellos in Ordnung. Ungepflegte Zähne und schlechter Atem stossen ab und sind eine Zumutung für Ihren Partner.
- Achten Sie darauf, dass Sie beide gleichzeitig dieselben stark gewürzten Lebensmittel essen. Knoblauch kann sehr unangenehm sein.
- Gehen Sie regelmäßig zum Zahnarzt, putzen Sie Ihre Zähne gründlich, und benutzen Sie regelmässig ein antiseptisches Mundwasser, um Ihren Atem frischzuhalten.
- Halten Sie Ihre Lippen mit einem Lippenpflegestift oder einer Creme weich und zart.

▼ *Gemeinsames Duschen bedeutet eine Annäherung an den Körper des Partners vor dem Geschlechtsverkehr.*

Ein sinnliches Vorspiel

Der Mund ist ein besonders sensibles Organ. Beim Oralkontakt können intensive Lustgefühle erzeugt werden; dabei spielt die Kußtechnik eine große Rolle.

Kusstechniken

Die erogenen Zonen Ihrer Partnerin zu küssen ist der intimste und reizvollste Teil des Vorspiels. Fangen Sie damit an, ihre Füße zu küssen. Nehmen Sie dann ihre Hand, lecken Sie sie, und küssen Sie sie überall.

Attackieren Sie ihre sensiblen Kniekehlen mit ungestümen Küssen. Fahren Sie dann mit den Beinen fort, und arbeiten Sie sich bis zur Innenseite der Oberschenkel vor. Legen Sie Ihr Gesicht direkt auf ihre Oberschenkel, und pressen Ihre Lippen darauf. Versenken Sie Ihren Mund in ihrem Gesäß, und küssen Sie es heftig. Fahren Sie mit Ihrer Zunge über ihre Wirbelsäule; küssen Sie sie abwechselnd sanft und heftig auf den Nacken.

Die Brüste einer Frau sind besonders sensibel für orale Liebkosun-

„Mein Freund ist manchmal zu stark erregt und kommt zu schnell zum Orgasmus. Wenn ich oben sitze, kann ich das gut unter Kontrolle halten."

▲ ▼ ***Sex in Seitenlage ist die perfekte Stellung zwischen Missionarsstellung und Reiterstellung. Der Rhythmus bleibt konstant, und Sie müssen keine Verrenkungen machen.***

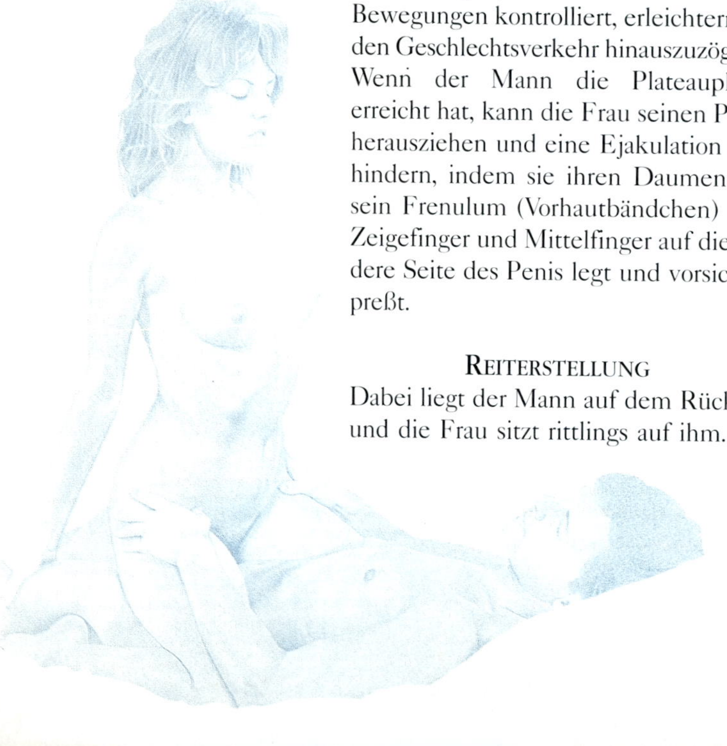

gen. Der Mann sollte versuchen, zärtlich an einer Brustwarze zu saugen und ihre Brust so weit wie möglich in den Mund zu nehmen. Dann sollte er die erigierte Brustwarze zwischen die Zähne nehmen und seine Zunge darüber vor- und zurückschnellen lassen.
Sexstellungen, bei denen die Frau die Bewegungen kontrolliert, erleichtern es, den Geschlechtsverkehr hinauszuzögern. Wenn der Mann die Plateauphase erreicht hat, kann die Frau seinen Penis herausziehen und eine Ejakulation verhindern, indem sie ihren Daumen auf sein Frenulum (Vorhautbändchen) und Zeigefinger und Mittelfinger auf die andere Seite des Penis legt und vorsichtig preßt.

Reiterstellung

Dabei liegt der Mann auf dem Rücken, und die Frau sitzt rittlings auf ihm. Sie kann aufrecht sitzen oder sich auch auf ihn legen, dabei ihre Beine zwischen seine legen oder sie spreizen. Wenn er eine Hand auf ihren Rücken preßt, stimuliert sein Penis, auf dem sie sich frei bewegen kann, ihre Klitoris. Ihr Partner kann ihre Brüste liebkosen und über ihren Rükken und ihr Gesäß streicheln, während sie sich bewegt.

Im Schosse des Glücks

Hierbei sitzt der Mann mit ausgestreckten Beinen auf dem Bett. Seine Partnerin läßt sich auf seinem Schoß nieder, legt ihre Beine auf seine und nimmt, wenn beide Partner dazu bereit sind, seinen Penis in ihrer Vagina auf.
Beide können sich auch zurücklehnen und auf die Hände stützen, oder sie hält sich an seinem Hals fest. Er kann auch auf ihrem Schoß sitzen, seine Beine über ihren oder um ihren Rücken geschlungen. Alternativ könnte er sich knien, und sie lehnt sich zurück.
Wenn sie ein Knie hebt und ihren Fuß gegen seinen Oberkörper legt, kann sie

Wir lieben es, entspannt stundenlang miteinander zu schlafen – aber wir haben zwei Teenager im Haus. Was raten Sie uns?

Erstens rate ich Ihnen, Ihren Kindern die Bedeutung von Privatleben und „Erwachsenenwelt" beizubringen. Machen Sie deutlich, daß es Zeiten gibt, in denen Sie Ihre Ruhe haben wollen und nicht gestört werden dürfen; es sei denn, es ist ein Notfall.
Die zweite Strategie ist, dafür zu sorgen, daß Sie manchmal allein zu Hause sind. Regen Sie die beiden dazu an, ab und zu auszugehen, damit Sie Zeit füreinander haben.

sein Stoßen kontrollieren, indem sie ihn mit ihrem Fuß antippt. Er kann ihre Füße küssen und liebkosen – was viele Frauen sehr erotisch finden.
Welche Variante auch immer Sie wählen: Da Mann und Frau in ihren Bewegungsmöglichkeiten eingeschränkt sind, kann der Sex langsam und zärtlich sein und so lange dauern, wie Sie möchten.

Sex in Seitenlage

Eine besonders entspannende Stellung ist „Seite an Seite". Die Frau kann auf den Oberschenkeln des Partners ruhen, oder umgekehrt. Die Bewegungsmöglichkeiten sind eingeschränkt; deswegen ist diese Stellung ideal für langsamen, genüßlichen Sex.
Beide haben eine Hand frei, um den anderen zu streicheln, und können intensive Blicke und Küsse austauschen.

Neue Bewegungsmuster

Meist sind die üblichen Bewegungen das „Rein-und-Rausstoßen" des Penis; das stimuliert den Mann vorrangig, da es an der Eichel und dem Schaft seines Penis reibt. Doch die Klitoris kann genauso durch seitliche und kreisende Bewegungen gereizt werden. Diese können erregend für die Frau sein, während ihr Partner dadurch „zurückgehalten" wird. Das höchste Ziel beim Sex ist ein allmählicher Aufbau der Erregung.

▲ ***Wenn Sie auf dem Schoß Ihres Partners sitzen, haben Sie guten Blickkontakt und beide Hände frei, um seinen Körper zu erforschen.***

▼ ***Küssen Sie nicht nur auf den Mund. Küssen ist eine wunderbar sinnliche Möglichkeit, den ganzen Körper zu erforschen.***

Der richtige Augenblick für Sex

Für ausgedehnten, langsamen Sex müssen Mann und Frau möglichst genau in der richtigen Gemütsverfassung und Stimmung sein.
Viele Frauen werden sehr schnell erregt, wenn sie ihren Eisprung haben oder ihre Periode, während andere Sex in der Woche vor ihrer Periode wenig verlockend finden. Müdigkeit, Sorgen oder sogar Kälte können uns „abtörnen". Der beste Zeitpunkt ist meist im Urlaub oder am Wochenende, wenn Sie mehr Zeit füreinander haben.
Achten Sie immer darauf, daß Sie genügend Zeit, Wärme, Komfort und vor allem Ruhe haben. Schließen Sie das Schlafzimmer ab, und stellen Sie das Telefon leise.
Manchmal sind wir darauf konditioniert, uns aufgrund früherer Erfahrungen mit dem Sex zu beeilen; in solchen Situationen hatten wir Angst, von unseren Eltern oder Mitbewohnern gestört zu werden. Vielleicht müssen wir ganz bewußt üben, es langsam anzugehen. ❤

QUICKIES

Meistens beginnen Paare beim Sex mit einem ausgedehnten Vorspiel. Doch gelegentlich werden sie von abrupten Gefühlsausbrüchen gepackt, und dann können sie einfach nicht mehr warten ...

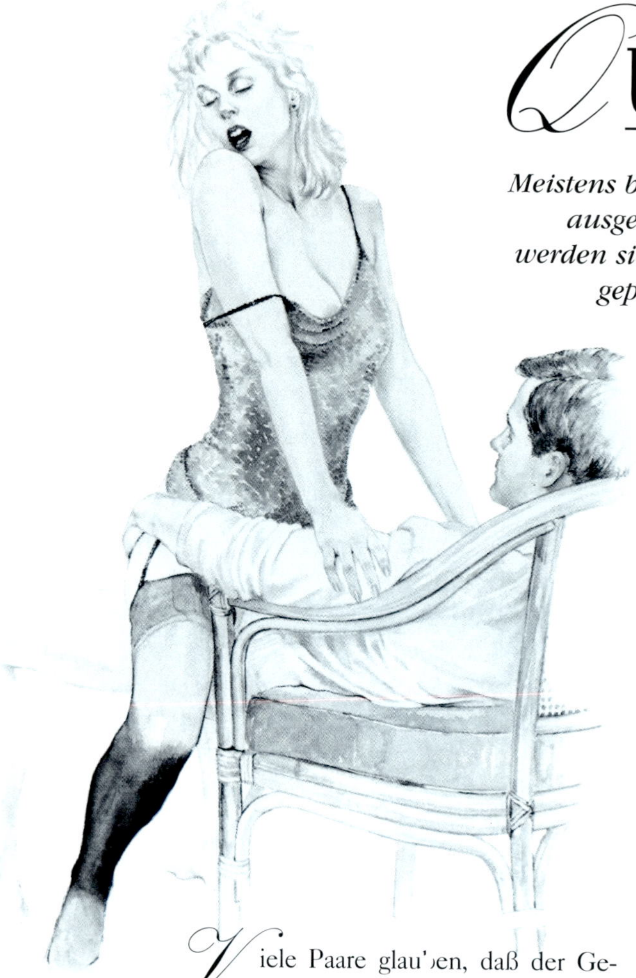

▲ ***Der sinnliche Kontrast von nackter Haut und Kleidung kann bei beiden Partnern eine unaufhaltsame Lust und Erregung hervorrufen.***

Viele Paare glauben, daß der Geschlechtsverkehr allmählich und zärtlich entwickelt werden muß. Diese Art von Sex ist wichtig für eine intime Beziehung, doch genauso wichtig sind die ungeplanten Augenblicke, in denen sie einfach ihrer Lust auf Sex nachgeben, ohne dies besonders vorzubereiten.

Einige Paare betrachten Sex als ein Ritual. Sie haben vorhersehbaren Sex, vielleicht sogar an einem bestimmten Abend in der Woche. Das kann für manche Menschen das richtige sein, doch andere könnten sich dabei langweilen und sich anderweitig nach Sex umschauen, sei es in der Realität oder nur in ihrer Phantasie. Aber warum tun sie das, wenn sie mit Ihrem Partner doch so viel besseren Sex haben könnten?

Brennendes Verlangen

Die Freuden eines Quickies werden oft sogar von erfahrenen Liebhabern unterschätzt. Wir alle neigen dazu, von Techniken besessen zu sein, und vergessen dabei oft die spontane Lust. Ein Augenblick zügelloser Leidenschaft kann Ihnen mehr als nur intensive und erregende Lust bereiten. Die Begierde kann alte, vergessene Gefühle wiederbeleben, und plötzlich fühlen Sie sich in die Anfangsphase Ihrer Beziehung zurückversetzt, ja sogar in die Zeit Ihrer ersten sexuellen Erregung.

Die richtige Stimmung für den Sex zu kreieren, wird häufig als der Pfad zur höchsten Lust angesehen; grundsätzlich stimmt das auch. Doch wenn ein Paar jedesmal auf die „richtige" Stimmung wartet, verpaßt es dabei vielleicht gerade wegen seiner selbstgestrickten Vorstellung von „romantischem" Sex in Wirklichkeit alles.

Quickies haben oft eine ganz eigene Qualität. Sie sind jedoch weder wertvoller noch unbedeutender als Sex, den

SEX AN UNGEWÖHNLICHEN ORTEN

- Auf dem Küchentisch
- Im Badezimmer auf einer Party bei Freunden
- Auf einem Waldspaziergang an einem einsamen Ort
- In einem Schaukelstuhl
- Nachts am Strand
- In einer verlassenen Hütte oder Scheune
- Über der Sofalehne
- Auf der Kinderschaukel im Garten

Sie gemeinsam mit Ihrem Partner sorgfältig vorbereiten.

Leidenschaftliche Spiele

Spontaner Sex bietet viele Vorteile. Er zeigt, wie sehr Sie einander physisch begehren. Romantische Intermezzi und ein subtiles Vorspiel sind sehr schön, aber es gibt Zeiten, in denen einer oder beide Partner gerne gezeigt bekommen möchten, daß sie von ihrem Partner gewollt werden – und zwar dringend und auf der Stelle.

Mach mich an

Manche Frauen sagen, daß sie einen Quickie lieber mögen als alles andere. Da er ungeplant ist, können sie sich von der Erregung ihres Mannes einfach mitreißen lassen. Einige Frauen haben sogar nur dann einen Orgasmus beim Geschlechtsverkehr, wenn sie unerwarteten Sex haben, den sie nicht kontrollieren können. Keine Frau möchte vergewaltigt werden, doch die meisten werden zustimmen, daß es etwas ganz

TIPS FÜR SPONTANEN SEX

- Nehmen Sie zärtlich eine Brust der Frau aus dem BH, so dass Sie sie küssen und daran saugen können.
- Statt ihren Slip auszuziehen, schieben Sie ihn zur Seite und führen dann Ihren Penis ein.
- Öffnen Sie das Hemd Ihres Mannes, um seinen Oberkörper teilweise zu entblössen – genügend, um eine Hand hineinzustecken und ihn zu streicheln.
- Öffnen Sie für einen diskreten Quickie seinen Hosenschlitz, anstatt seine Hose ganz auszuziehen.
- Tun Sie so, als hätten Sie „vergessen", einen Slip anzuziehen, wenn Sie dazu in Stimmung sind.
- Tragen Sie als Frau einen BH, der sich vorne öffnen lässt, um schnellen Zugang zu ermöglichen.

„ICH BIN SO GEIL AUF DICH ..."

In der Kinogeschichte gibt es viele berühmte Beispiele für spontanen Sex. In dem Film „Body Heat" zertrümmert William Hurt eine Glastür mit einem Stuhl, um zu Kathleen Turner zu gelangen, die zitternd vor Sehnsucht auf der anderen Seite steht. Als er endlich bei ihr ist, seufzt sie: „Tu es, bitte!"
In dem Thriller „No way out" begegnen sich Kevin Costner als US-Marine-Offizier und Sean Young als die Geliebte eines reichen Politikers auf dem Rücksitz einer riesigen Limousine. Schweigend reissen sie einander die Kleider vom Leib und haben rasenden Sex miteinander, während die grellen Lichter der Stadt in bunten Farben auf ihrer Haut aufblitzen.

anderes ist, wenn man von dem geliebten Mann heftig genommen wird.
Spontaner Sex ist oft mit der Gefahr verbunden, von anderen Menschen beim Geschlechtsakt entdeckt zu werden. Dieses Risiko kann höchst erregend sein, so wie ein gewisses Maß an Verruchtheit für einige Menschen erforderlich ist, damit sie Sex richtig genießen können. Quickies an halböffentlichen Orten – im Wald, Feld oder sogar im eigenen Garten – können diese Verruchtheit durch ein stimulierendes Gefühl von Gefahr und Unaufhaltsamkeit erzeugen.
Die Stellungen beim Quickie sind oft ganz andere als sonst. Ungewohnte Bewegungen und Körperhaltungen erzeugen neue, stimulierende Gefühle, und diese lassen sich meist in einer gewohnten Umgebung nicht wiederholen.

Zieh mich aus!

Beim Quickie ist meist einer der beiden Partner teilweise bekleidet. Der Anblick einer Frau, die einfach ihren Rock hochgezogen hat und sich über den Küchentisch beugt, um ihre nackten Schenkel und ihr Gesäß zu entblößen, löst sogar bei dem müdesten Mann die Bereitschaft zum Sex aus.
Das Tragen von Unterwäsche oder anderen Kleidungsstücken kann den Sex und die Gefühle, die Sie dabei haben, sehr verändern. Ein seidiger Stoff, der Anblick von Stöckelschuhen und die Reibung des männlichen Slips auf der bloßen Haut können beim Quickie ein erregendes Extra sein.

▶ ***Wenn die Frau beim Sex teilweise bekleidet ist, fühlt sie sich vielleicht besonders verrucht und sexy.***

„Bei der Dinnerparty von Freunden zog sie mich ins Badezimmer. Ich war sofort erregt. Wir standen gegen den Spiegel gelehnt und hatten leidenschaftlichen Sex. Später merkten wir, dass niemand uns vermisst hatte."

Manche Menschen werden beim spontanen Sex an die Zeit erinnert, als sie noch bei ihren Eltern lebten. Die Möglichkeiten zu irgendwelchen körperlichen Kontakten waren damals sehr begrenzt für junge Liebespaare. Gleichwohl ist heute viel von der damaligen Spontaneität und Aufregung verlorengegangen.

Ein Quickie bringt noch mehr mit sich. Wenn sie nicht auf den Sex vorbereitet sind, haben beide Partner oft nicht geduscht, und auf ihrer Haut befinden sich Schweißpartikel und andere Körperflüssigkeiten. Sonst werden diese natürlichen chemischen Stoffe beim Waschen beseitigt, doch sie können sich als richtiger „Antörner" erweisen. Viele Menschen werden durch diese natürlichen Körpergerüche sehr erregt.

Im Sturm erobert werden

Die meisten Menschen haben erotische Wunschvorstellungen, bei denen sie mit jemandem in unkonventionellen und exotischen Umgebungen Sex haben. Ein Quickie kann ihnen dieses prickelnde Gefühl von Abenteuer geben.

Wenn sie vor der Wahl stünden und die Zeit hätten, darüber nachzudenken, würden die meisten Menschen nicht bereitwillig dem Sex an einem solchen Ort oder auf diese Art zustimmen – sie würden immer irgendeine Ausrede finden. Doch wenn sie damit überrascht werden,

Fotos: Eddison Sadd/Lifetime Vision Ltd

▲ ***Warum beschränken Sie Ihr Sexleben aufs Schlafzimmer? Ein intimer Akt an einem halböffentlichen Ort ist eine völlig neue Erfahrung und erinnert Sie beide daran, daß Sie etwas ganz Besonderes füreinander sind.***

> *„Einmal, als ich gerade in der Küche backte, trat er hinter mich. Ich habe weiter den Kuchen gerührt, als wäre das nichts Besonderes. Ich ließ ihn eine Weile meinen Hals küssen; dann riß er plötzlich meinen Slip runter und drang in mich ein. Es war Ekstase mit einem Hauch Vanille."*

genießen sie es oft sehr und bauen dieses Erlebnis später in ihre Phantasien ein.

Natürlich können Frauen jederzeit die Initiative ergreifen, entweder offenkundig oder versteckt – manche tun es, wenn sie ihre Periode haben oder erst ein wenig Zeit brauchen, um sich selber zu erregen. Wenn dies für Sie zutrifft, dann nehmen Sie sich ein paar Minuten Zeit für sich selbst, damit Sie richtig in Stimmung kommen; stürzen Sie sich dann auf Ihren Partner. Sie können sicher sein, daß es nicht lange dauern wird, bis er darauf reagiert.

Einige Männer ergreifen selber nicht die Initiative zu einem Quickie, weil sie sich nicht merken können, wann ihre Partnerin ihre Periode hat; dieses Problem läßt sich leicht lösen, wenn die Frau Vorsorge trifft. Außerdem sind viele Frauen während ihrer Periode am stärksten erregbar, und es ist kein Problem für die Frau, ihren Tampon oder ihre Binde zu entfernen und innerhalb von ein paar Minuten zum Sex bereit zu sein. Wenn der Mann immer noch Vorbehalte hat, dann vermeiden Sie Sex einfach während der ersten beiden, besonders heftigen Tage der Periode, oder führen Sie vorher ein Diaphragma ein. Dies wird die „Flut" für eine Weile zurückhalten.

Es wird oft behauptet, daß guter Sex von einem sorgfältigen Vorspiel abhängt, bei dem die Frau so erregt wird, daß ihre Vagina feucht wird. Doch die Vagina einer Frau kann in Sekundenschnelle feucht werden, wenn sie in der Stimmung für raschen Sex ist. Und einige Frauen werden von einem Quickie am meisten angeregt, weil damit sehr leidenschaftliche Gefühle verbunden sind.

Sex zwischen Menschen, die sich wirklich lieben, kann viele Formen annehmen und vielen Zwecken dienen. Einer davon ist, daß dadurch ihre innere Bindung gestärkt wird und sich ihre einzigartige Partnerschaft weiterentwickelt. In diesem Zusammenhang kann dann ein

Quickie während einer gesellschaftlichen Veranstaltung besonders erregend sein. Führen Sie Ihren Partner einmal während einer Party oder bei einer anderen Gelegenheit aus dem Raum, und haben Sie dann Sex mit ihm!

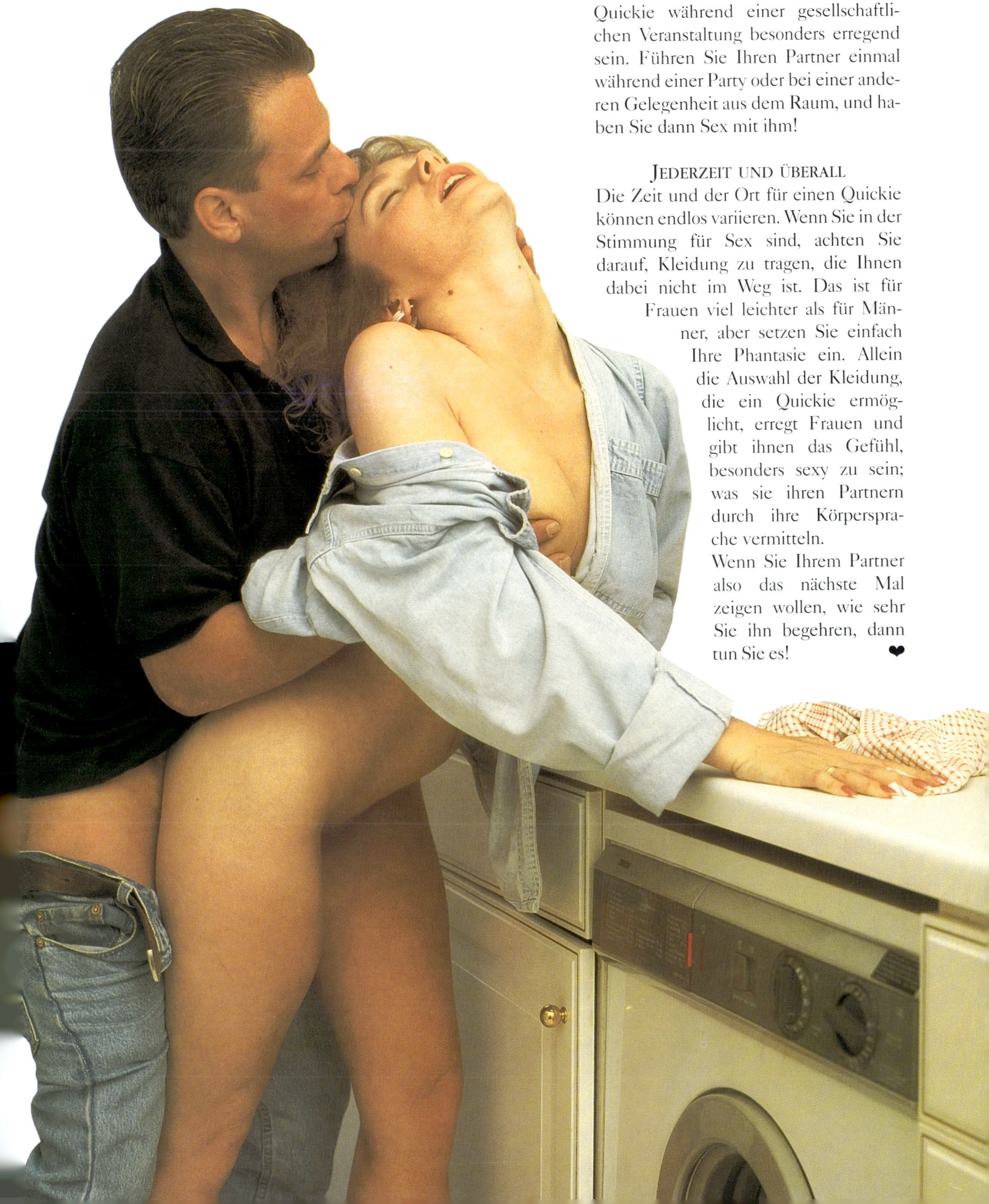

JEDERZEIT UND ÜBERALL

Die Zeit und der Ort für einen Quickie können endlos variieren. Wenn Sie in der Stimmung für Sex sind, achten Sie darauf, Kleidung zu tragen, die Ihnen dabei nicht im Weg ist. Das ist für Frauen viel leichter als für Männer, aber setzen Sie einfach Ihre Phantasie ein. Allein die Auswahl der Kleidung, die ein Quickie ermöglicht, erregt Frauen und gibt ihnen das Gefühl, besonders sexy zu sein; was sie ihren Partnern durch ihre Körpersprache vermitteln.

Wenn Sie Ihrem Partner also das nächste Mal zeigen wollen, wie sehr Sie ihn begehren, dann tun Sie es! ❤

5

Sex und Romantik

Eine sexuell befriedigende Beziehung ist am Anfang meist romantisch. Diese Romantik kann verlorengehen, nachdem die Partner eine Weile zusammengelebt haben. Sexuelle Gewohnheiten und Verhaltensmuster ändern sich, wenn eine Beziehung sich entwickelt; auch wenn der Sex weiterhin eine wichtige Rolle spielt, wird er im Laufe der Zeit doch immer weniger zur treibenden Kraft. Trotzdem ist Sex die wichtigste Erfahrung, die ein Liebespaar miteinander teilen kann. Machen Sie sich deshalb die Mühe, die Romantik am Leben zu erhalten: Es wird Ihre Beziehung bereichern.

ROMANTISCHER SEX

Mit etwas Phantasie kann jedes Paar die Romantik wiederentdecken, die in den ersten Wochen des Werbens umeinander vorherrschte. Die Vertrautheit, die Sie mittlerweile erlangt haben, kann Ihnen helfen, den Sex zu einem wundervollen Erlebnis zu machen.

Die meisten von uns verbinden mit Romantik Aufmerksamkeiten, Fürsorglichkeit und Sinnlichkeit. Wenn eine Beziehung neu und aufregend ist, beschwören wir schnell die Vostellung herauf, einander zu lieben.

Die Wichtigkeit von Romantik

Die meisten Menschen, die in einer langen Beziehung leben, denken wehmütig an die ersten Wochen ihres Werbens umeinander zurück. Denn zu diesem Zeitpunkt wollten sie für immer zusammensein. Die Abwesenheit des anderen war quälend, und sie hatten so häufig Sex miteinander wie möglich.

Die ersten Gefühle, die wir für unsere Partner haben, sind von großer Bedeutung. Für die meisten Menschen sind sie die Basis, auf der sie sich für eine Beziehung entscheiden. Die Liebe mag das wichtigste für sie sein; sie ist oft ein direktes Resultat des anfänglichen romantischen Verhaltens.

Wenn die Romantik vergeht

Traurigerweise verschwindet die Romantik in fast allen Liebesbeziehungen viel zu schnell – was nicht unbedingt schlimm ist. Die meisten Beziehungen sind einfach nicht fähig, den träumerischen, nahezu unrealistischen Zustand auf Dauer aufrechtzuerhalten. Wenn eine Partnerschaft sich entwickelt, wird die Romantik durch etwas noch Schöneres ersetzt.

Von Zeit zu Zeit

Eine ideale Welt wäre so beschaffen, daß die Romantik niemals enden würde. Für die meisten von uns sieht jedoch die Praxis im Leben so aus, daß wir diese Stimmung nicht aufrechterhalten können; doch unsere Bemühungen, etwas Romantik in unsere Beziehung zurückzu-

▼ Fast alle Menschen verhalten sich am Anfang einer Beziehung liebevoll und romantisch gegenüber ihrem Partner. Sie neigen meist dazu, ihn durch eine rosarote Brille zu sehen, und schreiben ihm vielleicht Qualitäten zu, die allein ihrer Phantasie entsprungen sind.

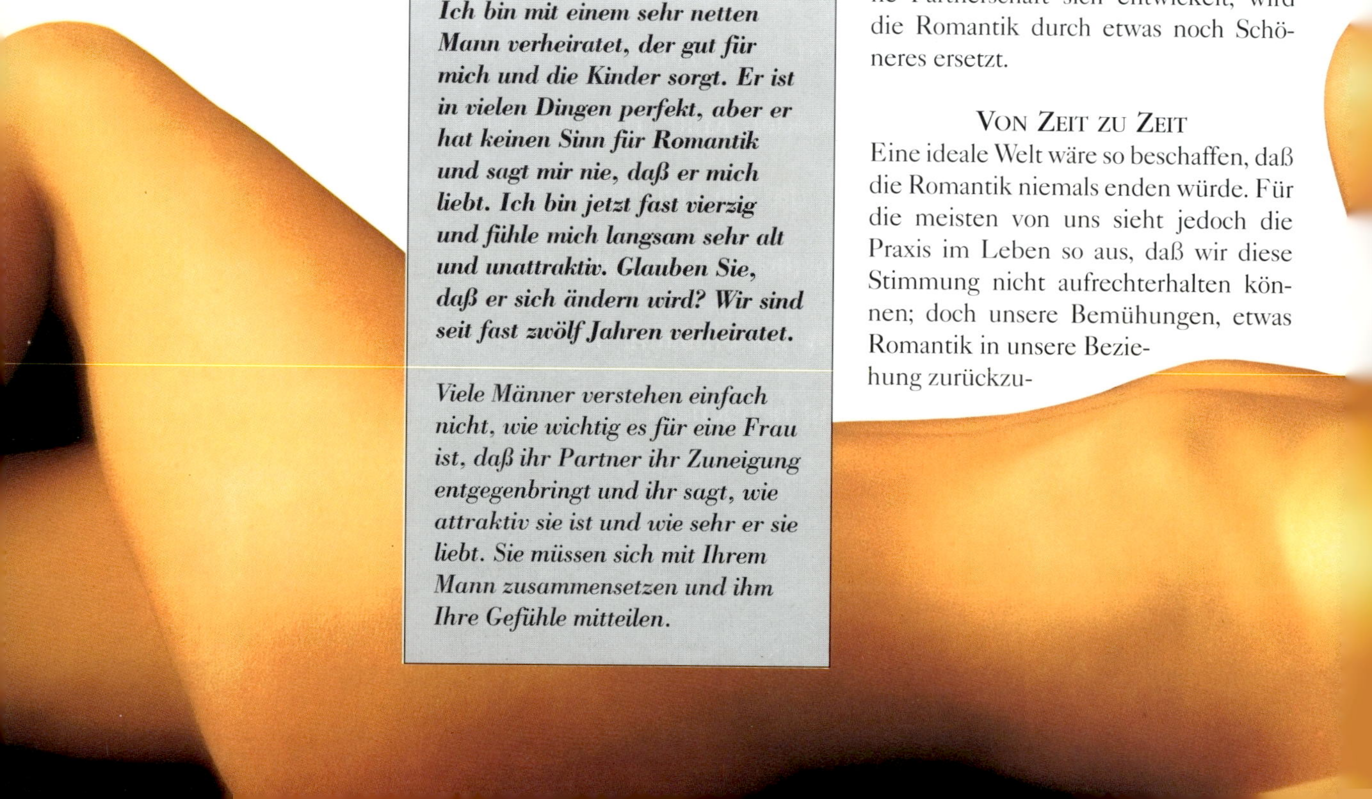

Ich bin mit einem sehr netten Mann verheiratet, der gut für mich und die Kinder sorgt. Er ist in vielen Dingen perfekt, aber er hat keinen Sinn für Romantik und sagt mir nie, daß er mich liebt. Ich bin jetzt fast vierzig und fühle mich langsam sehr alt und unattraktiv. Glauben Sie, daß er sich ändern wird? Wir sind seit fast zwölf Jahren verheiratet.

Viele Männer verstehen einfach nicht, wie wichtig es für eine Frau ist, daß ihr Partner ihr Zuneigung entgegenbringt und ihr sagt, wie attraktiv sie ist und wie sehr er sie liebt. Sie müssen sich mit Ihrem Mann zusammensetzen und ihm Ihre Gefühle mitteilen.

holen, werden reichlich belohnt. Frauen möchten verwöhnt werden und gezeigt bekommen, daß man sie schätzt. Und bei einem Mann wird das Gefühl von Männlichkeit wieder lebendig, wenn er spürt, daß er geliebt und begehrt wird. Für beide bedeutet die Rückkehr zur Romantik die Rückkehr zu einem liebevollen Verhalten und häufigerem und befriedigenderem Sex.

SEIEN SIE ROMATISCH

In einer langjährigen Beziehung kann es schwierig sein, die Romantik am Leben zu halten. Doch Paare, die sich verstehen, sollten in der Lage sein, ihre Verhaltensweisen zu ändern; sie sollten die

> *„Nach dem Orgasmus küssen und liebkosen mein Partner und ich uns so lange, bis wir wieder so erregt sind, dass wir erneut mit dem Sex beginnen."*

▶ ***Beginnen Sie mit dem Sex in einem langsamen Tempo, legen Sie sich ganz nah an Ihre Partnerin heran, stimulieren Sie zärtlich ihre Klitoris, und sagen Sie ihr, wie sehr Sie sie begehren.***

Offen gesagt war es mit meiner Frau nie besonders romantisch, doch außerhalb der Ehe, mit anderen Frauen, genieße ich romantische Situationen sehr. Offensichtlich stimmt da etwas nicht. Was kann ich tun?

Möglicherweise können Sie Romantik nur als Teil einer außerehelichen Aktivität akzeptieren und haben das Gefühl, daß Sie mit Ihrer Frau nicht romantisch sein können oder sollten. Dies ist vielleicht zum Teil ein Relikt aus Ihrer Jugend. Sie sind nicht erwachsen geworden und können nicht genug investieren, um einen Erwachsenen wirklich zu lieben. Ihre Affären sind wohl eine Art pubertäres Spiel. Sie werden Ihnen kein dauerhaftes Glück bescheren; sie sind im Vergleich zu echter Liebe für eine Person, an die man gebunden ist, zu oberflächlich. Vielleicht haben Sie zu früh geheiratet und bedauern heute diesen Schritt. Hier brauchen Sie professionelle Hilfe.

Gefühle wieder lebendig werden lassen, die sie hatten, als sie anfangs umeinander warben. Alles, was sie brauchen, ist Anteilnahme und Phantasie.

Überraschen Sie Ihren Partner öfter mit schönen Dingen. Das sollten nicht nur Blumen oder gelegentliche Geschenke sein. Ein Essen im Restaurant oder ein besonderes Essen zu Hause können die richtige Atmosphäre für die Liebe schaffen. Kerzen, Ihre Lieblingsmusik und eine Flasche Wein kreieren die richtige Stimmung für den Abend und sind genau das richtige für jedes Liebespaar.

Kleiden Sie sich ab und an auf besondere Weise. Es erregt einen Mann nicht nur, daß seine Partnerin sexy gekleidet ist, es schmeichelt ihm auch. Die Kleidung muß nicht zu sexy sein, doch die meisten Männer mögen die Vorstellung, daß eine Frau sich extra für sie zurechtgemacht hat. Auch für eine Frau ist es ein Kompliment, wenn ihr Mann sich bemüht, gut auszusehen.

Verhalten Sie sich wie ein Liebespaar! Rufen Sie einander von Zeit zu Zeit an, nur um zu sagen: „Ich liebe Dich." Zeigen Sie in der Öffentlichkeit Gefühle füreinander. Sogar etwas so Einfaches, wie die Hand des anderen zu halten, kann aus einem Spaziergang ein romantisches Erlebnis machen.

Versuchen Sie, die Stimmung des anfänglichen Werbens umeinander wieder wachzurufen. Sie sollten mehr Zeit füreinander finden. Ein kurzer Urlaub, vielleicht sogar nur ein einziger Tag, kann wahre Wunder bewirken.

Vergessen Sie keine Geburtstage oder Jahrestage. Es ist nicht so sehr das Geschenk, das zählt, sondern die Tatsache, daß Sie daran denken. Wenn möglich, zelebrieren Sie sie mit einem Festmahl oder einem Ausflug.

Seien Sie aufmerksamer! Versuchen Sie, sich fürsorglicher zu verhalten. Legen Sie ein Handtuch über die Heizung,

Wir sind seit sieben Jahren verheiratet, und mein Mann macht mir viele Geschenke. Er ist sogar so romantisch, daß es mir lästig ist. Was kann ich tun?

Es klingt so, als wäre er sehr unsicher. Die Erklärung für so ein Verhalten liegt gewöhnlich in der Kindheit des Mannes. Vielleicht wurde er abgelehnt und sieht in Ihnen nun die einzige Hoffnung für seine Zukunft.
Möglicherweise versucht er, vielleicht ein wenig zu sehr, Ihnen ein Beispiel dafür zu geben, wie Sie sich verhalten sollten. Möglicherweise zeigen Sie ihm Ihre Liebe nicht genug oder zumindest nicht so, wie er es sich wünscht. Wenn hier das Problem liegt, könnte ein kurzes Gespräch die Dinge klären. Wie bei jedem Verhalten, das uns in der Ehe stört, sollte man den Partner bestärken, wenn er das tut, was wir mögen; wir sollten ihn nicht abweisen, wenn er es nicht tut.
Vielleicht sollten Sie sich überlegen, wie er sich verhalten könnte, um Ihnen zu gefallen, damit er aufhört, den eifrig bemühten Gecken zu spielen.

◀ Menschen in einer langjährigen Beziehung vergessen oft, daß Zärtlichkeiten wichtig für die Romantik sind. Sich gegenseitig zu streicheln, ist an sich etwas Wunderschönes; es ist nicht notwendigerweise das Vorspiel zum Sex.

▼ Zeigen Sie Ihrem Partner, wie sehr Sie ihn begehren, indem Sie beim Sex die Führung übernehmen. Wählen Sie eine Stellung, in der Sie ihm nah genug sind, um sich nach vorne zu beugen und ihn zu küssen.

bevor Ihre Partnerin ein Bad nimmt, oder bringen Sie ihr am Morgen überraschend eine Tasse Tee.
Werden Sie gemeinsam aktiv! Haushaltspflichten oder gemeinsame Hobbies und Sport können in der richtigen Umgebung romantisch sein.
Berühren Sie einander öfter!
Küssen und kuscheln Sie mehr!
Finden Sie neue Orte für den Sex: Fast jeder Raum kann romantisch sein, wenn die Stimmung die richtige ist. Aber beschränken Sie sich nicht nur auf geschlossene Räume. Experimentieren Sie auch anderswo!

Einen ganzen Tag lang Sex

Ein Paar, das schon eine längere Zeit zusammenlebt, kennt die Vorlieben des anderen und weiß genau, was ihn erregt. Da man leicht in Routine verfallen kann, indem man nur das tut, von dem man weiß, daß der Partner es mag, kann Sex viel mehr Spaß machen – und viel romantischer sein –, wenn beide Partner die Vorlieben des anderen eher langsam als zu schnell erforschen.

Sich auf den Sex vorbereiten

Ein ausgiebiges, gemeinsames heißes Bad eignet sich immer als wunderbares Vorspiel zum Sex. Es ist eine romantische Alternative zum gemeinsamen

Baden, wenn jeder Partner den anderen badet und ihn zärtlich einseift, sich dabei jedoch die sensibelsten erogenen Zonen bis zum Schluß aufhebt.

Romantische Liebe – er für sie

Nehmen Sie Kerzen mit ins Badezimmer, um eine sinnliche Beleuchtung zu schaffen. Richten Sie den Raum, in dem Sie Sex haben wollen, vorher her. Achten Sie darauf, daß es warm genug ist. Geben Sie, wenn Sie das Badewasser einlaufen lassen, ein aromatisches Öl hinzu. Führen Sie Ihre Partnerin dann ins Badezimmer, ziehen Sie sie langsam aus, und waschen Sie sie mit viel Seifenschaum am ganzen Körper.
Wenn Sie fertig sind, trocknen Sie sie gründlich mit einem warmen Handtuch ab. Verwöhnen Sie ihren ganzen Körper zärtlich, von den Händen und Zehen bis zu den Brüsten und dem Gesäß. Machen Sie ihr Komplimente, und erzählen Sie ihr, was Sie anschließend mit ihr vorhaben.

> *„Nach einigen Ehejahren ist mein Mann immer noch so romantisch wie am Anfang. Wir versuchen immer, uns Zeit füreinander zu nehmen, und wir sprechen viel miteinander – um das Interesse an den Meinungen des anderen nicht zu verlieren."*

▼ *Seien Sie aufmerksam gegenüber den Bedürfnissen Ihres Partners. Reden Sie mit Ihrem Partner darüber, was er möchte – im Bett und auch sonst. Echtes Interesse ist schmeichelhaft und zahlt sich aus.*

Zum Sex übergehen

Wenn sie trocken ist, heben Sie sie hoch, und tragen Sie sie ins Schlafzimmer oder wo auch immer Sie mit ihr schlafen möchten. Wenn Sie eine Flasche Wein bereitgestellt haben, legen Sie eine Pause ein, in der Sie gemeinsam etwas trinken – aber nicht zu lange.
Küssen, Knuddeln und ein ausgedehntes Vorspiel haben wir in der Zeit unseres Werbens umeinander gelernt; küssen Sie sie also am ganzen Körper.

Ihren Körper erforschen

Oralsex wird oft als ein großes Zeichen der Wertschätzung angesehen.
Wenn Sie das Öl auf ihrem ganzen Körper einmassiert haben, legen Sie sie auf den Rücken, und nehmen Sie eine Stellung ein, in der Sie sich wohl fühlen. Streichen Sie langsam mit Ihrer Zunge über ihre Klitoris, und bewegen Sie sich rhythmisch so, wie sie es mag.

Stellungen

Jede Stellung ist romantisch, bei der Sie einander anschauen, sich küssen und berühren können. Wenn der Mann seine Partnerin verwöhnen möchte, sind alle Missionarsstellungen geeignet. So kann er die Kontrolle übernehmen und die

Reaktionen seiner Partnerin beim Sex sehen und einschätzen. Legen Sie Ihre Partnerin rücklings aufs Bett, schieben Sie ihre Beine zärtlich auseinander, und dringen Sie in sie ein. Beginnen Sie mit kurzen, flachen Bewegungen.

ROMANTISCHE LIEBE – SIE FÜR IHN

Die meisten Männer lieben es, gebadet zu werden. Da Ihr Körper ihn mächtig erregen wird, tragen Sie so wenig wie möglich. Ziehen Sie ihn aus, und verhätscheln Sie ihn wie ein Baby. Wenn er in der Wanne liegt, lassen Sie Ihre Brüste einen Moment über ihm baumeln. Waschen Sie ihn am ganzen Körper, seifen Sie ihn ordentlich ein, und wenden Sie sich mit zarten, aufwärts gerichteten Bewegungen ausgiebig seinem Penis und seinen Hoden zu.

IM BETT

Die meisten Männer finden Oralsex unwiderstehlich. Auch für die Frau kann es romantisch sein, wenn sie ihn so bis kurz vor den Orgasmus bringt oder wenn er in ihren Mund ejakuliert.

Erzählen Sie ihm detailliert, was Sie tun werden. Sagen Sie ihm, daß Sie an seinen Hoden knabbern und dann die Unterseite seines Penis entlanglecken werden, bevor Sie den Penis in den Mund nehmen. Sagen Sie ihm dann, daß Sie daran saugen werden, bis er kurz vor dem Orgasmus ist, oder daß er in Ihren Mund ejakulieren darf. Setzen Sie sich bequem hin; er sollte jedoch sehen können, was Sie tun. Nehmen Sie dann abwechselnd seinen Penis in den Mund, wobei Sie seine Peniswurzel mit der Hand festhalten, und saugen Sie kurz und fest daran. ❤

◄ Stellungen mit Körperkontakt, bei denen ein Paar einander betrachten und miteinander kommunizieren kann, fördern Intimität.

▼ Massieren Sie Ihre Partnerin mit einem entspannenden Öl. Verreiben Sie das Öl auf ihrem ganzen Körper. Streichen Sie leicht über ihre Brüste, bis sie es nicht mehr aushält. Sprechen Sie die ganze Zeit über mit ihr, und sagen Sie ihr, was Sie mit ihr vorhaben.

Was Männer mögen

Lernt eine Frau, mit ihrem Partner erregenden, phantasievollen Sex zu haben, wird sie nicht nur ihn, sondern gleichzeitig auch sich selbst sehr dabei aufreizen.

▶ *Wenn Frauen nicht mehr vor der eigenen Initiative – also einer dominanten Rolle – zurückschrecken, dann merken sie, daß ihre Partner einen sehr lustvollen Orgasmus bekommen – und auch geben.*

Männer haben heute eine Menge zu leisten. Die Medien stellen den idealen Liebhaber als einen starken Mann mit großem Verlangen nach Sex dar, der weiß, wie man einer Frau Lust bereitet, und der gleichzeitig selber befriedigt werden will.
Er zeigt kaum Gefühle, ist aber verständnisvoll und stark, mit einer nahezu unglaublichen Fähigkeit, seine Frau zum Orgasmus zu bringen – meistens mehr als einmal. Frauen finden ihn äußerst attraktiv und wissen intuitiv, wie sie ihn befriedigen können. Sein Körper ist an vielen Stellen erregbar, aber sie wissen, daß seine sensibelste und wichtigste Region seine Genitalien und die umliegenden Zonen sind.
Wenn ein Mann mit einer Frau schläft, hat er ein Hauptziel – seinen eigenen Orgasmus. Natürlich möchte er auch seine Partnerin befriedigen, aber seine Bedürfnisse sind keineswegs so variabel wie die der Frau. Gleichwohl sehnt er sich nach Liebe, Aufmerksamkeit und Zärtlichkeit – wenn auch anders.

WAS MÄNNER SICH WÜNSCHEN

In einer Untersuchung über die männliche Sexualität in den USA wurden Männer dazu befragt, was eine Frau tun könnte, um ihren Partner zu erregen. Man wollte mit den Antworten den Frauen helfen, die Männer besser zu verstehen.

Als sie gefragt wurden, was eine Frau tun könnte, um ihren Partner zu erregen, fiel die Antwort überraschend konventionell aus. Um die richtige Atmosphäre für den Sex zu schaffen, schätzen Männer:

- gedimmtes Licht und leise Musik,
- gutes Essen,
- Parfum,
- erotische Kleidung,
- eine ungewöhnliche Umgebung.

Einige Männer zogen eine interessante und phantasievolle Atmosphäre vor, doch die meisten wünschten sich ihre Partnerin natürlich und entspannt.

Sie wollten, dass ihre Partnerin

- Wärme und Zuneigung ausdrückt,
- Interesse an ihrem Partner zeigt,
- die Initiative beim Sex übernimmt,
- offen und leidenschaftlich ist.

Um einen Mann zu befriedigen, benötigen Sie keine exotischen Fähigkeiten. Wenn Sie ihm etwas besonders Gutes tun wollen, gibt es viel Dinge, die Sie vorbereiten können.

- Kochen Sie ihm ein besonderes Essen, oder bereiten Sie seine Lieblingsdrinks.
- Tragen Sie etwas Erotisches, von dem Sie wissen, daß er es mag.

▼ ***Viele Männer genießen einen erotischen Striptease, wenn sie wissen, daß ihm ein sehr langer und leidenschaftlicher Sex folgen wird.***

> *„Ich liebe es, wenn meine Freundin die Führung übernimmt und sich neue und aufregende Sexstellungen ausdenkt. Sie ist sehr kreativ."*

• Nehmen Sie zusammen ein Bad, oder duschen Sie gemeinsam. Viele Paare mögen es, einander zu baden, wenn sie durch Küssen und Kuscheln leicht erregt sind.

• Überlegen Sie sich, ob Sie ihn beim Geschlechtsverkehr oder anders zum Orgasmus bringen wollen. Für ihn kann es eine Überraschung sein, aber Sie sollten genau wissen, was Sie tun möchten.

• Übernehmen Sie die Verantwortung für die Empfängnisverhütung, und teilen Sie dies Ihrem Partner mit.

Liebe in Aktion

Um Ihren Partner zu befriedigen, sollten Sie ihn fragen, was er gerne möchte; dadurch können Sie Ihre Sextechnik verbessern. Untersuchungen haben ergeben, daß die meisten Männer

Küssen und Schmusen sehr genießen. Küssen Sie seinen Mund und seine Ohren; stecken Sie die Zunge hinein und lassen Sie sie kreisen. Küssen Sie seine Augen, seinen Hals und seinen ganzen Körper, zunächst jedoch nicht seine Genitalien. Massieren Sie ihn, wenn er das mag, oder streicheln Sie ihn einfach da, wo er es am liebsten hat.

Seine erogenen Zonen

Je mehr Sie beim Sex die Initiative übernehmen und seinen Körper und dessen Reaktionen erforschen, desto schneller werden Sie entdecken, welche Regionen am sensibelsten sind und was er wirklich mag. Gleichzeitig werden Sie herausfinden, welche Regionen Sie besser meiden und was er möglicherweise nicht schätzt. Doch um die Phase des Suchens und Ausprobierens nicht zu lange dauern zu lassen, sollten Sie Ihren Partner bitten, Ihnen ins Ohr zu flüstern, was genau er mag.

Sprechen Sie mit ihm

Sagen Sie ihm, wie wunderbar sein Penis ist. Die große Mehrheit der Männer hegt einen leichten Minderwertigkeitskomplex, was ihren Penis betrifft; wenn ihre Frau ihnen erzählt, daß er schön, groß oder steif ist, kann das sehr befriedigend sein.

Wenn Sie dann im Bett liegen und beide sehr erregt sind, wollen Sie ihm die größte Lust bereiten.

Für ihn wird sich diese Lust auf den Penis und den Genitalbereich konzentrieren.

Es braucht Zeit zu lernen, wie man am besten mit dem Penis eines Mannes umgeht. Die beste Informationsquelle ist Ihr Partner selbst; fragen Sie ihn also, was er mag, und setzen Sie es dann in die Tat um. Wenn Sie genau wissen, wie Sie seinen Penis stimulieren, kann gewöhnlicher Sex zu einem außerordentlichen Erlebnis werden.

▲ Man muß üben, um guten Oralsex auszuführen. Erfahrene Paare wissen, daß durch einen gleichmäßigen, aufeinander abgestimmten Rhythmus ein simultaner Orgasmus erreicht werden kann.

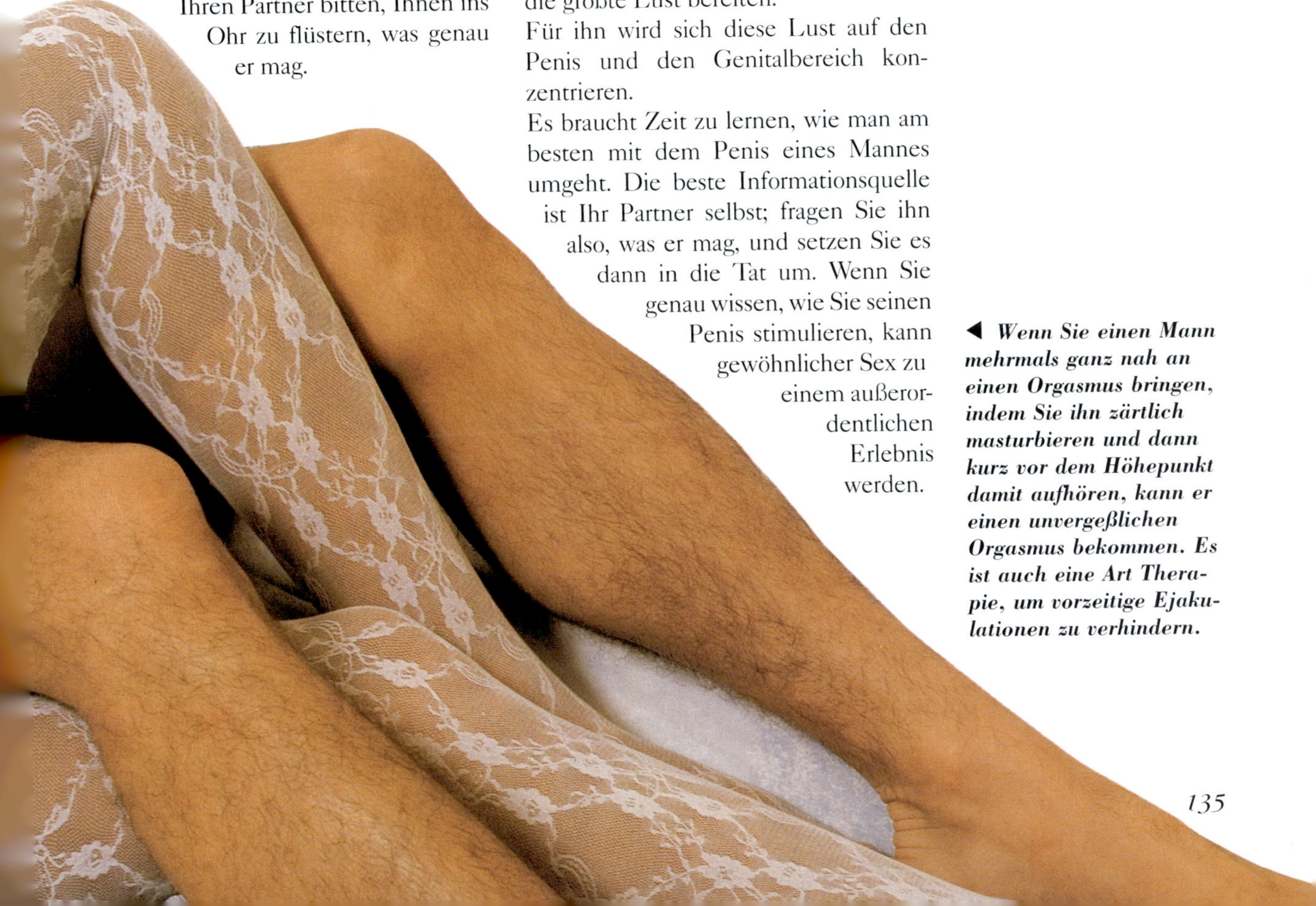

◀ Wenn Sie einen Mann mehrmals ganz nah an einen Orgasmus bringen, indem Sie ihn zärtlich masturbieren und dann kurz vor dem Höhepunkt damit aufhören, kann er einen unvergeßlichen Orgasmus bekommen. Es ist auch eine Art Therapie, um vorzeitige Ejakulationen zu verhindern.

Frauen machen meist den Fehler, daß sie ihn nicht fest genug halten, einen zu langsamen Rhythmus wählen oder ihn ungeschickt anfassen. Genießt es Ihr Partner, wenn Sie mit seinen Hoden spielen, dann gibt es dafür verschiedene lustvolle Techniken.

Streichen Sie mit Ihren Nägeln über sein Skrotum. Beginnen Sie in der Nähe des Anus, und streichen Sie dann an der Peniswurzel entlang bis zu seinem Hodensack. Erregen Sie ihn gleichzeitig an einer anderen Stelle mit der Hand oder dem Mund.

Meine Verlobte ist ein wirklich nettes Mädchen, doch im Bett denkt sie nur an sich und ihre Bedürfnisse. Sie kümmert sich überhaupt nicht darum, mir Lust zu bereiten. Was soll ich tun?

Sie ist möglicherweise sexuell gehemmt und zu schüchtern, ihre wahre Persönlichkeit zu zeigen; sie hat Angst, daß Sie ihr Problem erkennen. Manchen Frauen fällt es schwer, aktives Interesse am Sex zu zeigen, weil sie glauben, sie würden dann den Eindruck vermitteln, sexuell besonders erfahren oder vielleicht sogar ein „leichtes Mädchen" zu sein.
Ermutigen Sie sie, das zu tun, was Sie am liebsten mögen; und bringen Sie sie langsam dazu, mit Ihnen über Sexualität zu sprechen: Vielleicht denkt sie, daß der Mann beim Sex alles in die Hand nehmen sollte, und sie glaubt, daß Sie sehr seltsam sind, wenn Sie das nicht möchten.

Pressen Sie

Versuchen Sie nun, die Hoden leicht zusammenzupressen. Nehmen Sie einen Hoden in die Hand –

▲ ***Eine aufmerksame Frau beobachtet ihren Mann beim Masturbieren und merkt sich, wie er seinen Penis hält. So kann sie sichergehen, daß sie ihn so masturbiert, wie er es am liebsten mag.***

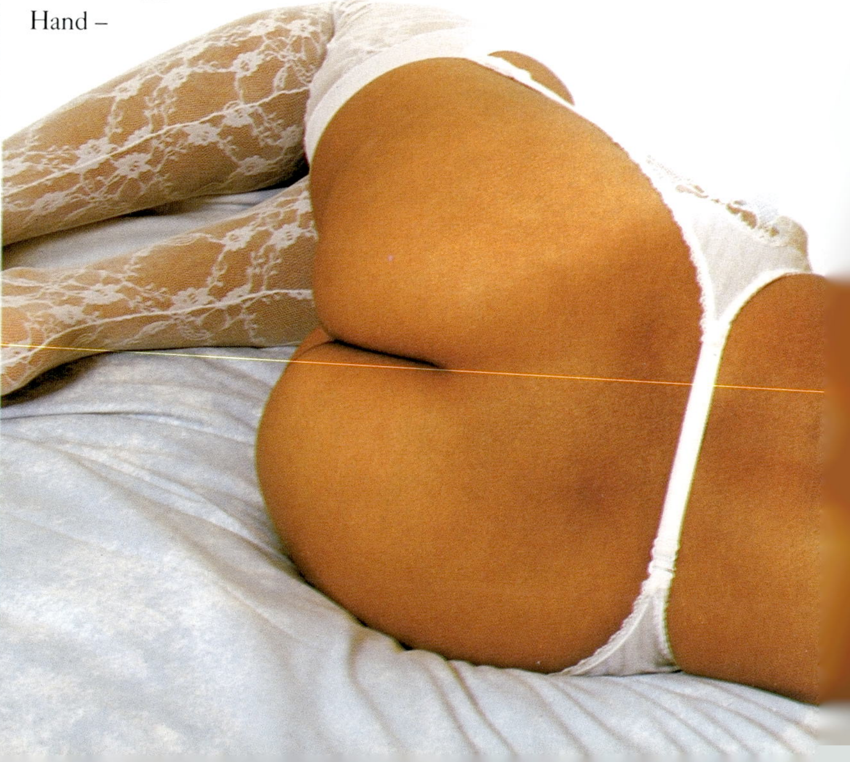

Sie werden merken, daß sie sehr rutschig sind und daß es einiger Geschicklichkeit bedarf, sie zwischen den Fingern zu halten und zusammenzupressen. Die meisten Männer lieben es, wenn der Druck sich bis zur Ejakulation steigert; es kann höchst erregend sein, die Hoden zwischen den Fingern „explodieren" zu lassen. Seien Sie jedoch vorsichtig, und pressen Sie nicht zu enthusiastisch.

Orale Liebkosungen

Sie können die übliche Oralsextechnik erweitern, indem Sie sich mit gespreizten Beinen in der 69er-Stellung auf Ihren Partner legen, Ihre Vulva wie einen Mund einsetzen und ihn direkt auf die Lippen küssen. Bewegen Sie sich langsam von einer Seite zur anderen, küssen Sie dabei seinen Penis, und saugen Sie daran. Soll er nicht in Ihren Mund ejakulieren, können Sie ihn mit der Hand befriedigen oder ihn zwischen Ihren zusammengepreßten Brüsten zum Orgasmus kommen lassen.

Seien Sie erfinderisch

Wenn der Mann gewöhnlich beim Sex die ersten Schritte unternimmt, wird er sich freuen, wenn die Frau einmal die Initiative ergreift; das zeigt ihm, daß auch sie sexuelle Bedürfnisse hat. Probieren Sie beim Geschlechtsverkehr neue Stellungen aus. Studien haben gezeigt, daß Männer sich mehr Abwechslung wünschen. Probieren Sie alle paar Wochen eine neue Stellung aus, damit keine Langeweile aufkommt. Erzählen Sie es ihm vorher nicht, sondern überraschen Sie ihn damit. Masturbieren Sie auch vor ihm – die meisten Männer genießen das sehr. Verwenden Sie einen Vibrator oder einen Dildo, wenn ihn das aufreizt. ❤

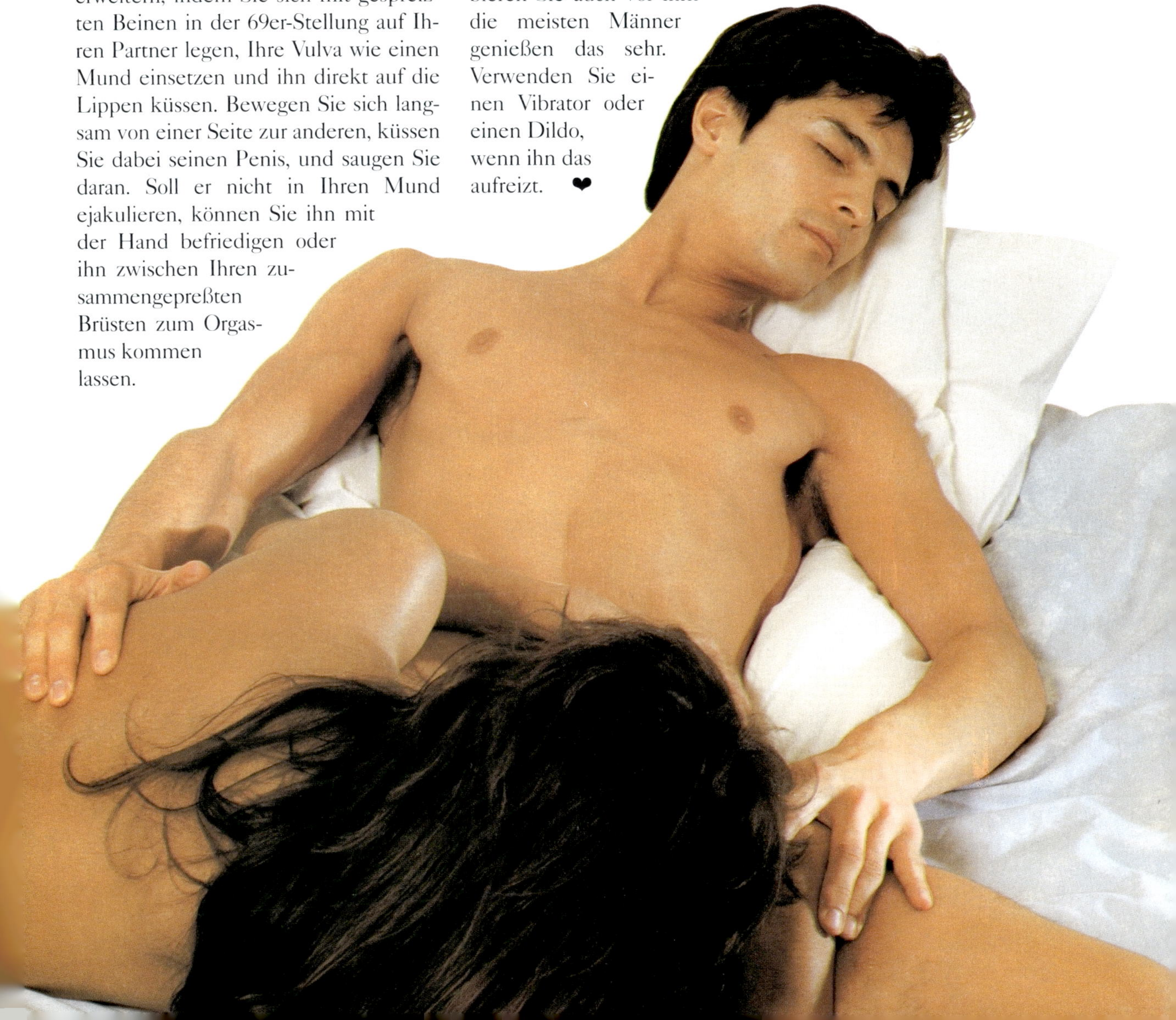

▼ ***Beim Oralsex ist es wichtig, daß die Frau ihre Zungenbewegungen auf die sensibelste Region konzentriert – auf seine Eichel – und daß sie ihren Mund ständig bewegt.***

WAS FRAUEN MÖGEN

Die Frau erlebt den Sex ganz anders als der Mann. Wenn Sie ihre Vorlieben kennen, ist beim Sex erstaunlich viel möglich. Doch was bereitet einer Frau Lust?

▲ ***Für eine Frau besteht Sex nicht nur aus der Stimulation ihrer Genitalien. Er schließt auch Empfindungen und Gefühle mit ein.***

Wahrscheinlich werfen Frauen ihren Partnern am stärksten vor, daß sie ihnen beim Sex nicht genügend Zeit widmen.

Frauen sind beim Sex viel flexibler als Männer. Als sexuelle Wesen sind sie den Männern weit überlegen. Größere Regionen ihres Körpers sind sexuell empfänglich, und viele Arten der Stimulierung können sie sexuell erregen und einen oder mehrere Orgasmen auslösen.

Da die weibliche Sexualität so völlig anders ist als die männliche, ist es kein Wunder, daß es vielen Männern nicht

Was ich auch versuche, nichts von dem, was ich mache, scheint meine Frau im Bett zu erregen; dabei hatte ich völlig befriedigende Beziehungen mit anderen Frauen. Woran liegt das wohl? Früher ließ sie sich leichter befriedigen.

Manche Frauen scheinen in bestimmten Situationen unfähig zu sein, sich befriedigen zu lassen. Meist liegt das Problem in der Beziehung; hier ist ein ausgebildeter Therapeut oder Berater gefragt. Möglicherweise hat Ihre Frau auch Aggressionen Ihnen gegenüber oder will Sie unbewußt oder bewußt für etwas bestrafen. Weiß sie von Ihren Seitensprüngen? Eventuell versucht sie, sich abzuschotten, um selber eine Affäre zu haben. Vielleicht liebt sie Sie nicht mehr, oder Sie sind sexuell uninteressant für sie geworden.

Manche Frauen in einer solchen Situation sind depressiv oder haben irgendeine physische Krankheit. Vielleicht sollte sie zunächst einen Arzt aufsuchen, um eine physische oder psychische Erkrankung auszuschließen. Das Problem liegt jedoch eher in der Beziehung, da sie früher erotisches Interesse zeigte und Sie sie jetzt nicht mehr befriedigen können.

Aber halten Sie Ihre Frau nicht für schuldig, nur weil Sie das Gefühl haben, Sie hätten in anderen Beziehungen – möglicherweise nur kurzen Affären – das richtige Rezept gefunden, wie man eine Frau befriedigt. Überprüfen Sie einmal Ihre Haltung gegenüber Sex im allgemeinen und Frauen im besonderen, dann werden Sie neue Möglichkeiten entdecken, wie Sie Ihre Frau befriedigen können.

▲ ***Der Mann kann, während er die Klitoris seiner Partnerin stimuliert, auch andere Körperregionen streicheln, etwa ihre Füße oder Waden.***

gelingt, die sexuellen Bedürfnisse ihrer Partnerin zu entdecken.

Sich Zeit nehmen

Männer werden sehr leicht und schnell sexuell erregt – wenn sie eine Erektion bekommen haben, möchten sie möglichst bald zum Orgasmus kommen.

Bei der Frau ist das aus physiologischen Gründen anders. Im nicht erregten Zustand bleibt die Vagina fest geschlossen. Erst nachdem sie gestreichelt und liebkost wurde und ein intensives Vorspiel stattgefunden hat, lockern sich die Muskeln der Vagina; die Vaginalwände beginnen, feucht zu werden.

Eine Frau zu befriedigen ist nicht einfach eine Frage von sexueller Technik. Der Mann sollte wissen, was seine Partnerin möchte, und dann darauf reagieren. Und zwar nicht, weil es von ihm verlangt wird, sondern weil er ihre Bedürfnisse wirklich befriedigen möchte. Er sollte aufmerksam, zärtlich und liebevoll sein; er sollte fragen, was seine Partnerin möchte, und ihr zuhören. Dabei muß er seine vorgefaßte Meinung darüber, was ein Mann tun sollte, vergessen. Wenn er ihre Bedürfnisse über die eigenen stellt, wird er nicht nur sie befriedigen, sondern auch sich selber.

Geteilte Lust

Um eine Frau zu befriedigen, sollten Sie sich zuerst selber beobachten, wie Sie sie liebkosen, dann sollten Sie versu-

chen, es noch besser zu machen. Sagen Sie ihr dabei so oft wie möglich, wie sehr Sie sie lieben. Überlegen Sie, wie Sie Ihre äußere Erscheinung und Ihre Verhaltensweisen optimieren können; versuchen Sie, sich so zu verhalten wie zu der Zeit, als Sie die ersten Male miteinander ausgegangen sind.

▲ Viele Männer begehen den Fehler, sich nur auf die erogenen Zonen der Frau zu konzentrieren. Dabei mögen es Frauen, wenn ihr ganzer Körper während des Vorspiels stimuliert wird.

Mein Freund gibt sich viel Mühe, mich im Bett zu befriedigen, aber ich habe immer noch Schwierigkeiten, einen Orgasmus zu bekommen. Meinen Sie, ich sollte ihm sagen, wie ich beim Masturbieren zum Orgasmus komme?

Um es kurz zu sagen: Ja. Miteinander darüber zu sprechen ist sehr wichtig. Wenn Sie also genau wissen, was Sie sexuell erregt und welche Körperregionen stimuliert werden müssen, damit Sie einen Orgasmus bekommen, so behalten Sie es nicht für sich.
Versuchen Sie, das Gespräch auf das Thema Masturbation zu bringen. Dann können Sie vielleicht mit ihm darüber reden. Vielleicht hat auch er Vorlieben, die Sie noch nicht kennen.

Erzählen und zuhören

Ein Mann kann eine Frau nur dann wirklich befriedigen, wenn er ihre individuellen sexuellen Bedürfnisse kennt. Wenn es ihr widerstrebt, ihre Bedürfnisse, Phantasien und Sehnsüchte zu äußern, dann versuchen Sie, ihr zärtlich zuzureden.

Küssen und streicheln Sie sie, bis sie körperlich erregt und entspannt ist. Eine erotische Massage wirkt oft wahre Wunder, aber auch etwas Alkohol, ein erotisches Buch oder ein anregender Film können eine erotische Offenbarung auslösen.

Natürlich sollte sich nicht nur die Frau so aufgeschlossen äußern – beide Partner sollten offen miteinander sein. Die Person, die ihre Bedürfnisse offenlegt, sollte ernstgenommen und wegen ihrer Äußerungen nicht verurteilt oder verdammt werden. Beide sollten ganz ehrlich sein. Möchte einer der Partner seine Phantasien nicht preisgeben, sollte der andere nichts erzwingen.

Da eine Frau ihre Vorlieben kennt, ist es natürlich am besten, wenn sie darüber spricht. Doch selbst mit äußerster Sensibilität können viele Männer ihre Frauen nicht dazu bewegen, ihre sexuellen Vorlieben zu enthüllen.

▼ Miteinander reden ist der Schlüssel zu gutem Sex – Paare, die offen über Bedürfnisse sprechen, können einander helfen, die Vorlieben des anderen kennenzulernen.

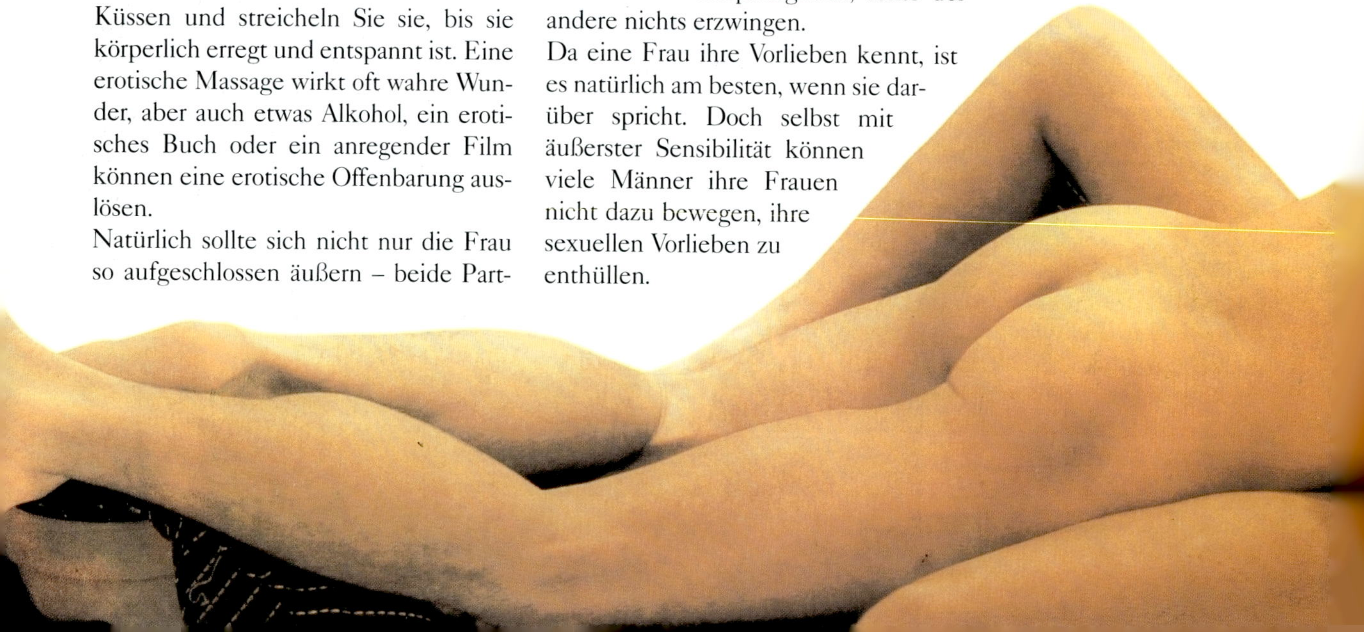

Vielleicht glauben Männer und Frauen immer noch, daß ein Mann instinktiv weiß, was eine Frau möchte.
Das setzt den Mann unter Druck; einige Frauen sind immer noch so überzeugt davon, daß sie verärgert sind, wenn ihr Partner nicht – wie durch Telepathie – weiß, was sie sich wünschen.
Kann Ihre Partnerin Ihnen nicht sagen, was sie am meisten befriedigt, oder will sie es Ihnen nicht sagen, dann müssen Sie selber lernen, was Frauen mögen.

▲ ***Ein Kissen unter den Hüften der Frau hebt die Vagina so, daß der Partner einfacher eindringt. Wenn er sich auf Hände und Knie stützt, kann er den Rhythmus besser kontrollieren und dabei ihre Klitoris stimulieren.***

Richtlinien für die Lust

Obwohl die folgenden Ratschläge alle aus Untersuchungen hervorgegangen sind, muß das, was die eine Frau befriedigt, nicht unbedingt auch eine andere befriedigen. Lassen Sie sich also von Ihrer Partnerin leiten.

- Verbringen Sie viel Zeit mit dem Vorspiel. Die meisten Frauen genießen es sehr, zu kuscheln und zu küssen; sie brauchen das Gefühl, geliebt zu werden, damit sie Sex genießen können.
- Ziehen Sie sie langsam aus, und machen Sie dabei Komplimente über ihren Körper.

Duschen oder baden Sie zusammen, wenn sie das erregt. Waschen Sie unbedingt Ihre eigenen Genitalien.

- Dimmen Sie das Licht, aber löschen Sie es nicht: Es ist erregend, wenn man den Körper des anderen sehen kann.
- Sprechen Sie mit ihr. Sagen Sie ihr, wie sehr Sie sie lieben und wie sexy ihr Körper ist. Seien Sie zärtlich und liebevoll.

Das Vorspiel beginnen

Nehmen Sie sich Zeit, und berühren Sie ihre Sexualorgane nicht, bevor sie dazu bereit ist. Da Frauen grundsätzlich länger brauchen als Männer, um erregt zu werden, sollte das Vorspiel zunächst zärtlich und langsam sein.
Da Frauen sexuell sehr unterschiedlich sind, müssen Sie die Wünsche Ihrer Partnerin genau kennen.

- Beobachten Sie sie, und hören Sie genau zu. Für einen sensiblen Menschen gibt es genug Signale: das leiseste, lustvolle Stöhnen, die Veränderungen ihres Körpers, ein Lächeln, die Bereitschaft, ihre Beine zu öffnen.
- Küssen und streicheln Sie die Körperregionen, die am weitesten von ihren Brüsten und Genitalien entfernt sind; arbeiten Sie sich

Meine Frau hat einige ziemlich seltsame Vorstellungen. Es ist leicht zu sagen, daß ich einfach tun sollte, was sie möchte, doch offen gesagt, ist das nicht so einfach für mich, weil es gegen meine Erziehung verstößt. Können Sie mir helfen?

Das erste ist, daß die Vorstellungen Ihrer Frau vielleicht gar nicht so seltsam sind, wie Sie glauben. Die meisten von uns haben sehr begrenzte sexuelle Erfahrungen, und man hat schnell das Gefühl, daß etwas irgendwie sexuell pervers ist, nur weil es uns nicht vertraut ist. Vielleicht sind Sie sexuell sehr gehemmt, und die völlig normalen Bedürfnisse Ihrer Frau würden in einer anderen Ehe nicht einmal dazu führen, daß der Partner verwundert ist.

nach einigen Minuten bis zu diesen vor. Streicheln Sie die sensibelsten Stellen, und konzentrieren Sie sich ganz darauf. Die Füße, Ohrläppchen, Kniekehlen, Schultern und die Innenseite der Oberschenkel sind bei vielen Frauen sehr sensibel.

- Wenden Sie sich ihren erotischeren Regionen zu, wie ihrem Mund und ihrem Gesäß.
- Küssen Sie jetzt zärtlich ihre Brüste. Einige Frauen beklagen sich darüber, daß ihre Männer sich zu schnell und zu heftig ihren Brüsten zuwenden.
- Mittlerweile sollte sie sehr erregt sein, und Sie können sich jetzt ihrer Klitoris zuwenden. Benutzen Sie Vaginalflüssigkeit oder Speichel, um die ganze Region anzufeuchten. Lassen Sie sich wieder davon leiten, was sie am liebsten mag.
- Die meisten Frauen genießen es, einen oder zwei Finger in ihre Vagina einzuführen, während sie masturbieren. Wenn sie das mag, dann wählen Sie eine Stellung, in der Sie Ihre Finger in ihre Vagina einführen und gleichzeitig ihre Klitoris stimulieren können.
- Wenn sie möchte, bringen Sie sie dann zum Höhepunkt.

VARIATIONEN

Sie können sehr viel über die sexuellen Vorlieben Ihrer Partnerin lernen, wenn Sie sie beim Masturbieren beobachten. Wenn sie zu gehemmt dazu ist, finden Sie hier einige Tips für Variationen, die viele Frauen sehr genießen.

- Verwenden Sie, wenn sie mag, einen Vibrator in ihrer Vagina oder an ihrer Klitoris.
- Verwenden Sie einen Vibrator in ihrer Vagina, während sie ihre Klitoris streichelt.
- Verwenden Sie einen Vibrator an ihrem Anus, während Sie Ihre Finger in ihre Vagina stecken und ihre Klitoris mit der Zunge liebkosen.

> *„Es gibt nichts Unerotischeres, als mit einem Mann zu schlafen, der es eilig hat. Sex ist eine der lustvollsten Erfahrungen. Warum sollte man sich dafür keine Zeit nehmen?"*

▲ ***Manche Frauen mögen es, wenn ihre Brüste überall geleckt werden; andere ziehen es vor, wenn ihr Partner sich auf die Brustwarzen konzentriert.***

- Stimulieren Sie ihren Anus mit der Fingerspitze.
- Führen Sie mehrere Finger in ihre Vagina ein; machen Sie das, was sie am liebsten mag.
- Vielleicht mag es Ihre Partnerin, wenn Sie mit ihrem Gebärmutterhals spielen; dieser fühlt sich wie ein Knopf oder wie eine Nasenspitze an und sitzt tief in der Vagina. Oder es erregt sie, wenn Sie die Vorderwand ihrer Vagina stimulieren. Dies ist die G-Punkt-Region, deren Stimulierung einige Frauen sogar ohne Klitorisstimulierung zum Orgasmus führen kann.
- Verwöhnen Sie sie mit aufregenden Sexspielen, wie etwa Verkleiden oder Rollenspielen.

Will ein Mann seine Partnerin beim Geschlechtsverkehr zum Orgasmus bringen, sollte er seine Reaktionen ihrem Rhythmus entsprechend verlangsamen.

Geschlechtsverkehr

- Überstürzen Sie nichts, sonst kommen Sie zu früh. Auch wenn die meisten Männer und Frauen es nicht glauben werden, reichen kräftige Stoßbewegungen allein bei den meisten Frauen nicht aus, um sie zum Orgasmus zu bringen.
- Bei einigen Missionarsstellungen kann der Mann mit seiner Schambeinregion an der Klitoris reiben und die Frau so zum Orgasmus bringen. Sie können auch fortfahren, ihre Klitoris mit den Fingern zu stimulieren. Manche Frauen machen das lieber selber.
- Seien Sie verständnisvoll und offen für das, was sie sagt und tut. Vergessen Sie nicht, daß ihre Lust auch die Ihre ist.
- Kuscheln Sie mit ihr. Oft klagen Frauen, daß der Mann sich nach dem Geschlechtsverkehr umdreht oder sogar einschläft. Halten Sie sie fest, und genießen Sie gemeinsam Ihre Gefühle. ❤

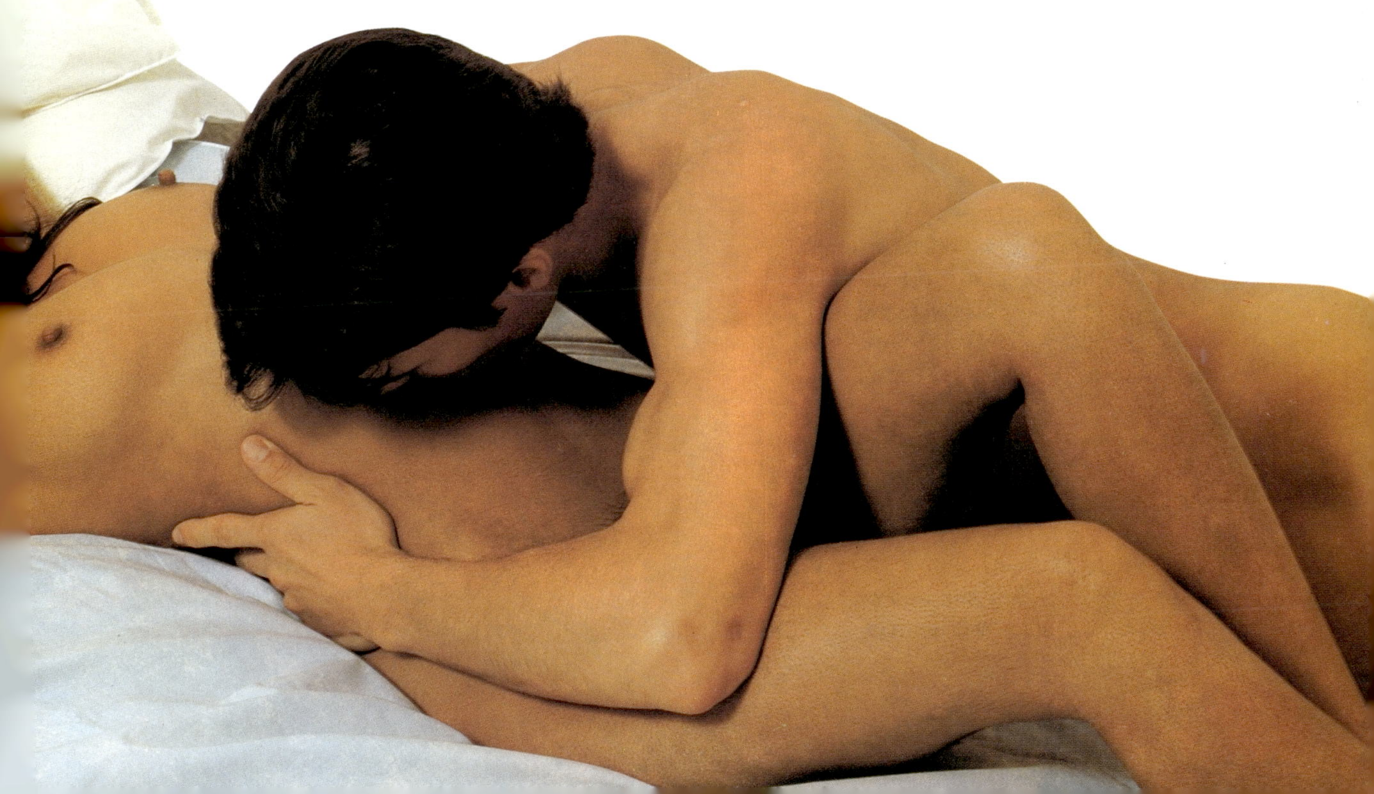

▼ ***Viele Regionen des weiblichen Körpers sind erogen, und eine Frau kann durch ein sensibles Vorspiel und einen ausgedehnten Geschlechtsverkehr einen oder auch mehrere Orgasmen bekommen.***

Erotikübungen

Daß man lernt, Lust zu geben und zu empfangen, ist wichtig für eine liebevolle erotische Beziehung. Zum Glück kann man sich das Erlernte leicht merken.

Wenn wir einander Lust bereiten, konzentrieren wir uns auf die Empfindungen – die physischen und die emotionalen –, die entstehen, wenn jeder zärtlich den Körper des anderen streichelt. Dies wird auch von vielen Sextherapeuten als Methode genutzt, um die Unfähigkeit zu bekämpfen, sexuell zu reagieren.
Wenn Sie sexuelle Probleme aufgrund eines Mangels an Lust haben, ist die folgende Übungsmethode sehr gut für Sie. Sehr nützlich sind diese Übungen, wenn sie unter der Anleitung eines erfahrenen Therapeuten durchgeführt werden. Paare mit sexuellen Problemen sind nicht die einzigen, die davon profitieren können; wir alle können es. Die Übungen machen Spaß, und die meisten Paare werden sie genießen, egal, ob sie Probleme haben oder nicht. Es kann völlig überraschende Auswirkungen haben, aus mittelmäßigem Sex guten Sex machen und großartigen Sex sogar noch steigern.

Was Sie tun müssen

Jemandem Lust zu bereiten, indem Sie seinen Körper liebkosen, muß nicht unbedingt sexuell sein. Sie sollten während der Übungen keinen Geschlechtsverkehr haben. Es könnte mehrere Wochen dauern, doch das Warten wird Ihnen beiden guttun. Sie müssen Ihre Fähigkeit trainieren, Lust zu geben und zu empfangen.

Erstes Stadium

Führen Sie diese Übungen mindestens zwei Wochen lang dreimal wöchentlich durch. In diesem Stadium sollten Sie überhaupt keinen Genitalkontakt haben. So werden Sie keinerlei Druck verspüren. Sie müssen nichts leisten, sondern dürfen etwas erleben. Sie können nicht versagen, weil Sie nicht erfolgreich sein müssen.
Beide Partner sollten nackt sein. Sie sollten sich beide so entspannt wie möglich fühlen – vielleicht hilft

▼ ***Lust zu bereiten und zu empfangen beinhaltet, daß Sie langsam vorgehen und wieder neu lernen, wie Sie ihm die meiste Lust bereiten.***

Fotos: Rosie Gunn

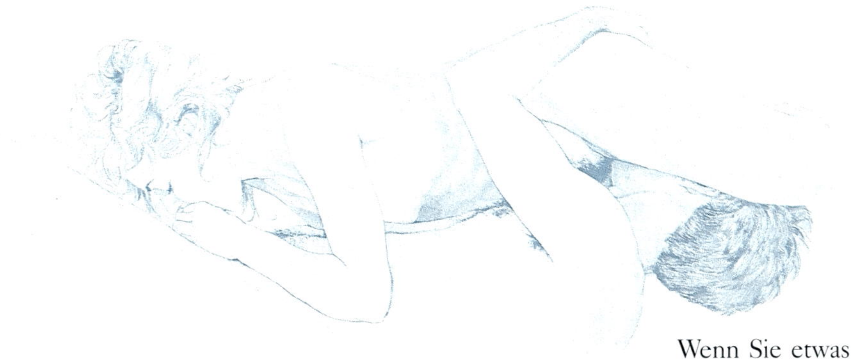

◀ ***In dieser Stellung, meist 69 genannt, können Sie einen simultanen Orgasmus erlangen. Sie können sie ausprobieren, nachdem Sie Ihre Erotikübungen abgeschlossen haben.***

es, wenn Sie vorher zusammen baden. Nehmen Sie sich viel Zeit, und stellen Sie sicher, daß Sie nicht gestört werden können. Stellen Sie das Telefon leise, und denken Sie daran, Ihre Katze rauszulassen, sonst möchte sie vielleicht mitmachen! Achten Sie darauf, daß Sie es warm und bequem haben.

Seien Sie abwechselnd der aktive und der passive Partner. Wechseln Sie die Rollen, damit die Person, die zuerst die lustspendende war, beim nächsten Mal zuerst Lust empfangen kann. Der aktive Partner sollte seine Hände mit Körperlotion oder Öl anfeuchten. Wenn einer von Ihnen angespannt ist oder sich unwohl fühlt, sollte er den anderen bitten, eine Pause einzulegen und erst fortzufahren, wenn er wieder entspannt ist. Wenn jemand besonders erregt wird und mehr möchte, mag er vielleicht frustriert sein; doch Sie sollten es in diesem Stadium trotzdem vermeiden, Sex zu haben. Falls Sie extrem frustriert sind, können Sie sich immer noch selber durch Masturbation zum Orgasmus bringen.

1. Am Anfang sollte Ihr Partner auf dem Bauch liegen. Sie können entweder neben ihm knien oder rittlings auf ihm sitzen – je nachdem, was bequemer für Sie ist. Streicheln und massieren Sie zärtlich seinen ganzen Körper, und arbeiten Sie sich langsam vom Kopf bis zu den Füßen vor. Sie können mit Ihren Händen alles machen, was Sie möchten. Wenn Sie etwas tun, was er nicht mag, kann er Ihnen dies zeigen, indem er zärtlich Ihre Hand wegnimmt. Führen Sie diese Massage mindestens zehn Minuten lang durch.

2. Wechseln Sie die Positionen. Nun sind Sie an der Reihe, sich zu entspannen und zu genießen. Lassen Sie sich so sehr gehen wie möglich, und versuchen Sie, jede Berührung Ihres Partners ganz intensiv wahrzunehmen. Machen Sie dies mindestens zehn Minuten lang.

3. Wechseln Sie die Position, so daß Ihr Partner auf dem Rücken liegt, während

▼ ***Wenn Sie sich ein Sex-Verbot auferlegen, werden Sie das Küssen unwiderstehlich finden. Jede Art von intimem Kontakt wird stark intensiviert.***

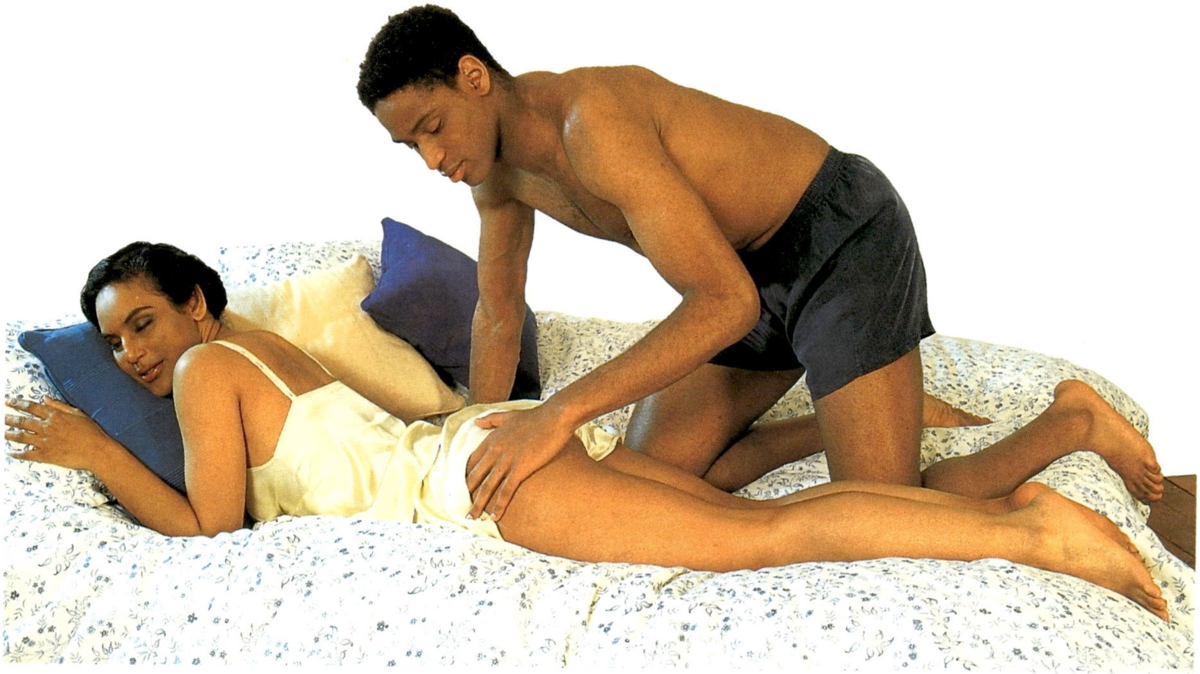

Sie seinen Körper und sein Gesicht massieren. Berühren Sie seine Genitalien nicht. Machen Sie dies mindestens zehn Minuten lang.

4. Wechseln Sie abermals die Position, so daß Sie auf dem Rücken liegen und Ihr Partner Ihr Gesicht und Ihren Körper streichelt. Er darf dabei weder Ihre Brüste noch Ihre Genitalien berühren. Machen Sie das mindestens zehn Minuten lang.

▲ ***Wenn Sie einander am ganzen Körper massieren und streicheln, können Sie sich beide auf die Wünsche des anderen einstellen.***

▼ ***Lust spenden und empfangen bedeutet, sich Zeit zu nehmen und jede Körperregion des Partners zu berühren.***

Zweites Stadium

Wenn Sie die Übungen des ersten Stadiums mindestens zwei Wochen lang durchgeführt haben, können Sie nun zum zweiten Stadium fortschreiten. Führen Sie diese Übungen mindestens zwei Wochen lang dreimal wöchentlich durch. In diesem Stadium sollte man mehr Lust empfangen als Lust spenden. Der passive Partner sollte dem anderen signalisieren, was er besonders lustvoll findet. Geschlechtsverkehr oder das Berühren der Genitalien sind immer noch verboten.

1. Ihr Partner sollte auf dem Bauch liegen, während Sie ihm so wie im ersten Stadium Lust bereiten. Doch diesmal sollte er Ihnen mitteilen, was er besonders genießt und was sich für ihn am schönsten anfühlt. Er sollte Sie nicht nur wissen lassen, wo er gerne berührt wird, sondern auch, wie fest oder zart er gerne berührt werden möchte. Sie dürfen ihn auch küssen, wo immer Sie möchten, nur nicht auf die Genitalien. Und er sollte Sie wissen lassen, was ihn am stärk-

Sollte ich einen Orgasmus bekommen oder nicht, wenn mein Partner und ich die Erotikübungen durchführen?

Ein Orgasmus ist nicht das Ziel der Erotikübungen. Falls beide Partner dies aber möchten, ist es völlig in Ordnung, wenn der aktive Partner den anderen am Ende der Übung zum Orgasmus bringt. Vergessen Sie jedoch nicht, daß der Orgasmus bei diesen Übungen nicht im Zentrum stehen sollte.

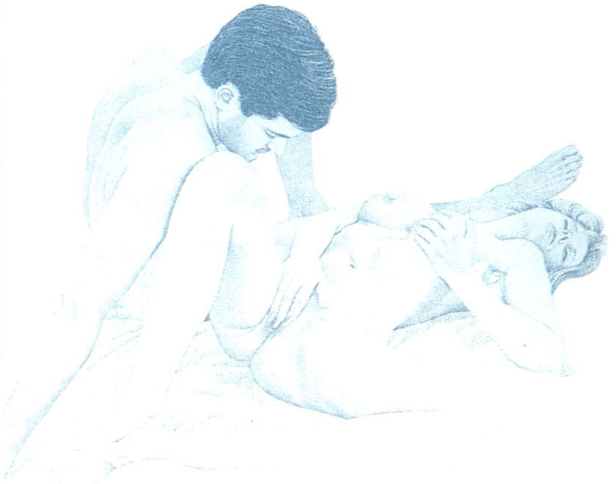

sten erregt. Machen Sie dies mindestens zehn Minuten lang.

2. Wechseln Sie die Positionen, und legen Sie sich auf den Bauch, während Ihr Partner Ihnen Lust bereitet. Sie sollten ihm signalisieren, was sich bei Ihnen besonders gut anfühlt. Konzentrieren Sie sich ganz auf Ihre Empfindungen, und teilen Sie diese Ihrem Partner mit. Machen Sie dies wieder mindestens zehn Minuten lang.

3. Wechseln Sie die Positionen, so daß Ihr Partner nun auf dem Rücken liegt, während Sie seinen Körper und sein Gesicht streicheln. Er sollte Ihnen seine Vorlieben mitteilen und Ihnen genau sagen, wie sich jede Berührung anfühlt. Berühren Sie nicht seine Genitalien. Fahren Sie damit mindestens zehn Minuten lang fort.

4. Wechseln Sie erneut die Positionen, so daß Sie auf dem Rücken liegen, während Ihr Partner Ihnen Lust bereitet. Lassen Sie ihn wissen, wo Sie berührt werden möchten und welche Berührung Sie am meisten genießen. Machen Sie dies mindestens zehn Minuten lang.

5. Wenn Sie das Ende dieser Phase erreicht haben, sprechen Sie miteinander darüber, was Sie am liebsten mochten.

▶ Bei genitalen Erotikübungen können beide Partner geben und empfangen; sie geben ihnen die Chance, über ihre Wünsche und Bedürfnisse zu sprechen.

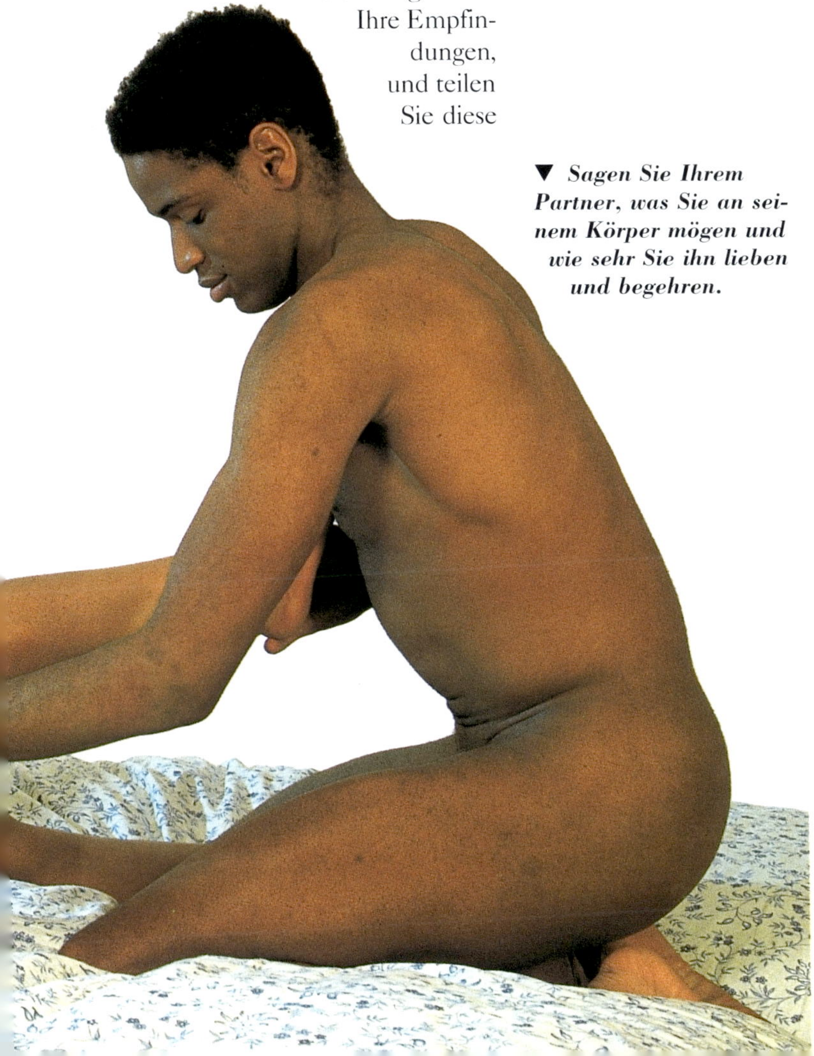

▼ Sagen Sie Ihrem Partner, was Sie an seinem Körper mögen und wie sehr Sie ihn lieben und begehren.

Drittes Stadium

Erregen Sie sich abwechselnd, indem Sie Ihre Genitalien berühren. Sie sollten auch diesmal keinen Geschlechtsverkehr haben und einander nicht zum Orgasmus bringen. Wenn Ihr Partner zu sehr erregt ist und kurz vor dem Orgasmus steht, dann verwöhnen Sie eine andere Körperregion. So können Sie Ihren Partner während einer Übung mehrmals bis kurz vor den Orgasmus bringen. Wenn einer von Ihnen sich irgendwann zu nervös oder angespannt fühlt, sollte er das dem anderen mitteilen, damit Sie einen Moment Pause machen können. Kehren Sie erst dann wieder zu dieser Stelle zurück, wenn Sie sich beide wieder entspannt fühlen.

1. Legen Sie sich auf den Rücken, damit Ihr Partner Ihren ganzen Körper streicheln kann, auch Ihre Brüste und Ihre Brustwarzen. Er sollte über Ihren Bauch und über Ihre Oberschenkel streicheln.
2. Dann sollte er sich Ihrem Genitalbereich zuwenden. Er kann damit beginnen, indem er mit seinen Fingern über Ihre Schamhaare fährt, sich dann auf Ihren Vaginaleingang konzentriert und zunächst leicht und dann fester darüber streicht. Er sollte außerdem über Ihren Damm (zwischen Vagina und Anus) streichen.
3. An diesem Punkt sollte er beginnen, sich auf Ihre Klitoris zu konzentrieren, das Hauptzentrum Ihrer Sexualität und sicherlich die empfindlichste Region einer Frau. Ein geeignetes Gleitmittel wird ihm helfen, die Klitoris zärtlich zu stimulieren.
4. Wechseln Sie die Positionen, so daß nun Ihr Partner auf dem Rücken liegt. Streicheln Sie so zärtlich wie möglich über seinen Brustkorb, die Brustwarzen, den Bauch und die Innenseite seiner Oberschenkel. Fahren Sie mit Ihren Fingern durch sein Schamhaar.
5. Wenden Sie sich jetzt seinen Hoden zu; streicheln Sie leicht darüber, und pressen Sie sie zärtlich zusammen.
6. Nun können Sie anfangen, seinen Penis zu berühren – das Zentrum der männlichen Sexualität. Fahren Sie mit Ihren Fingern daran auf und ab; erforschen Sie ihn zärtlich, um die empfindlichsten Stellen herauszufinden. Bei den meisten

▲ Oralsex bekommt eine ganz neue Bedeutung, wenn er bis zum Orgasmus führen soll.

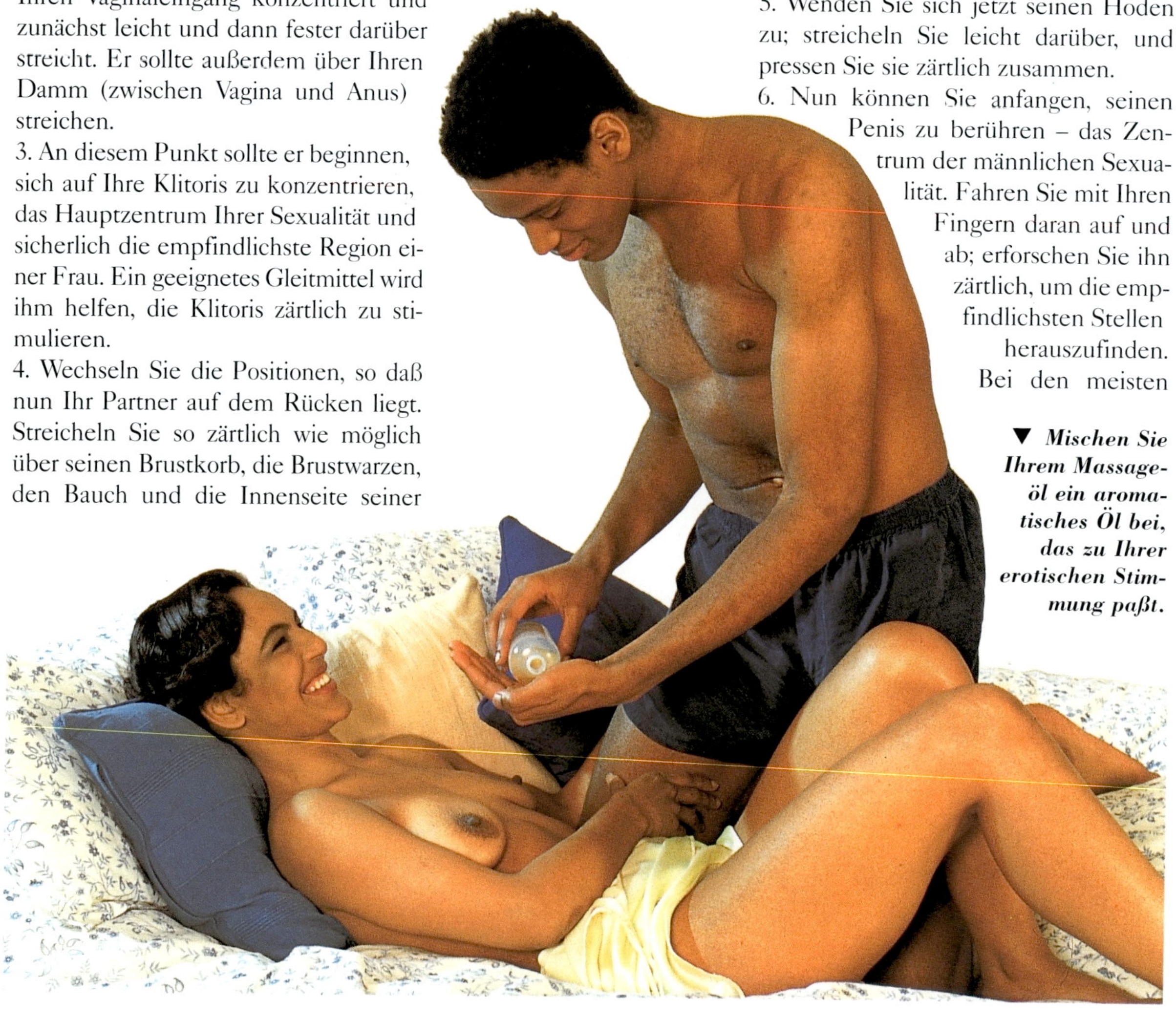

▼ Mischen Sie Ihrem Massageöl ein aromatisches Öl bei, das zu Ihrer erotischen Stimmung paßt.

Männern sind dies die Eichel und das Frenulum (Vorhautbändchen). Stimulieren Sie seinen Penis, bis er eine starke Erektion bekommt. Nehmen Sie Ihre Hände weg, und lassen Sie seine Erektion abklingen. Wenn Sie ihn erneut stimulieren, wird sie schnell zurückkehren.

7. Wechseln Sie die Positionen, und führen Sie die Finger Ihres Partners, während er Ihre Klitoris stimuliert.

8. Wechseln Sie wieder die Positionen, und lassen Sie Ihren Partner Ihre Hand führen, während Sie seinen Penis stimulieren. Er sollte Ihnen genau zeigen, wie er gerne erregt werden möchte, welchen Druck und Rhythmus er liebt. Je genauer er Ihnen seine Wünsche mitteilt, um so einfacher wird es für Sie.

Diese Erotikübungen ermöglichen es beiden Partnern, zu der lange vergessenen Phase des Pettings und des sexuellen Werbens zurückzukehren. Man wird schnell träge, wenn man in einer langjährigen Beziehung lebt. Außerdem vergißt man leicht, weiterhin miteinander zu kommunizieren, und dieser Mangel an Kommunikation wird bei Problemen offensichtlich. Die Erotikübungen geben Ihnen die Chance, Ihr Sexleben wieder aufzufrischen. ❤

EIN ERFAHRUNGSBERICHT

JANE: „Es war einfach wundervoll, als er jeden kleinsten Winkel meines Körpers streichelte. Ich musste überhaupt nichts tun. Ich habe mich einfach zurückgelegt, die Augen geschlossen und dabei jede Minute genossen. Ausserdem hatte auch ich mich vorher noch nie so intensiv auf den Körper eines anderen Menschen konzentriert – auf jeden Millimeter. Es ist toll zu wissen, was für phantastische Lust du einem anderen bereiten kannst. Vor allem ist es etwas Wunderbares, wenn er dir sagt, wie sehr er es geniesst. Es ist so eine liebevolle, selbstlose Sache. Man sollte dies unbedingt öfter machen.“

ALAN: „Sex war bei uns nie richtig ein Problem. Es war immer schön, aber seitdem wir diese Erotikübungen gemacht haben, ist es grossartig. Sie konfrontieren dich ganz intensiv mit den Gefühlen, die du für den Körper des anderen hast, und damit, wie du zu deinem eigenen Körper stehst.“

▼ ***Die Erotikübungen gehören nicht zu dem, was Sie einmal machen und dann wieder vergessen sollten.***

DAS NACHSPIEL

Manche Paare lieben es, nach dem Sex Arm in Arm einzuschlafen, doch für andere ist ein zärtliches Nachspiel der perfekte Abschluß.

▼ ***Sich nach dem Sex zärtlich zu küssen, kann die enge Verbindung eines Paares noch verstärken.***

Die klassische Vorstellung von einem Nachspiel, bei dem das Paar über Schöngeistiges oder ähnliches spricht, kommt nur wenigen von uns entgegen. Für die meisten besteht es eher aus anderen Aktivitäten: miteinander reden, kuscheln oder sich erneut stimulieren.

Nachspiel und Vorspiel

Da der Geschlechtsverkehr eine intime Erfahrung ist, die ein anteilnehmendes und liebevolles Verhalten voraussetzt, verwundert es nicht, daß viele Paare sich nach dem Sex einander besonders nah fühlen. Doch gleichzeitig ist die Erwartung naiv, daß ein normales Paar, das vielleicht hundert- oder sogar tausendmal miteinander geschlafen hat, nach jedem Sex miteinander turtelt.

Da das Vorspiel uns erregt und auf das einstimmt, was vor uns liegt, ist es für die meisten Paaren wichtiger und wertvoller als das Nachspiel. Die Einstimmung und die Vorfreude sind auch beim Sex oft genauso schön wie die Sache selber. Beim Nachspiel wird man nicht mehr in derselben Erregung schwelgen und nicht denselben Schwung besitzen wie beim Vorspiel. Dies trifft besonders auf Männer zu, die meist ihre sexuelle Erregung schneller aufbauen und auflösen können als Frauen.

DIE ANGST DANACH

Viele Frauen können entweder immer oder häufig keinen Orgasmus beim Sex bekommen. Einige haben das Gefühl, daß es irgendwie aggressiv oder falsch ist, ihrem Partner zu sagen, was genau sie wo und für wie lange mögen.

Obwohl manche Frauen unterschiedlich mit der daraus entstehenden Frustration zurechtkommen, würden ihre Partner sie gerne oral oder manuell zum Orgasmus bringen; es würde sie vielleicht auch selber wieder stimulieren, wenn sie ihre Frustration geradeheraus mitteilen würden. Es muß einen Mann nicht verletzen, wenn die Frau ihm sagt, daß er

> *„ICH HATTE DIE HALTUNG MEINES FREUNDES ZUM SEX SATT, DIE SICH MIT EINEM ‚DANKE SCHÖN – AUF WIEDERSEHEN' ZUSAMMENFASSEN LÄSST! SCHLIESSLICH SAGTE ICH IHM, WAS ICH WOLLTE. ABER ES WAR FAST SO, ALS HÄTTE ER NUR DARAUF GEWARTET, UND PLÖTZLICH ZEIGTE ER MIR SEIN SENSIBLES UND EROTISCHES SELBST."*

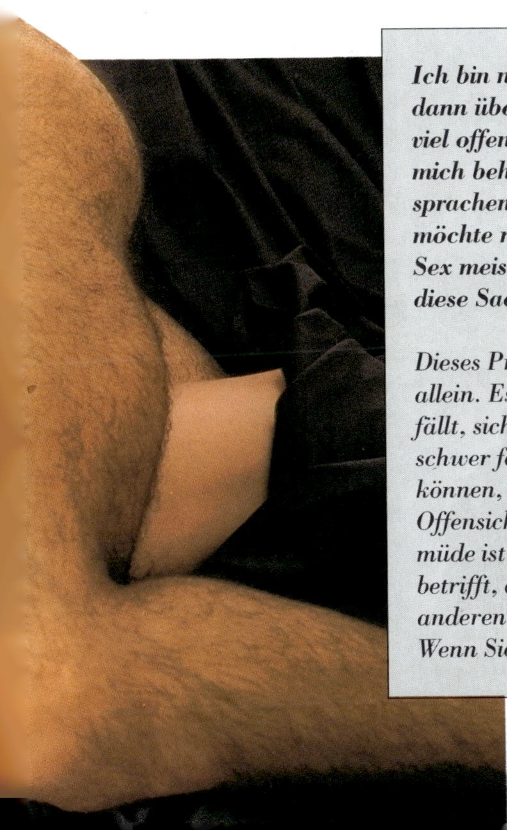

Ich bin nach dem Sex immer sehr aufgedreht und ungehemmt. Ich möchte dann über alles mögliche reden, weil ich plötzlich das Gefühl habe, alles viel offener aussprechen zu können; all die Dinge, die ich normalerweise für mich behalte, strömen mühelos aus mir heraus. Mein letzter Freund und ich sprachen nach dem Sex stundenlang miteinander, aber mein jetziger Freund möchte nach einem Orgasmus immer nur schlafen. Jetzt liege ich nach dem Sex meist wach und fühle mich einsam. Wie kann ich ihm klarmachen, daß diese Sache für mich sehr bedeutend ist?

Dieses Problem haben viele Frauen. Fassen Sie also Mut, denn Sie sind nicht allein. Es ist eine schwierige Situation, denn genauso wie es Ihnen nicht leichtfällt, sich zu ändern und ihm in dieser Sache entgegenzukommen, genauso schwer fällt es ihm, Sie zufriedenzustellen. Das beste, was Sie erreichen können, ist ein Kompromiß.

Offensichtlich schlafen Sie immer spät abends miteinander, wenn er meist müde ist. Sich dann zur Seite zu drehen und einzuschlafen scheint, was ihn betrifft, das natürlichste zu sein. Warum versuchen Sie nicht, zu einem anderen Zeitpunkt miteinander Sex zu haben – und nicht unbedingt im Bett. Wenn Sie Ihre Gewohnheiten ändern, könnte das Problem gelöst werden.

▲ ***Wenn Sie sich nach dem Nachspiel in den Armen liegen und wieder in Stimmung geraten, können Sie einander langsam stimulieren.***

allein mit seinem Penis keinen Orgasmus bei ihr auslöst. Die Frau sollte ihn an ihrem intimsten Sexleben teilhaben lassen.

Auch viele Männer haben Ängste, die sie vielleicht zu verbergen versuchen, indem sie den Sex so schnell wie möglich hinter sich bringen. Einige Männer drehen sich nach dem Sex zur Seite, anstatt diese Augenblicke auszukosten. Es ist ein armseliges Verhaltensmuster, wo doch immer so viel von der Freude am Sex gesprochen wird.

Entspannen und geniessen

Wenn der Sex lustvoll oder besonders befriedigend war, genießen es die meisten Menschen, sich hinterher gemeinsam zu entspannen – indem sie einen Drink nehmen, Musik hören, erzählen oder kuscheln. Hierbei entspannt sich ein Paar und läßt das sexuelle Erlebnis noch etwas nachklingen

Es muß nicht allzusehr ausgedehnt werden und sollte sich nicht zur bloßen Formsache entwickeln. Wofür Sie sich entscheiden, hängt von der Tageszeit, der Stimmung und der Situation ab, in der Sie Sex haben.

Einen Mann erneut stimulieren

Vor allem jüngere Männer möchten mehrmals hintereinander Geschlechtsverkehr haben. Hier sind einige Tips, wie Sie Ihren Partner ein zweites Mal stimulieren:

- Oralsex ist die beste und sicherste Art, einen Mann anschliessend noch einmal zur Erektion zu bringen. Wenn Sie immer noch erregt, aber unbefriedigt sind, haben Sie vielleicht besonders viel Lust auf Fellatio, damit er sich Ihnen noch einmal zuwendet. Seien Sie zärtlich, besonders, wenn er gerade einen Orgasmus hatte – gönnen Sie ihm erst ein paar Minuten Ruhe. Schmusen Sie mit ihm, und regen Sie ihn mit Ihrem Körper an. Wenn er erste Anzeichen von Erregung zeigt, dann liebkosen Sie seinen Penis einige Zeit mit dem Mund und den Lippen – und der Mann kann bald wieder Sex haben.
- Die meisten Männer benötigen beim zweiten Mal eine stärkere Anregung. Sie sollten also das versuchen, von dem Sie wissen, daß er es mag. Wenn Sie sich in seiner Gegenwart selber stimulieren, kann das Wunder wirken. Und wenn Sie ihn oral oder anal aufreizen, mit obszönen Wörtern, einem erotischen Buch, Magazin oder Video, werden Sie Ihr Ziel erreichen.
- Einige Paare setzen als Anregung für das zweite Mal ihr Lieblingssexspiel ein; nahezu allem, was sie normalerweise als schwierig oder beängstigend empfinden, können sich selbst schüchterne, gehemmte Paare voller Lust hingeben, nachdem sie durch die erste Runde Sex entspannt sind.

Meine Frau genießt es, wenn ich nach dem Sex mit ihr schmuse, und sie schläft gerne in meinen Armen ein, doch ich kann nicht einschlafen, wenn wir zu nah beieinander liegen. Wie kann ich dieses Problem lösen?

Nach dem Sex hat Ihre Frau offensichtlich zärtliche Gefühle Ihnen gegenüber und möchte Ihnen nah sein. Vielleicht hilft es Ihnen und stellt auch Ihre Partnerin zufrieden, wenn Sie sich etwas weiter weglegen, sie jedoch zärtlich streicheln, bis sie eingeschlafen ist.

Natürlich ist es nach dem Sex am frühen Morgen kaum möglich, noch lange zusammen im Bett zu liegen, denn die meisten Menschen müssen aufstehen, um sich um den Haushalt zu kümmern oder zur Arbeit zu gehen. Im Urlaub kann Sex am frühen Morgen dagegen viel länger ausgedehnt und genossen werden – vielleicht sogar als Vorspiel!

Ein entspannendes Nachspiel kann die intime Bindung eines Paares erheblich verstärken. Dies ist auch ein guter Zeitpunkt, um einander mit Komplimenten das Selbstbewußtsein zu stärken.

Sexuelle Befriedigung

Ein Paar sollte nach jedem sexuellen Erlebnis befriedigt, aber nicht übersättigt sein. Idealerweise sollten wir alle über das Erlebte so glücklich sein, daß wir dem nächsten Mal voller Vorfreude entgegensehen. Nette Komplimente sind dann zum einen ein Teil des Nachspiels und zum anderen das Vorspiel für das nächste Mal. Dabei spielt es keine Rolle, ob das in einer Stunde oder in einer Woche sein wird.

▲ ▼ Konzentrieren Sie sich nach dem Orgasmus auf andere Regionen als die Genitalien. Am Ohr Ihres Partners zu knabbern oder sanft mit Ihren Fingern über seine Brust zu fahren, wird ihn wunderbar entspannen – oder erregen.

Wir alle betrachten unsere Partner oft als etwas Selbstverständliches, doch ein paar Worte des Lobes oder des echten Dankes für ein phantastisches Erlebnis wirken in einer Beziehung Wunder, besonders wenn einer von beiden Minderwertigkeitsgefühle hat oder sexuell unsicher ist. Ein solches Lob wirkt sich während des Nachspiels ermutigend auf zukünftige sexuelle Aktivitäten aus: auf eine Frau, die das Gefühl hat, alt zu werden, oder in den Wechseljahren ist; oder auf einen Mann mit Sorgen über seine sexuellen Mängel. Man

EINE FRAU ERNEUT STIMULIEREN

LEIDER GELINGT ES MANCHER FRAU, DIE BEIM SEX EINEN ORGASMUS HATTE, UND IMMER NOCH ERREGT IST, NICHT, IHRE BEDÜRFNISSE ZU ÄUSSERN; MIT DEM ERGEBNIS, DASS SIE SICH UNAUSGEFÜLLT, NICHT GENUG BEACHTET ODER UM ETWAS BETROGEN FÜHLT. DOCH IHR MANN KANN KEINE GEDANKEN LESEN, UND DIE FRAU MUSS DIE DINGE AUSSPRECHEN UND IHN DAZU BRINGEN, SIE ANDERS ALS MIT SEINEM PENIS ERNEUT ZU STIMULIEREN. DER MANN WIRD DIE AUSSICHT DARAUF SICHER VIEL EHER ERREGEND ALS UNANGENEHM FINDEN. DABEI STEHEN IHM VIELE MÖGLICHKEITEN OFFEN.

- ORALE STIMULIERUNG KANN VIEL BEWIRKEN, VORAUSGESETZT, DER MANN HAT KEINE ABNEIGUNG DAGEGEN, DIE VULVA DER FRAU NACH DEM SEX ZU LECKEN UND ZU KÜSSEN.
- MANUELLE STIMULIERUNG, ENTWEDER DURCH DIE FRAU ODER DEN MANN, IST EINE ÜBLICHE ART, SICH WIEDER ANZUREGEN. SEHR ERREGEND KANN AUCH SEIN, WENN DER MANN IN SEINEM POSTKOITALEN ENTSPANNUNGSZUSTAND DIE BRÜSTE DER FRAU STREICHELT, KÜSST UND DARAN SAUGT, WÄHREND SIE MASTURBIERT.
- EINIGE FRAUEN LASSEN SICH GERNE MITTELS EINES VIBRATORS ODER DILDOS ERNEUT ANREGEN. DIES IST BESONDERS GUT FÜR FRAUEN, DIE EINEN VAGINALORGASMUS WÜNSCHEN, IHN ABER BEIM GESCHLECHTSVERKEHR NICHT ERREICHT HABEN. VIELEN FRAUEN ERSCHEINEN DIESE „KÜNSTLICHEN“ HILFSMITTEL JEDOCH ALS ZU WENIG SINNLICH UND ZU STERIL, VOR ALLEM, WENN SIE IN EINER ROMANTISCHEN STIMMUNG SIND.

sollte ein ruhiges Nachspiel haben, denn die meisten Menschen empfinden Sex als besonders entspannungsfördernd und mögen deshalb keine weitere physische Stimulierung. Manche empfinden dies sogar als ausgesprochen „abtörnend“ – es sei denn, daß sie während des Geschlechtsverkehrs nicht richtig befriedigt wurden. Lassen Sie besser Genitalien und weitere erogene Zonen nach dem Sex in Ruhe – wenn Sie nicht vorhaben, einander erneut zu stimulieren.

NOCH EINMAL MIT GEFÜHL

Für manche Paare endet ein erotisches Erlebnis nicht unbedingt mit dem Geschlechtsverkehr. Sie möchten einander erneut stimulieren oder die Frau zu einem befriedigenden Orgasmus führen. So mancher Mann bemerkt, daß er selber wieder erregt wird, wenn er seine Partnerin aufreizt, und ehe er sich ver-

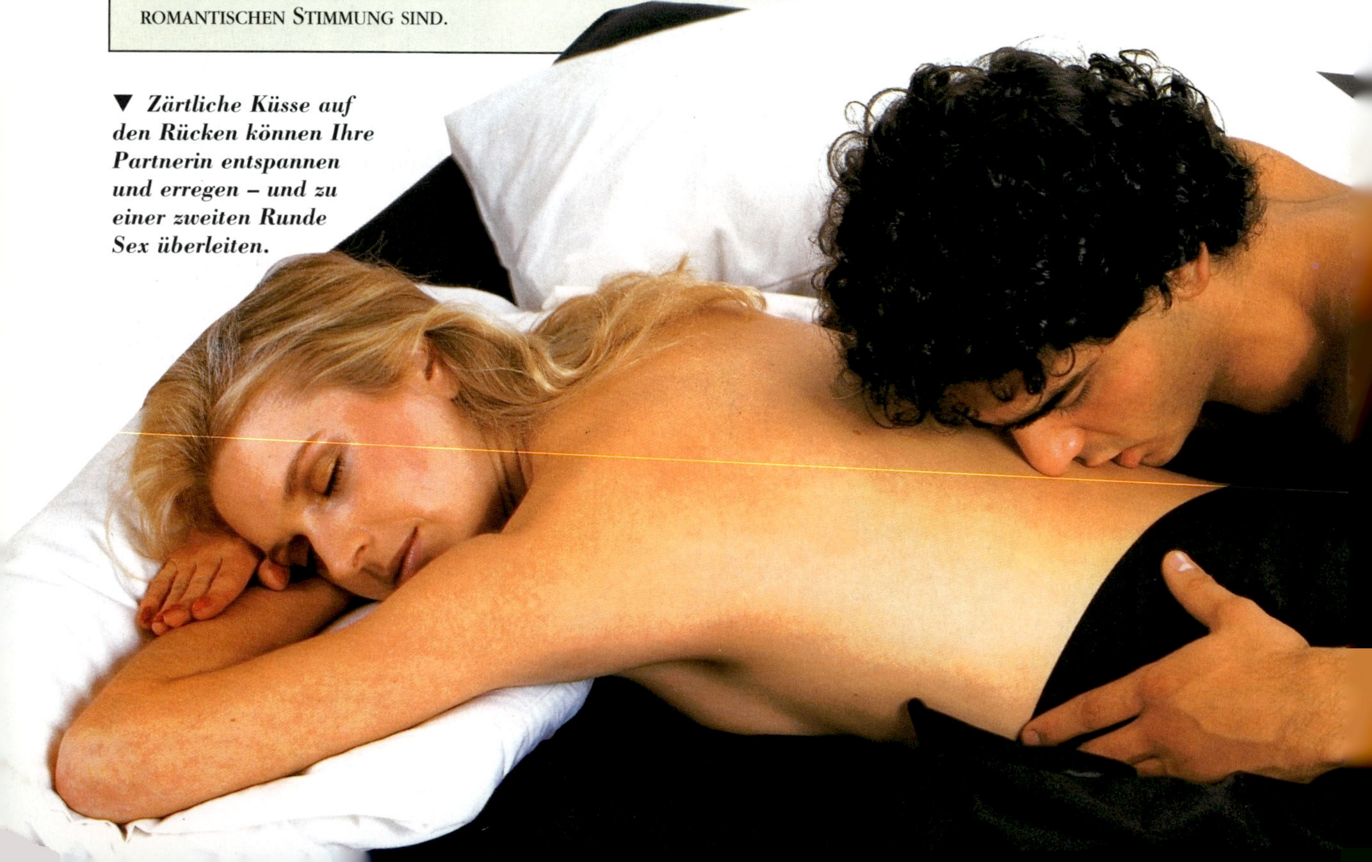

▼ ***Zärtliche Küsse auf den Rücken können Ihre Partnerin entspannen und erregen – und zu einer zweiten Runde Sex überleiten.***

▲ ***Wenn Sie sein Gesäß und die Region im unteren Bereich seines Rückgrats streicheln, können Sie ihn zärtlich erregen, und er wird bald wieder Lust auf Sex haben.***

sieht, hat er schon wieder Sex. Einige Frauen betrachten sogar die erste Runde Sex als eine Art Vorspiel. Sie haben schnellen, vielleicht sogar stürmischen Sex mit ihrem Partner und beginnen dann mit dem eigentlichen Vorspiel, in der Absicht, beide Male einen Orgasmus zu bekommen. Dies ist eine gute Möglichkeit, wenn der Mann oft zu schnell zum Orgasmus kommt. Sie haben zunächst Sex miteinander, damit der Mann anschließend nicht mehr zu erregt ist. Dann widmet er sich ihr und bringt sie zum Orgasmus und bekommt dabei wieder eine Erektion. Dieses Prinzip kann auch bei einem Mann, der nicht zu schnell zum Orgasmus kommt, sehr gut funktionieren.

Die goldene Regel für diese Art der „Wiederbelebung" lautet, genau das zu tun, was die Frau am meisten genießt. Dies sollte am einfachsten sein, wenn der Mann schon einen Orgasmus hatte. Er kann sich ganz auf die Frau und ihre Wünsche konzentrieren und beim Sex völlig selbstlos sein.

Viele Frauen beklagen sich über den Egoismus der Männer, die sich nur um ihre eigene Lustbefriedigung kümmern. Leider betrachten noch immer sehr viele Männer ihre Partnerin als eine Art Sexmaschine, um ihre Bedürfnisse zu befriedigen, doch dieses Verhalten geht immer mehr zurück. ❤

Ich bin sehr zufrieden, wenn ich beim Sex einen Orgasmus habe – obwohl ich nie während des Geschlechtsverkehrs komme. Doch da seine erste Frau multiple Orgasmen hatte, will er mich nach dem Sex weiter stimulieren. Das geht mir auf die Nerven. Was kann ich dagegen machen?

Ihr Mann muß sich auf die Tatsache einstellen, daß er nun mit Ihnen verheiratet ist und nicht mehr mit seiner ersten Frau. Sie scheint in seiner Vorstellung, zumindest teilweise, noch präsent zu sein, und das macht Sie verständlicherweise wütend. In der heutigen Zeit, in der „mehr Orgasmen" mit „noch erotischer" gleichgesetzt wird, ist es leicht verständlich, daß Ihr Mann sich so verhält. Vielleicht denkt er, daß Sie sehr leicht mehr Orgasmen haben könnten, wenn Sie ihn nicht zurückhielten. Das wird sich nur ändern, wenn Sie ihm vermitteln können, daß ein Orgasmus für Sie genauso schön und befriedigend ist, wie drei Orgasmen für seine frühere Frau. Es braucht Zeit und Geduld, Ihren Partner davon zu überzeugen, daß Sex wie Essen ist und daß zu viel Essen Ihnen Übelkeit verursacht. Haben Sie Geduld: Das Problem läßt sich nicht über Nacht lösen.

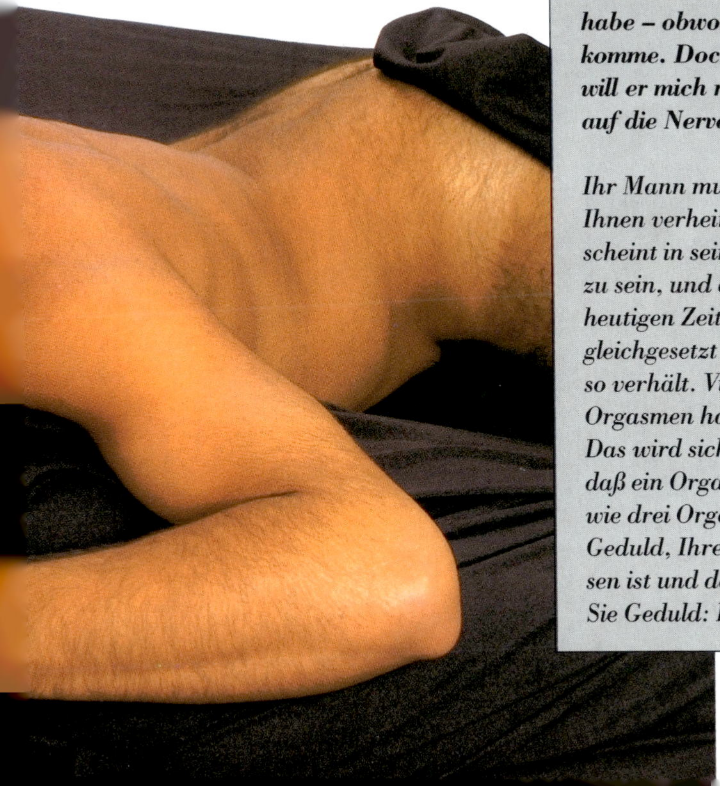

6

Probleme überwinden

Wie gut Ihre sexuelle Beziehung auch ist: Es kann immer Zeiten geben, in denen die Dinge weniger glatt ablaufen. Einer der Partner arbeitet womöglich zu viel, um Zeit für den Sex zu finden, oder die Frau wird vielleicht schwanger und merkt, daß ihre Bedürfnisse sich ändern. Es gibt viele Gründe für sexuelle Probleme, doch es gibt nur wenige, die nicht mit Fürsorge und etwas Phantasie gelöst werden können. Auf den folgenden Seiten finden Sie Lösungen für einige typische sexuelle Probleme.

SEX UND SCHWANGERSCHAFT

Während der Schwangerschaft ändert sich alles – es gibt neue Empfindungen, neue Gefühle und neue Freuden. Und auch der Sex ist anders.

Die Schwangerschaft kann eine wundervolle Zeit für ein Paar sein. Viele Menschen denken auch heute noch, daß es für die Sexualität keine „gute“ Zeit ist, doch das stimmt nicht. Da die Sorgen um die Verhütung oder die Bemühungen wegfallen, schwanger zu werden, bietet die Schwangerschaft die Möglichkeit, Sex sogar noch mehr als vorher zu genießen.

Wenn man über die Schwangerschaft sprechen will, so ist es hilfreich, die neun Monate in Dreimonatszeiträume einzuteilen. Diese sind physiologisch sehr unterschiedlich und werden gewöhnlich mit bestimmten Mustern des Sexualverhaltens charakterisiert.

In den ersten drei Monaten geht das sexuelle Interesse im allgemeinen zurück, in den folgenden drei Monaten steigt es, und während des letzten Drittels fällt es wieder ab.

LIEBEVOLLE ZUKÜNFTIGE ELTERN

Sex während der Schwangerschaft bringt ein Paar physisch und emotional näher zusammen. Wenn Sie sich während der

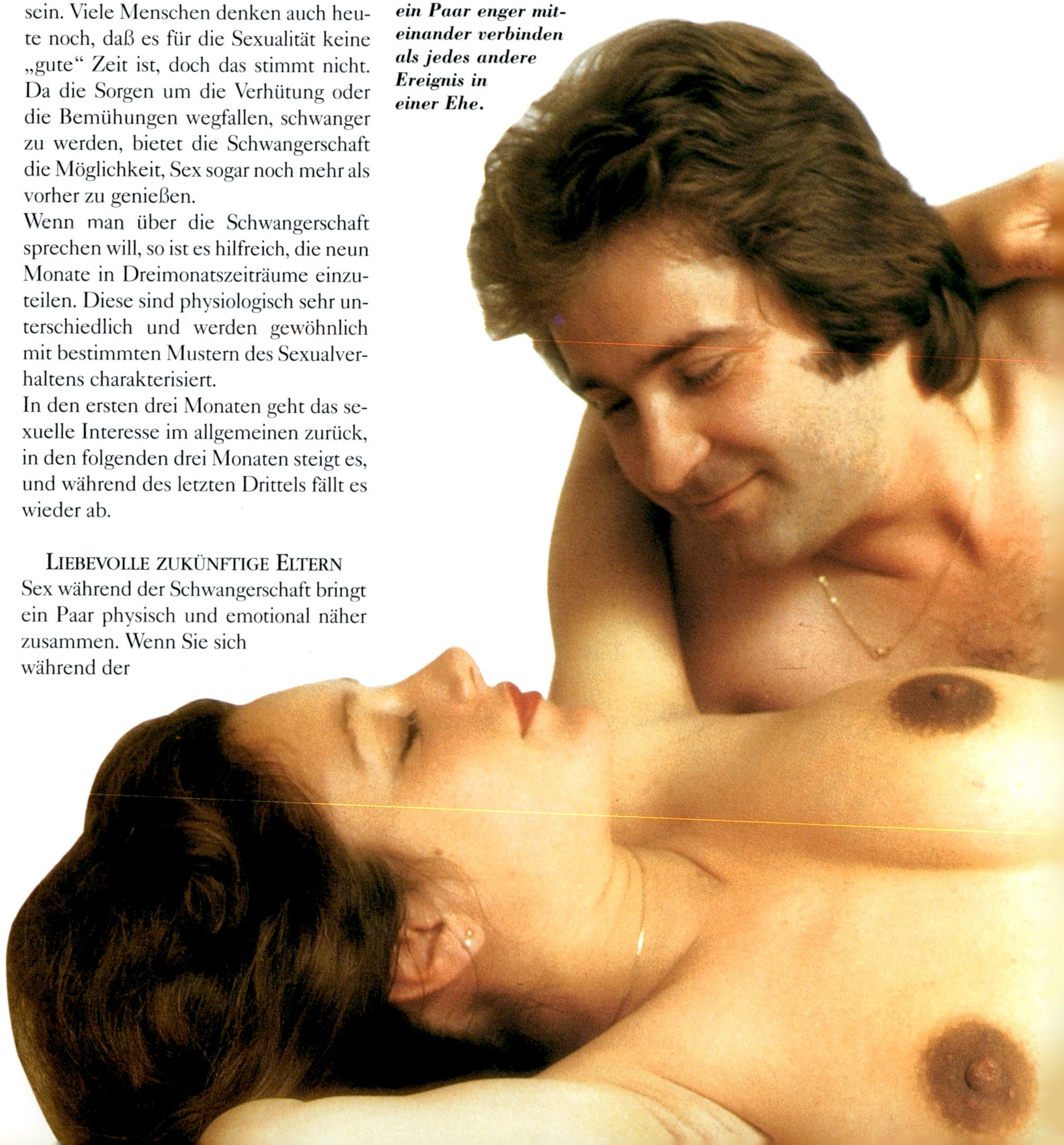

▼ ***Eine erwünschte Schwangerschaft kann ein Paar enger miteinander verbinden als jedes andere Ereignis in einer Ehe.***

Schwangerschaft lieben und einander umsorgen, so bietet das eine Grundlage für eine liebevolle Beziehung, wenn das Kind da ist. Außerdem verbindet es ein Paar stärker. Die meisten Männer haben ihre erste Affäre, wenn ihre Partnerin schwanger ist, und um den Zeitpunkt der Geburt herum – vielleicht, weil sie sich ausgeschlossen fühlen.

Während der Schwangerschaft sollten beide Partner sensibel für die sexuellen Bedürfnisse des anderen sein. Das könnte heißen, daß sie nur miteinander schmusen, sich streicheln, erotisch massieren oder masturbieren, falls einer der Partner keine Lust auf Geschlechtsverkehr hat. Doch wenn sie den Körper des anderen erkunden und Verständnis für die wechselnden Bedürfnisse aufbringen, die beide vielleicht in diesen Monaten haben, werden sie sicherlich enger zusammenwachsen.

In den ersten drei Monaten, insbesondere, wenn es das erste Kind ist, müssen sich beide Partner an die Vostellung gewöhnen, ein Baby zu bekommen; auch daran, was das für ihr zukünftiges gemeinsames Leben bedeutet. Das wird möglicherweise ihr Sexleben sowie andere Gebiete

▲ ***Tiefe Penetration beim Sex kann in Verbindung mit einer intensiven Brustwarzenstimulierung im allerletzten Schwangerschaftsstadium – wenn das Baby schon über die Zeit ist – die Wehen auslösen.***

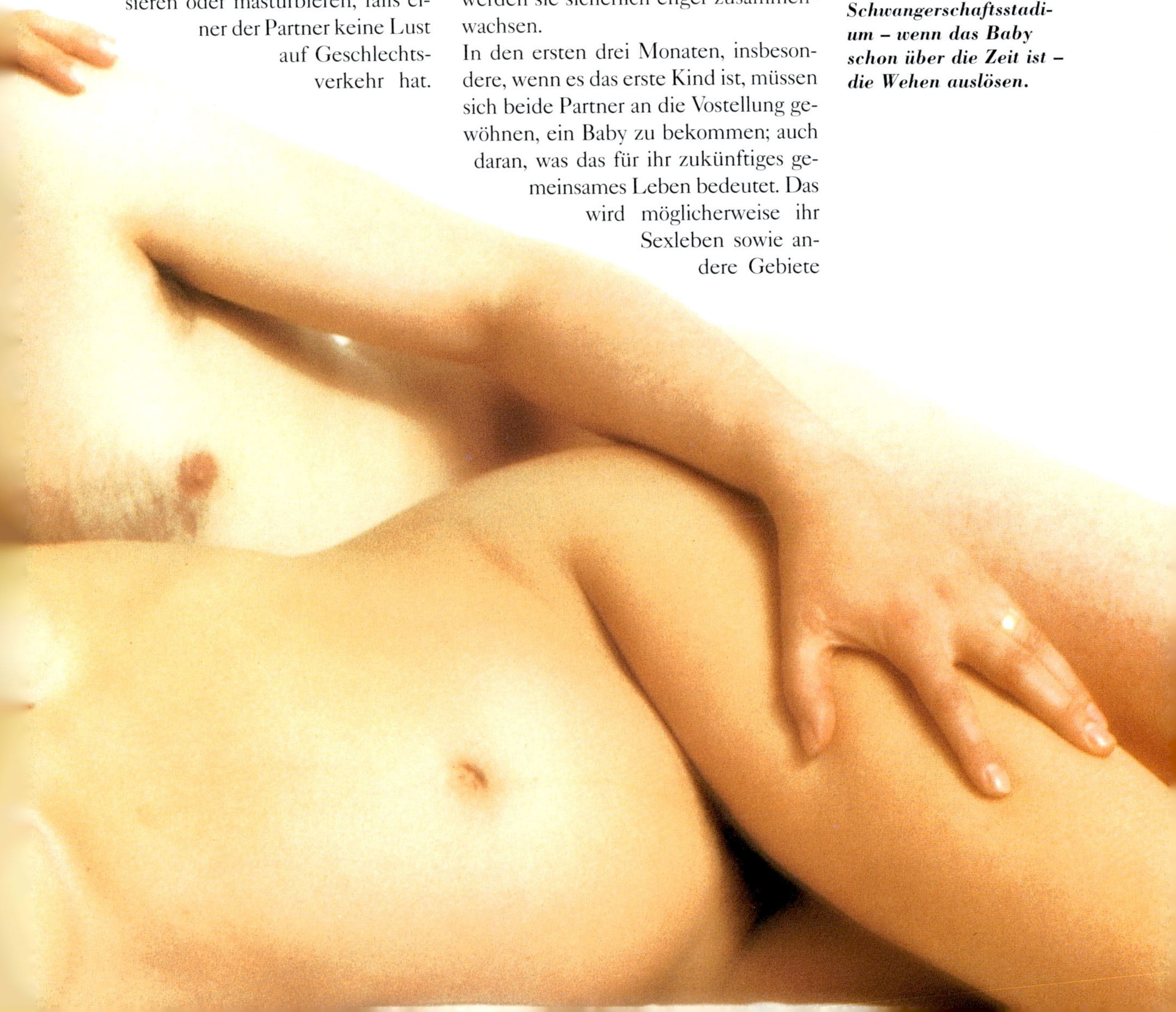

WIR WOLLEN BEIDE EIN BABY, UND JETZT, WO ICH SCHWANGER BIN, IST DER SEX SOGAR NOCH SCHÖNER ALS VORHER. DAS MUSS DARAN LIEGEN, DASS WIR UNS ALS ZUKÜNFTIGE ELTERN EINANDER NOCH VIEL NÄHER FÜHLEN.

◀ ***Einigen schwangeren Frauen wird übel oder schwindelig, wenn sie Sex in konventionellen Stellungen haben. Wenn Sie dieses Problem kennen, könnte Sex in dieser Stellung das richtige für Sie sein.***

VERMINDERTE LUST

Einige Frauen behaupten, daß sie während der Schwangerschaft nur Sex haben, um ihrem Mann einen Gefallen zu erweisen. Diese Abneigung gegen Sex ist meist in den ersten drei Monaten besonders groß, und man sollte mit dem Partner darüber sprechen.

Schon am Anfang der Schwangerschaft kann der Mann das Gefühl bekommen, daß er seiner Partnerin nun „seine Schuldigkeit getan hat" und nicht länger „gebraucht" wird. Doch wenn er spürt, daß er geliebt und geschätzt wird, sollte er in der Lage sein, mit einer zeitweiligen sexuellen Abstinenz zurechtzukommen.

verändern. Der größte sexuelle Vorteil der Schwangerschaft ist für viele Paare, daß sie keinerlei Verhütungsmittel benutzen müssen.

Einige sagen, daß dieser ungehinderte, befreite Sex ihnen neue Türen öffne. Doch dies wird oft, zumindest teilweise, durch die hormonellen, physischen und emotionalen Veränderungen wieder abgeschwächt, die in den ersten zwölf Wochen eintreten.

SCHMUSEN UND UMARMEN

Wenn in dieser Phase einige der physischen und psychologischen Probleme auftreten, finden phantasievolle Paare sicherlich andere Möglichkeiten, um sich gegenseitig Liebe und Zuneigung zu zeigen.

Ich liebe meine Frau, doch jetzt, da sie schwanger ist, begehre ich sie nicht mehr richtig. Manchmal habe ich sogar Phantasien über andere Frauen. Bin ich normal?

Das ist nichts Ungewöhnliches, doch Ihre Frau fühlt sich zur Zeit besonders verletzlich, und Sie müssen ihr auf andere Weise wieder das Gefühl geben, daß Sie sie lieben. Phantasien sind erlaubt, aber versuchen Sie nicht, Ihre Frau zu betrügen.

Genauso, wie einige Frauen Schwangerschaft und Mutterschaft nicht mit Sexualität in Verbindung bringen können, nehmen einige Männer unbewußt ähnliche Trennungen vor.

Ihre Partnerin ist ein sexuelles Wesen, doch wenn sie merklich anfängt, zur Mutter zu werden, verwandelt sich Ihre ganze Beziehung. Die Geliebte wird zur Mutter, und eine Mutter ist unantastbar – ein asexuelles Wesen. Ihre Reaktionen sind nicht ungewöhnlich, und Ihre Beziehung wird sich sicherlich wieder zu einer liebevollen sexuellen Partnerschaft entwickeln, wenn das Baby auf der Welt ist.

Unbegründete Ängste

Viele Menschen befürchten, daß der Sex eine Fehlgeburt auslösen könnte, doch solche Ängste sind fast immer unbegründet. Wenn die Frau nicht schon eine Fehlgeburt hatte, gibt es keinen Grund zur Sorge.

Ist der Fetus geschützt?

Auch wenn sich die Gebärmutter beim Orgasmus heftig zusammenzieht, gibt es keine wissenschaftlichen Erkenntnisse darüber, daß dies dem Fetus schadet. Sie sollten einander mehr küssen und streicheln und über Ihre Gefühle bezüglich der Elternschaft sprechen. Vor allem Massagen sind während der Schwangerschaft nützlich und lustvoll. Zwei wichtige Regionen sind die Brüste und der Damm.

Die Brüste

Es gibt keinen Beweis dafür, daß irgendeine Behandlung der Brüste hilfreich ist, damit das Stillen gelingt; es erscheint sinnvoll, den Brüsten und Brustwarzen der Frau beim Vorspiel große Aufmersamkeit zu schenken, so daß sie sich daran gewöhnt, daß daran gesaugt wird, als Vorbereitung auf das Stillen.

Der Damm

Eine Massage des Damms kann helfen, die Notwendigkeit eines Dammschnitts zu vermeiden, wenn die Frau

Geeignete Stellungen

Während der ersten sechs Monate bereitet der Geschlechtsverkehr kaum Probleme – das Paar kann so miteinander schlafen wie gewöhnlich. Später werden durch den Umfang des weiblichen Bauches bestimmte Stellungen aus rein physischen Gründen ausgeschlossen. Auch ihre Brüste können mit fortschreitender Schwangerschaft empfindlicher werden, was Sie bei einigen Sexstellungen berücksichtigen müssen.

Hier sind einige geeignete und beliebte Möglichkeiten für Sex während der Schwangerschaft.

- Die Frau hockt sich auf alle viere. Die Hundestellung und alle anderen Sex-von-hinten-Variationen sind besonders empfehlenswert.
- Falls Sie es etwas entspannter wünschen, wenn der Bauch der Frau sehr gross ist, ist die Löffelstellung sehr geeignet. Dabei liegt die Frau mit angezogenen Beinen – soweit ihr Bauch es zulässt – auf der Seite. Der Mann kuschelt sich an ihren Rücken und führt seinen Penis von hinten ein.
- Einige schwangere Frauen ziehen es jetzt vor, beim Sex oben zu sitzen – vielleicht zum ersten Mal überhaupt. Die Vagina der Frau weitet sich etwa nach der zwölften Woche beträchtlich; dies führt zu ganz neuen Empfindungen.
- Viele Frauen sitzen, besonders im fortgeschrittenen Stadium, am liebsten aufrecht, weil sie, wenn sie flach liegen, Sodbrennen bekommen oder ihnen schwindelig wird. Der Partner sitzt auf einem Stuhl, und die Frau sitzt mit dem Rücken zu ihm auf seinem Penis. Wenn ihr Bauch nicht zu gross ist, kann sie sich ihm auch zuwenden. Der Partner kann auch auf dem Bett oder Boden liegen, und die Frau kann auf seinem Penis hocken. Dies ist auch nützlich, weil die Frau so das Hocken trainieren kann.
- Am Ende der Schwangerschaft wählt man am besten Stellungen, bei denen es nicht zu einer tiefen Penetration kommt. Gut ist, wenn die Frau rücklings auf der Bettkante liegt oder auf einem grossen Sessel und ihre Füsse flach auf den Boden stellt. Der Mann kniet zwischen ihren Beinen auf dem Boden und dringt in sie ein.

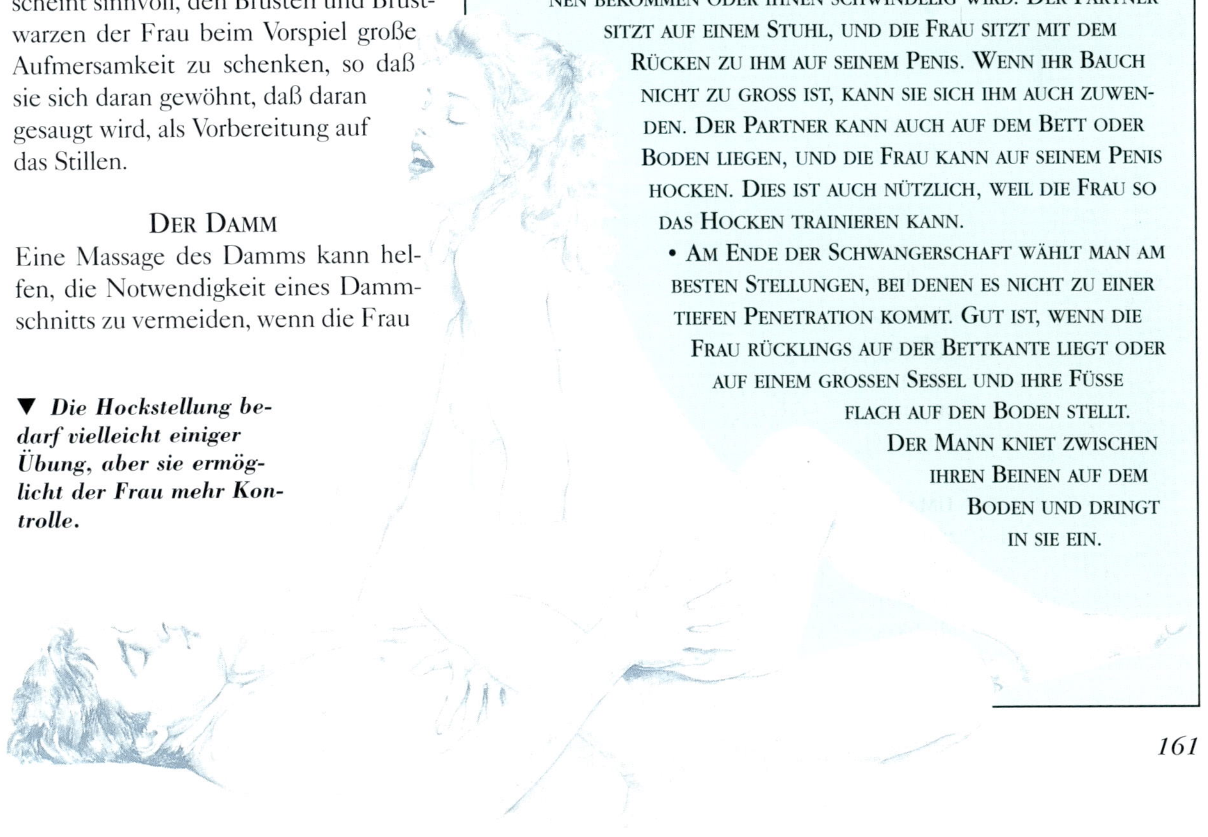

▼ ***Die Hockstellung bedarf vielleicht einiger Übung, aber sie ermöglicht der Frau mehr Kontrolle.***

„zu schmal" ist, um das Baby herauszupressen. Die Frau liegt dazu mit aufgestellten Fußsohlen auf dem Boden oder Bett. Ihr Partner massiert ihren Damm mit den Fingern, die gut mit Babyöl eingeölt sein sollten. Dies sollte er von der 12. bis zur 14. Schwangerschaftswoche an am besten dreimal wöchentlich machen. Von der 16. Woche an können Sie die Massage auf die Vagina ausdehnen. Der Mann sollte zwei oder drei gut eingeölte Finger so tief in die Vagina einführen, bis die Frau ihm sagt, daß es sich unangenehm anfühlt.

Während seine Finger sich in ihrer Vagina befinden, massiert er ihren Damm und hält dabei die Frau dazu an, ihre Beckenmuskeln zu entspannen.

Anfangs ist es am besten, die Finger nacheinander einzuführen, weil dies die Vaginalöffnung weniger ausdehnt. Mit der Zeit kann der Mann alle Finger gleichzeitig einführen. Die Frau hat dabei vielleicht ein kribbeliges Gefühl.

Wenn es zu unangenehm wird, sollte sie es ihm mitteilen, so daß er seine Finger ruhig in dieser Position halten kann, bis das unangenehme Gefühl nach zwei bis drei Minuten wieder abgeklungen ist. Dann kann er ihre Vagina und ihren Damm von innen massieren.

Das zweite Drittel

Im allgemeinen sind die mittleren drei Monate die angenehmsten und deshalb für beide Partner die sexuell aktivste Phase. Die Frau, die bis dahin meist die schlimmsten körperlichen Symptome überstanden hat, beginnt nun vielleicht, sich ganz besonders weiblich zu fühlen; die Realität der Schwangerschaft wird immer deutlicher, während die Geburt noch weit genug entfernt ist, als daß sie sie beunruhigen könnte. Einige Frauen verspüren in diesem zweiten Drittel der Schwangerschaft mehr sexuelle Energie und Erregung als zu jedem anderen Zeitpunkt ihres Lebens.

Die meisten Männer genießen es von diesem Stadium an, daß ihre Frau schwanger ist. Viele der Veränderungen machen Frauen attraktiver: eine vollere, rundere Figur, größere Brüste, glänzendes Haar, keine Periode, mehr Vaginalfeuchtigkeit, scheinbar permanent „erregte" Genitalien, schönere Haut und ähnliches. Und viele dieser Veränderun-

▲ ***Sex von hinten ist eine gute Methode während der Schwangerschaft, denn so wird kaum Druck auf den Bauch der Frau ausgeübt, so daß sie Sex entspannter und bequemer genießen kann.***

Meine Brüste haben begonnen, Milch abzusondern, was ich widerwärtig finde. Ich habe es früher immer sehr genossen, wenn mein Mann meine Brustwarzen küßte. Jetzt kann ich es nicht mal mehr ertragen. Bin ich anormal?

Es ist völlig normal, daß ein wenig heraussickert, aber wenn Ihnen das unangenehm ist, sollte Ihr Mann Ihre Gefühle respektieren. Ich glaube jedoch nicht, daß er es abstoßend findet, wie Sie möglicherweise befürchten. Vielleicht ist es Ihnen weniger unangenehm und peinlich, wenn Sie nachts Ihren BH anbehalten.

„Wer sagt, dass Paare während der Schwangerschaft keinen Sex haben? Meine Frau war niemals erotischer – auch weil sie behauptet, sie sei permanent sexuell erregt!"

gen ahmen sexuelle Erregung nach. Einige Männer fühlen sich jetzt besonders glücklich, insbesondere, wenn sie vorher wenig Selbstbewußtsein hatten. Der sichtbare Beweis ihrer Männlichkeit hilft diesen Männern, sich weniger Gedanken über ihre Sexualität zu machen. Dann können sie sich mehr entspannen und ein besserer Partner sein. Gleichzeitig sagen viele Frauen, daß sie sich von der zwölften Woche an anlehnungsbedürftiger und überhaupt irgendwie „körperlicher" fühlen.

Komfortabler Sex

Das zweite Drittel ist bei weitem das angenehmste für den Sex. Die ersten Probleme sind überstanden, und der Bauch der Frau ist noch nicht so dick, daß er im Weg ist.

Alle üblichen Sexstellungen sind möglich. Viele Frauen haben das Gefühl, jederzeit zum Sex bereit zu sein, weil sie mehr Vaginalfeuchtigkeit produzieren.

Einige Frauen sind während dieser drei Monate nahezu permanent erregt und haben ein gesteigertes Bedürfnis nach Orgasmen, die jedoch, so behaupten sie, nicht so befriedigend sind wie normalerweise. Das mag daran liegen, daß die weiblichen Sexualorgane während der Schwangerschaft länger brauchen, um in ihren Normalzustand zurückzukehren, weil die ganze Region so stark durchblutet ist.

Weniger Sex

Die meisten Paare haben während der letzten drei Schwangerschaftsmonate weniger Sex. Das Hauptproblem für diejenigen, die weiterhin Sex haben, liegt im Umfang der Frau. Eine andere Sorge einiger Paare ist, daß Sex vorzeitige Wehen auslösen könnte. Das kann passieren, doch es tritt selten ein, außer die Frau neigt zu vorzeitigen Wehen. Man glaubt allerdings, daß Geschlechtsverkehr oder Orgasmen die Wehen auslösen können, wenn die Geburt ganz kurz bevorsteht und der Gebärmutterhals sich entwikkelt hat. Ansonsten gibt es keine Gefahr. ❤

▼ ***Mit etwas Phantasie können auch während der Schwangerschaft beide Partner ein erfülltes Sexleben genießen.***

SEX NACH DER GEBURT

Die Rückkehr zum Sex, nachdem Sie ein Baby bekommen haben, ist eine individuelle Angelegenheit und hängt, wie immer beim Sex, von den körperlichen Voraussetzungen und den jeweiligen Persönlichkeiten ab.

▲ ***Küssen und Schmusen sind in den oftmals schmerzvollen Wochen nach der Geburt liebevolle Alternativen zum Geschlechtsverkehr. Das kann für beide Partner beruhigend sein.***

Einige Frauen, die nach der Geburt nicht genäht werden mußten, haben schon nach ein oder zwei Wochen wieder normalen Geschlechtsverkehr; doch sie bilden die Ausnahme. Die meisten Frauen benötigen ungefähr sechs Wochen, bevor sie das Gefühl haben, wieder bereit zum Sex zu sein.

Während Sie darauf warten, daß Geschlechtsverkehr wieder angenehm wird, können Sie natürlich alle Arten von sexuellen Praktiken ausüben, wenn Sie beide Lust dazu haben. Viele Frauen möchten nahezu direkt nach der Geburt wieder Orgasmen bekommen. Es spricht nichts dagegen und könnte sogar hilf-

„Ich habe zur Zeit keine Lust auf Sex. Aber ich fürchte, dass ich meinen Partner in die Arme einer anderen treibe, wenn ich sage, was mit mir los ist. Ich weiss nicht, was ich tun soll."

reich sein, da die Gebärmutter durch die Orgasmen dazu angeregt wird, schneller zu ihrer normalen Größe zurückzukehren. Auch Stillen trägt dazu bei, daß die weiblichen Sexualorgane schneller ihre normale Größe zurückgewinnen.

Keine Lust auf Sex

Wenn ein Paar nach der Geburt fähig und gewillt ist, gleich wieder Sex zu haben, ist das in Ordnung. Doch die Sache ist oft nicht so einfach. Ein Baby zu bekommen, ist das aufrüttelndste Ereignis im Sexleben einer Frau, und es beeinflußt sie und ihren Partner elementar – besonders, wenn es das erste Kind ist.

Viele Frauen beklagen sich darüber, daß sie nach der Geburt keine Lust mehr auf Sex haben. Dies passiert so oft, daß einige Experten sich fragen, ob die Natur so dazu beiträgt, daß die Frau nicht sofort wieder ein Baby bekommt.

▲ Ist der Geschlechtsverkehr zu diesem Zeitpunkt schmerzvoll, kann Sex durch Masturbation ebenso stimulierend sein.

▼ Nach der Geburt muß sich ein Paar einander liebevoll zuwenden, sich streicheln und schmusen.

▼ ***Oralsex ist nicht nur befriedigend für die Frau, sondern regt auch die Gebärmutter dazu an, schneller wieder ihre normale Größe zu erlangen.***

Doch dafür gibt es keine biologischen Gründe – in traditionelleren Ländern, in denen alle Frauen stillen, entstehen auf natürliche Weise Gebärpausen; deswegen scheint es nicht notwendig zu sein, daß die Frau nach der Geburt keine Lust auf Sex hat.

▶ ***Die Rückorientierung zum Sex nach einer Geburt wird von vielen physischen und emotionalen Faktoren beeinflußt. Dies sollte sich das Paar bewußtmachen und versuchen, die Bedürfnisse und Gefühle des anderen zu verstehen – vor allem, wenn sie eine lange Pause hinter sich haben.***

GRÜNDE FÜR SCHWIERIGKEITEN

Es gibt viele Gründe, weshalb so viele Paare nach der Geburt Probleme mit dem Sex haben.

- Einige Frauen haben das Gefühl, daß es emotional so befriedigend ist, sich um ihr Baby zu kümmern, daß sie einfach keine emotionale Energie für ihre Partner mehr haben. Sex fällt dann erst einmal unter den Tisch.
- Viele Frauen fühlen sich nur attraktiv, wenn sie einen „perfekten" Körper haben. Nach der Geburt, wenn sie vielleicht einen Bauch oder ein paar Schwangerschaftsstreifen haben, fühlen sie sich so unattraktiv, daß sie sich nicht vorstellen können, daß ein Mann mit ihnen schlafen möchte.
- „Sex ist dazu da, ein Baby zu bekommen, und ich habe ein Baby" ist eine verbreitete Ausrede, die Frauen heimlich benutzen, auch wenn sie es nicht zugeben. Eine Frau, die Sex nur als eine Möglichkeit

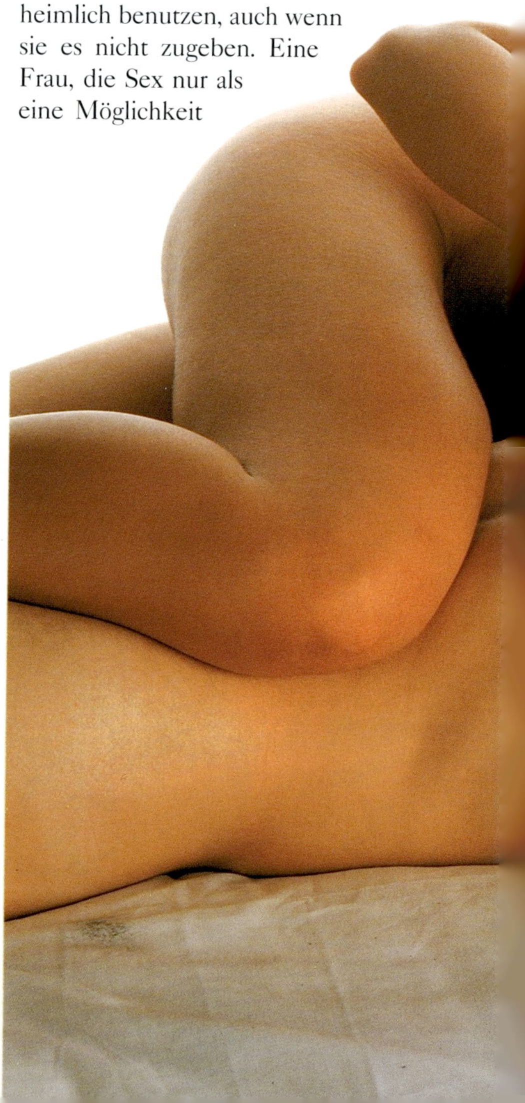

DER DAMMSCHNITT

DER DAMMSCHNITT WIRD WÄHREND DER GEBURT IM EINGANGSBEREICH DER VAGINA DURCHGEFÜHRT, DAMIT DAS BABY LEICHTER HERAUSKOMMEN KANN. ACHT VON ZEHN FRAUEN BEKOMMEN BEIM ERSTEN KIND EINEN DAMMSCHNITT – DIE MEISTEN UNNÖTIGERWEISE.

EIN KLEINER RISS IM GEWEBE DER VAGINA KANN AUCH WOCHEN NACH DER GEBURT NOCH ÄUSSERST SCHMERZHAFT SEIN UND BEI DER FRAU EINE NEGATIVE HALTUNG GEGENÜBER DEM SEX AUSLÖSEN.

DER SCHMERZ KANN JEDOCH MIT VIELEN METHODEN GEMILDERT WERDEN, ETWA MIT HEISSEN UND KALTEN KOMPRESSEN, MIT ARNIKA, DAS IN DIE VERLETZE REGION EINMASSIERT WIRD, ODER DREIMAL TÄGLICH HEISSEN, SALZHALTIGEN BÄDERN. SCHRECKEN SIE JEDOCH NICHT DAVOR ZURÜCK, NACH SCHMERZLINDERNDEN MEDIKAMENTEN ZU FRAGEN, WENN DIE SCHMERZEN ZU STARK SIND. VERGESSEN SIE NICHT, DASS SIE DIE WAHL HABEN. WENN SIE KEINEN DAMMSCHNITT MÖCHTEN, SO MACHEN SIE DIES VON ANFANG AN DEUTLICH – UND ERKUNDIGEN SIE SICH NACH DEN ALTERNATIVEN.

sieht, ein Baby zu bekommen – auch wenn sie offensichtlich leugnet, daß dies der einzige Grund ist –, hat oft für einige Zeit keine Lust auf Sex.

• Wenn sie ein Baby eines bestimmten Geschlechts bekommen haben, sich aber eigentlich eins des anderen Geschlechts gewünscht haben, aus welchem Grund auch immer, können manche Frauen auch „abgetörnt“ sein – weil sie sehr enttäuscht sind.

• Einige wenige Frauen sind so beschäftigt mit dem Baby, daß sie für ihre Partner keine Energie mehr übrig haben. Solche Frauen neigen oft zu Überreaktionen auf das Verhalten ihres Babies und machen sich über jedes Problemchen Sorgen – wie unbedeutend es auch ist.

• Angst vor einer erneuten Schwangerschaft ist ein sehr häufiger Grund, weshalb Frauen keine Lust auf Sex haben. Ungefähr ein Drittel aller Schwangerschaften sind ungeplant. Es ist deshalb kaum verwunderlich, wenn eine Frau nach einer ungeplanten – und vielleicht ungewollten Schwangerschaft – Angst vor einer neuen hat.

▲ ***Eine tiefe Penetration kann der Frau Schmerz verursachen. Der Mann sollte daher am besten die Missionarsstellung wählen.***

- Postnatale Depressionen quälen einen überraschend hohen Prozentsatz von Frauen. Echte Depressionen sind sowohl bei Männern als auch bei Frauen ein Feind der Sexualität.
- Müdigkeit ist einer der am häufigsten genannten Gründe dafür, nach der Geburt keine Lust mehr auf Sex zu haben. Physische Erschöpfung nach der Geburt, die allnächtlichen Schlafunterbrechungen, all das zehrt an den Kräften der frischgebackenen Mütter. Eine Erleichterung ist es, das Baby in einem großen Korb von Anfang an neben das eigene Bett zu stellen und es zu stillen, wann immer Sie und das Baby es möchten. Dann kann man ruhig schlafen oder tun, worauf man Lust hat. Sie müssen jedoch sicher sein, daß Sie und Ihr Partner keinen unruhigen Schlaf haben.

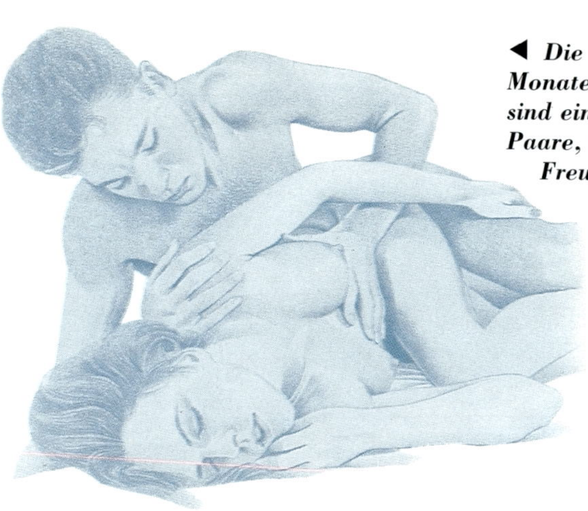

◀ ***Die Wochen und Monate nach der Geburt sind eine gute Zeit für Paare, um die sinnlichen Freuden des Vorspiels wiederzuentdecken.***

„Nach der Geburt war unser Sexleben sehr schwierig – aber ich habe vorher auch noch nie so etwas Dramatisches erlebt oder etwas, das so viele Veränderungen mit sich gebracht hat."

▼ ***Oralsex, Schmusen, gegenseitiges Masturbieren oder Massieren sind geeignete Alternativen zu einem schmerzvollen Geschlechtsverkehr.***

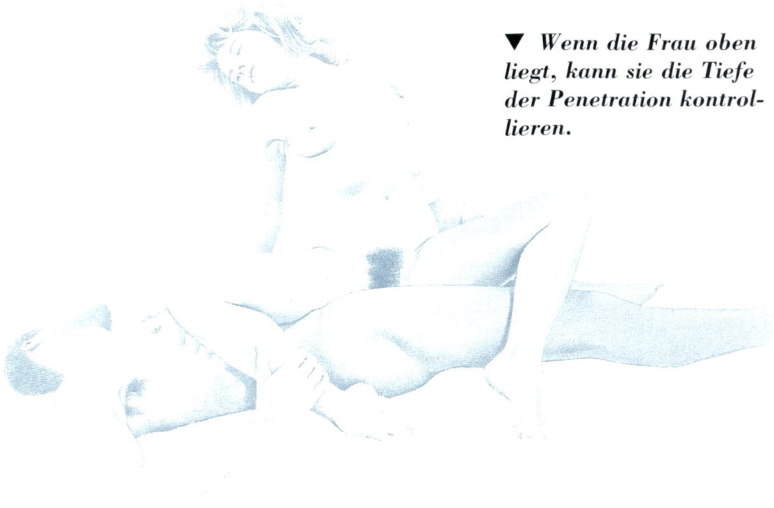

▼ ***Wenn die Frau oben liegt, kann sie die Tiefe der Penetration kontrollieren.***

- Einige Frauen sind nicht glücklich über ihre Mutterschaft und ärgern sich über die Veränderungen in ihrem Leben. Sex wird für sie dann für eine Situation verantwortlich gemacht, die sie nun bedauern.
- Auch Schmerzen bei einer zu frühen Wiederaufnahme des Geschlechtsverkehrs können bei der Frau negative Assoziationen hervorrufen und ihr die Lust nehmen. Wenn sie einen Kaiserschnitt, einen Dammriß oder Dammschnitt hatte, wird ihr alles weh tun, was Druck auf die Wunde ausübt. Ihr Partner sollte versuchen, Verständnis dafür aufzubringen und ihr den Sex ganz allmählich wieder schmackhaft zu machen.

Gefahren der Schwangerschaft

Wann auch immer Sie nach der Geburt des Kindes wieder Geschlechtsverkehr haben: Denken Sie daran, daß Sie sicher verhüten. Sie würden sich sehr unglücklich machen, wenn Sie gleich ein oder zwei Monate später wieder schwanger würden. Eine stillende Frau wird mit ziemlicher Wahrscheinlichkeit während der nächsten 14 Monate, sofern sie kontinuierlich stillt, keinen Eisprung bekommen. Sie sollte jedoch wissen: Die Brustwarzenstimulierung wird reduziert, wenn sie einmal ein Fläschchen gibt oder das Baby die Nacht durchschläft; dann könnte später auch ein Eisprung stattfinden. ❤

▼ ***Auch wenn die Frau nach der Geburt keine Lust auf Sex hat, sollte sie nicht vergessen, daß ihr Partner weiterhin sexuelle Bedürfnisse hat.***

Beziehungsprobleme

Wenn in einer Beziehung Probleme auftreten, kann die liebevolle Zuwendung des Partners die Schwierigkeiten überwinden helfen.

▼ Erfahrene Liebhaber, die einen phantasievollen und befriedigenden Sex genießen, können die meisten Probleme lösen.

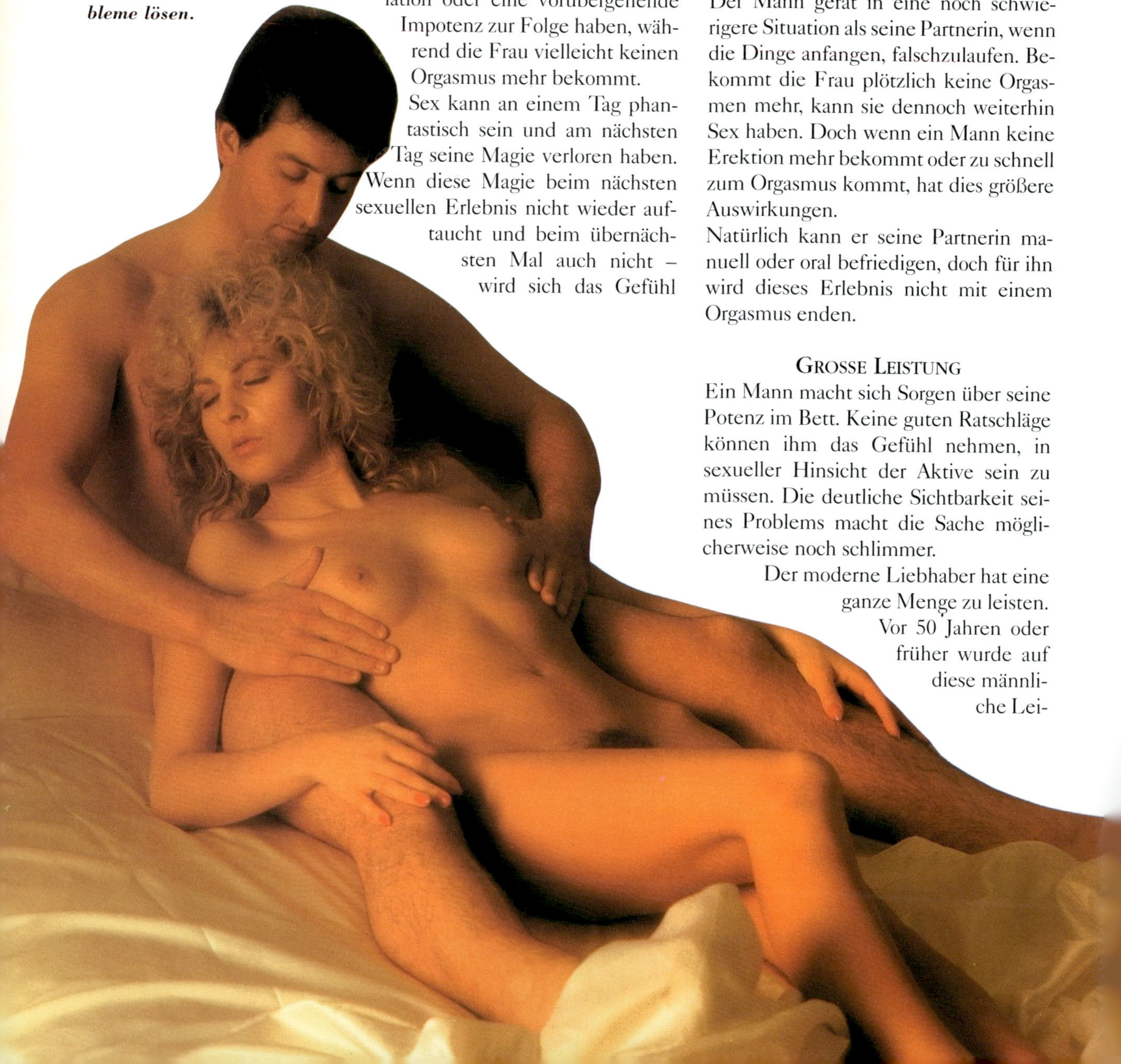

Von Zeit zu Zeit können die Dinge sogar im Sexleben des liebevollsten Paares schieflaufen. Für den Mann kann dies die vorzeitige Ejakulation oder eine vorübergehende Impotenz zur Folge haben, während die Frau vielleicht keinen Orgasmus mehr bekommt.

Sex kann an einem Tag phantastisch sein und am nächsten Tag seine Magie verloren haben. Wenn diese Magie beim nächsten sexuellen Erlebnis nicht wieder auftaucht und beim übernächsten Mal auch nicht – wird sich das Gefühl des Versagens in unserem Kopf festsetzen. Das plagt uns dann, und bevor wir uns versehen, haben wir ein Impotenz- oder Frigiditätsproblem.

Der Mann gerät in eine noch schwierigere Situation als seine Partnerin, wenn die Dinge anfangen, falschzulaufen. Bekommt die Frau plötzlich keine Orgasmen mehr, kann sie dennoch weiterhin Sex haben. Doch wenn ein Mann keine Erektion mehr bekommt oder zu schnell zum Orgasmus kommt, hat dies größere Auswirkungen.

Natürlich kann er seine Partnerin manuell oder oral befriedigen, doch für ihn wird dieses Erlebnis nicht mit einem Orgasmus enden.

Grosse Leistung

Ein Mann macht sich Sorgen über seine Potenz im Bett. Keine guten Ratschläge können ihm das Gefühl nehmen, in sexueller Hinsicht der Aktive sein zu müssen. Die deutliche Sichtbarkeit seines Problems macht die Sache möglicherweise noch schlimmer.

Der moderne Liebhaber hat eine ganze Menge zu leisten. Vor 50 Jahren oder früher wurde auf diese männliche Lei-

„Meine Frau hatte keine Lust mehr auf Sex, und wir konnten nicht herausfinden, woran es lag. Nach einer Pause verführte ich sie wieder so, als hätten wir uns gerade erst kennengelernt. Nun ist unser Sex schöner als vorher."

stung im Bett kein Wert gelegt. Während der Viktorianischen Zeit wurde der sexuelle Akt schneller als heute abgehandelt. Da der weibliche Körper sonst immer bedeckt blieb, waren die Männer natürlich höchst erregt, wenn er enthüllt wurde. – Ein berühmter viktorianischer Roman beschreibt, wie überwältigt der Held vom Anblick eines Ellenbogens ist. Heutzutage machen die Frauen ihren Wunsch nach Befriedigung deutlich, und die Männer müssen sie befriedigen. In vielen Partnerschaften stellt der Mann seine Befriedigung hinter der seiner Partnerin zurück. Die stereotypen modernen Männergestalten in Büchern und Filmen entsprechen immer gängigen Erwartungen – ihre Penisse sind gigantisch und immer erigiert; sie haben Marathonsex, und ihre kraftvollen Erektionen sind perfekt getimt. In der Wirklichkeit kann kein Mann diesem Mythos gerecht werden.

Das Dilemma der modernen Frau

Von den heutigen Frauen wird erwartet, daß sie unersättlich sind, wenn es um Sex geht. Sie sind immer bereit und willig, haben oft Orgasmen, häufig sogar multiple Orgasmen. Sie lieben Oralsex und wollen gern die Führung übernehmen. Hinzu kommen noch die wohlproportionierten Körper, die in Zeitschriften abgebildet werden – zusammen mit einer endlosen Reihe von Kummerecken und Kurzromanen, die einerseits sexuelle Promiskuität propagieren und andererseits ewige Treue. Es ist also kaum überraschend, daß die Frau von heute sich in einem Dilemma befindet. Reifere Paare kennen diese Mythen und wissen, wie sie dazu stehen. Doch niemand ist völlig gefeit gegen diese sexuelle Propaganda. Wir alle möchten gut im Bett sein, doch das kommt nicht wie ein Wunder über uns. Guter Sex muß erlernt und geübt werden.

Wenn jemand plötzlich sexuelle Probleme bekommt, so kann ihm von seinem verständnisvollen Partner geholfen werden. Hat der Mann sexuelle Schwierigkeiten, kann die Frau ihren Körper, ihre Hände, ihren Mund und, was noch wichtiger ist, ihren Verstand einsetzen, um ihm zu helfen. Genauso kann der Mann seiner Partnerin mit Geduld und Verständnis bei ihren Problemen helfen.

▲ ***Ein liebevoller Partner ist der beste Therapeut. Es gibt nur wenige Probleme, die Sie nicht lösen können, wenn Sie sie zusammen angehen.***

Ein liebevoller Partner ist der beste Sextherapeut. Außerdem kann es Spaß machen, gemeinsam sexuelle Probleme zu lösen.

▼ ***Guter Sex ist selten, wenn ein Paar zum ersten Mal miteinander schläft. Der beste Sex entwickelt sich mit der Vertrautheit.***

Viele Paare sind mit der Preßtechnik vertraut.

Wie sie ihm hilft

Auch wenn es viele Gründe geben kann, weshalb ein Mann plötzlich sexuelle Probleme bekommt, so äußern sie sich meist auf folgende Arten. Entweder kommt er zu schnell, oder er braucht zu lange. Manchmal kommt er gar nicht zum Orgasmus. Die Lösung für diese Probleme liegt nicht nur in der Sexualtechnik seiner Partnerin – auch wenn sie ihm helfen kann. Wichtig ist vor allem ihr Wille, ihm dabei zu helfen, das Problem zu lösen und daraus eine gemeinsame Herausforderung zu machen. Sie muß sich darauf vorbereiten, mit ihm zu sprechen – und dann zuhören. Vieleicht hat er Sorgen, ist gestreßt oder hat Probleme am Arbeitsplatz. Was auch immer der Grund ist: Er muß ermutigt werden, darüber zu sprechen. Wenn die Potenz des Mannes ihn im Stich läßt, sind seine Probleme oft das Resultat des sexuellen Leistungsdrucks. Es liegt bei der Frau, ihm zu helfen, diesen Druck zu vermindern. Am besten sollte sie ihrem Partner sagen, daß sie es gerne tun möchte. Sagen Sie ihm, daß er sich vorerst keine Sorgen um Ihre Befriedigung zu machen braucht. Sagen Sie ihm, daß er nicht unmännlich ist, wenn er manchmal nur daliegt und Ihnen alles überläßt. Liebe sollte diese Schranken sowieso überwinden.

Wenn er zu schnell kommt

Die meisten Männer leiden irgendwann in ihrem Leben unter vorzeitiger Ejakulation. Anstatt dies als Problem zu betrachten, kann die Frau es auf viele Arten bekämpfen. Lassen Sie Ihren Partner sich zurücklegen, und reiben Sie mit beiden Händen langsam über seinen Penis. Widerstehen Sie der Versuchung, fester und stärker zu reiben, wenn er kurz vor dem Orgasmus ist. Behalten Sie denselben langsamen Rhythmus bei, bis er ejakuliert. Erregen Sie Ihn dann oral, um erneut Sex mit ihm zu haben – sein nächster Orgasmus wird viel länger auf sich warten lassen.

▲ ***Durch den geschickten Einsatz ihres Mundes und ihrer Hände kann die Frau die meisten Probleme ihres Partners lösen.***

Der Mann sollte eine bequeme Stellung einnehmen, während die Frau ihn zunächst langsam masturbiert und ihn bis kurz vor den Orgasmus bringt. Dann hört sie auf, ihn zu stimulieren, und preßt seine Eichel fest zusammen, wobei sie den Daumen auf das Frenulum (Vorhautbändchen) und zwei Finger auf die andere Seite der Eichel legt. Pressen Sie etwa 15 bis 20 Minuten: Dann sollte seine Erektion vorüber sein.

Sich Zeit nehmen

Wenden Sie sich nun mit Ihrem Mund so zärtlich wie möglich wieder seinem Penis zu, und bringen Sie ihn erneut bis kurz vor den Orgasmus. Nehmen Sie den Penis wieder kurz vor dem Höhepunkt aus dem Mund, und pressen Sie ihn fest. Wenn es ihm gelingt, die Zeit auszudehnen, bis er kurz vor dem Höhepunkt ist, dann wählen Sie eine der Stellungen, bei der die Frau oben liegt, und bringen Sie ihn zum Orgasmus.

Fahren Sie mit dem Programm fort. Erregen Sie ihn zärtlich mit Ihrem Mund; wenn er eine starke Errektion hat, setzen Sie sich wieder auf ihn, und haben Sie erneut mit ihm Sex. Die goldene Regel ist, daß er nicht das Gefühl haben sollte, Leistung erbringen zu müssen. Wenn er möchte, daß auch Sie einen Orgasmus haben, lassen Sie ihn dazu seine Hände, seinen Mund oder einen Vibrator benutzen – was auch immer Sie vorziehen.

Sie können den Zeitpunkt des männlichen Orgasmus beeinflussen, indem Sie eine Stellung wählen, in der Sie die Kontrolle übernehmen können.

Lassen Sie ihn sich aufs Bett legen, setzen Sie sich auf ihn, und nehmen Sie seinen Penis in sich auf, aber nur ein wenig. Bewegen Sie sich nicht. Reden Sie mit ihm, und lenken Sie ihn ab von dem, was Sie gerade mit ihm tun.

Widerstehen Sie der Versuchung, Ihr Becken zu bewegen. Nehmen Sie ihn jetzt etwas tiefer in sich auf, und bewegen Sie langsam Ihr Gesäß. Sobald er kurz vor dem Orgasmus zu sein scheint, hören Sie damit auf, und ziehen Sie seinen Penis heraus.

Orgasmusprobleme

Wenn ein Mann Probleme hat, einen Orgasmus zu bekommen, sollten Sie zunächst keinen normalen Geschlechtsverkehr mehr haben. Küssen und kuscheln Sie mehr. Ihr Partner macht sich vielleicht Sorgen: Dann müssen Sie

Ich habe öfters etwas über die Preßtechnik gelesen und möchte sie gerne bei meinem Freund ausprobieren, weil er manchmal zu früh kommt. Funktioniert sie wirklich?

Ja, sie funktioniert, auch wenn Sie sie vielleicht mehrere Male ausprobieren müssen. Aber sie wird dem Mann Mut machen, weil er etwas Konstruktives gegen diese Sache unternimmt. Wenden Sie diese Technik auch bei unterbrochenem Geschlechtsverkehr an.

ihn beruhigen. Wenn Sie miteinander ins Bett gehen, praktizieren Sie ein kreatives Vorspiel, aber berühren Sie in diesem frühen Stadium nicht seine Genitalien.

Ermutigen Sie ihn, Ihnen beim Masturbieren zuzuschauen. Sagen Sie ihm, was Sie am liebsten mögen. Ermutigen Sie ihn zu masturbieren; achten Sie darauf, was ihm Lust bereitet. Versuchen Sie dann, die Empfindungen zu wiederholen, die er selber bei sich ausgelöst hat. Wenn er möchte, lassen Sie ihn sich darauf konzentrieren, Ihnen Lust zu bereiten; das sollte ihm helfen, sich von seinen eigenen Empfindungen abzulenken.

Wenn er zu lange braucht

Oralsex ist immer eine wirksame Methode, einen Mann zum Orgasmus zu bringen, besonders, wenn er beim konventionellen Geschlechtsverkehr zu lange braucht. Ermutigen Sie ihn, die Empfindungen zu genießen, die Ihre Zunge und Ihre Lippen auf seinem Penis auslösen, während Sie ihn zum Orgasmus bringen. Um ihn noch stärker zu erregen, nehmen Sie eine 69er-Position ein, bei der Sie sich auf ihn legen. Der Anblick Ihrer Vulva wird ihn erregen. Streicheln Sie ihn am ganzen Körper, und streicheln Sie über seinen Damm und sein Gesäß.

Seit einiger Zeit habe ich plötzlich überhaupt keine Lust mehr auf Sex. Ich habe einen sehr liebevollen Freund, und ich bin auch sonst sehr glücklich. Ich habe nicht das Verhütungsmittel gewechselt, bin nicht schwanger und bin zufrieden mit meinem Job. Was kann ich tun?

Auch wenn Ihre Probleme einen ganz einfachen Grund haben, sollten Sie zunächst einen Arzt aufsuchen. Frauen – und Männer – verlieren manchmal ohne ersichtlichen Grund die Lust am Sex. Es kann sein, daß Sie eine Sexualberatung benötigen. Sprechen Sie darüber mit Ihrem Freund, und bewegen Sie ihn dazu, Sie zu begleiten. Ihr Arzt wird möglicherweise vorschlagen, daß Sie gemeinsam einen Spezialisten aufsuchen.

Ist Ihr Partner in der Lage, eine Erektion zu bekommen, dann bringen Sie ihn dazu, mit Ihnen zu schlafen. Wählen Sie eine Stellung, in der er die Kontrolle hat und in der die Stärke seiner Erektion nicht allzu wichtig ist.

Bringen Sie ihn dazu, seine Hände unter Ihr Gesäß zu legen und Sie zu sich hinüberzuziehen – schlingen Sie Ihre Beine um seine Taille. Sie können sich von einer Seite zur anderen bewegen, um seinen Penis zu stimulieren; dabei vermeiden Sie die Gefahr,

▼ Das sexuelle Potential einer Frau ist größer als das eines Mannes, so daß sie anfälliger ist für sexuelle Probleme. Doch ein sensibler und liebevoller Partner kann ihr am besten helfen.

„Mein Freund hatte Probleme im Bett. Er kam viel zu schnell, doch nach einigen Monaten habe ich ihm beigebracht, wie er die Dinge verlangsamen kann. Jetzt ist er im Bett der perfekte Liebhaber und ist stolz auf seine Potenz. Als Liebhaber ist er so etwas wie meine Kreation."

daß sein Penis herausgleitet. Kann er beim Geschlechtsverkehr keinen Orgasmus bekommen, bringen Sie ihn oral zum Orgasmus.

Wie er ihr hilft

Hat die Frau nach einem vielfältigen Sexleben Schwierigkeiten, zum Orgasmus zu kommen, so kann das viele Gründe haben; die meisten Probleme können gemeinsam mit einem liebevollen Partner gelöst werden. Meistens ist die Lösung ganz einfach – das Verhütungsmittel, das sie nimmt, eine Schwangerschaft, das prämenstruale Syndrom oder ähnliches.

Verführen Sie sie

Führen Sie Ihre Partnerin zum Abendessen aus, regen Sie sie dazu an, sich schick zu kleiden, damit sie sich wohl fühlt. Machen Sie ihr vielleicht ein kleines Geschenk, und gestalten Sie den ganzen Abend über den Sex zu etwas Besonderem. In einer ungewohnten und vielleicht romantischeren Situation kann es gut möglich sein, daß sie ihre Orgasmen wiederentdeckt.

Das Vorspiel

Beschäftigen Sie sich, so lange Sie können, mit dem Vorspiel, und seien Sie dabei erfinderisch. Setzen Sie Ihre Hände und Ihren Mund ein. Probieren Sie einen Vibrator oder Dildo aus oder was auch immer, von dem Sie wissen, daß sie es mag. Küssen und liebkosen Sie sie, sprechen Sie mit ihr, und geben Sie ihr das Gefühl, daß sie sexy ist.
Ziehen Sie sie so sinnlich wie möglich aus, baden oder duschen Sie sie; massieren Sie sie dann so erotisch, wie Sie können. Wenn Sie mit ihr schlafen, wählen Sie eine Stellung, die sie mag, aber konzentrieren Sie sich darauf, langsamen und sinnlichen Sex zu haben.

▼ ***Wenn Sie Ihre Beine um Ihren Partner schlingen, kann es kaum passieren, daß sein Penis hinausgleitet.***

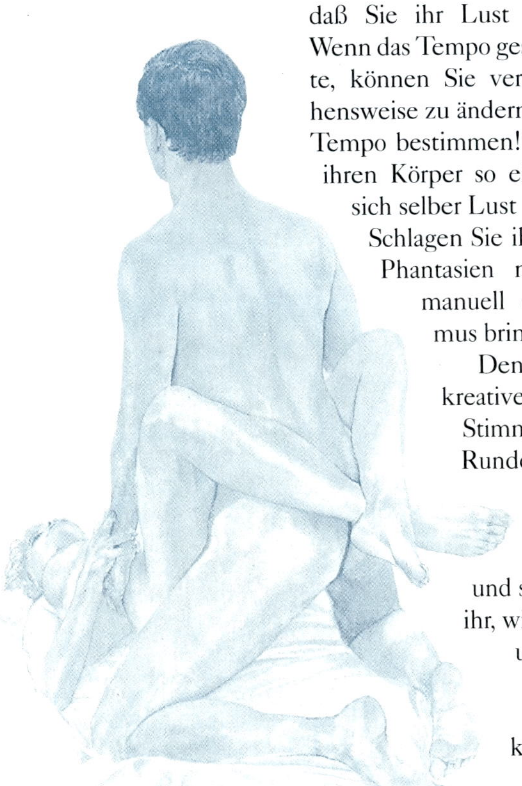

Eine Stellung wählen

Sex in Seitenlage, wobei die Frau ihre Oberschenkel anhebt und der Mann von der Seite in sie eindringt, ist eine der besten Stellungen für entspannten Sex. Setzen Sie Ihren Penis richtig ein, liebkosen Sie sie mit Ihren Händen, und streicheln Sie ihre Klitoris. Sagen Sie ihr, daß Sie ihr Lust bereiten möchten. Wenn das Tempo gesteigert werden sollte, können Sie versuchen, die Vorgehensweise zu ändern. Lassen Sie sie das Tempo bestimmen! Ermutigen Sie sie, ihren Körper so einzusetzen, daß sie sich selber Lust bereitet.

Schlagen Sie ihr vor, daß sie ihren Phantasien nachgeht und sich manuell selber zum Orgasmus bringt.

Denken Sie dann an ein kreatives Nachspiel, um die Stimmung für die nächste Runde Sex vorzubereiten.

Nach dem Sex sollten Sie Ihre Partnerin küssen und streicheln. Sagen Sie ihr, wie sehr Sie sie lieben und begehren. Wenn Sie so schnell keine zweite Erektion bekommen, bringen Sie sie einfach oral zum Orgasmus. ❤

REGISTER

69er Stellung 32–33, 34, 35

A
À-la-négresse-Stellung 73
AIDS 35
Anus
  Geschlechtsverkehr 63
  Masturbation 21, 142
  Postillionage 111
  Prostata 102–103
  Stellungen 50, 70
  Vibratoren 31

B
Baden 14, 114, 129–130, 131, 141
Beziehungsprobleme 170–175
Brünstiger-Hirsch-Stellung 57, 81–82
Brüste
  Oralsex 41, 115–116
  Schwangerschaft 159, 161
  Vibratoren 31
  Vorspiel 13, 14–15, 33

C
Cuissadestellungen 73–74
Cunnilingus 34, 35, 38–45

D
Damm
  Oralsex 32, 111
  Schwangerschaft 161–162, 166
  Vorspiel 12, 13, 14, 32, 111
Dammschnitt 71, 161–162, 166
Die Ufer des Nils 79
Duschen 11, 12–13, 21, 114, 115

E
Eierstockstimulation 58, 59
Eis 107, 109
Ejakulation
  Frauen 89, 95, 99, 140
  Masturbation 19, 25–26
  Oralsex 37–38
  Verhinderung 74–75, 88, 113
  Verkleiden 12, 14
  Vorspiel 28–29
Empfängnis 56, 70, 169
Empfängnisverhütung 134, 160, 169
Erotiktherapie 144–149
Erregung
  Frauen 138–143
  Männer 132–137

F
Fellatio, 34–35, 36–38 131, 152
Fesseln 107–108, 109, 110
Feuchtigkeit 27
Flanquettestellungen 72–73
Florentinischer Sex 74–75
Frenulum 37, 114, 116, 149
Frigidität 88
Froschstellung 75

G
G-Punkt 98–103
  Missionarsstellungen 80, 100
  Reiterstellungen 49, 51, 101
  Sex in Seitenlage 66–68, 96
  Sex von hinten 60–65, 89, 96
Geburt 70–71, 80, 164–169
Gesäß
  Vibratoren 31
  Vorspiel 11, 12, 13

H
HIV 35
Hoden
  Geschlechtsverkehr 72
  Oralsex 37, 131
Hundestellung 61, 62–65
Hygiene 12, 36, 141

I
Impotenz 170, 172, 173–174

K
Kamasutra 58, 72, 77
Kleidung
  Phantasien 12, 14
  Quickie 70, 118–123
  Striptease 113–114, 133
  Vorspiel 29, 107
Klitoris
  Geschlechtsverkehr 49, 68
  Masturbation 20, 26, 30, 114, 142
  Oralsex 32–33, 39, 41, 42, 44–45
  Wasser 21
Küssen
  Frauen 141–142
  genital 15
  Vorspiel 11, 12, 14, 15, 31, 40–45, 115, 116

L
leichtes Schlagen 11, 13–14, 111
Löffelstellung 65, 67–69
Lust
  männliche 132–137
  weibliche 138–143

M
Massage
  Brust 14–15
  Erotiktherapie 145–146
  Penis 13
  Schwangerschaft 161–162
  Vorspiel 30, 107, 108–109, 130
Masturbation 16–27
  gemeinsame 22–27, 135–37, 141–143
  männliche 17–20, 135–136
  simultane Orgasmen 95
  weibliche 17–19, 20–21, 22–23, 142–143
Menstruation 41, 122
Missionarsstellung 54–59, 78,79, 80,
  81–82, 95, 100

N
Nach-dem-Himmel-greifen-Stellung
  82–83

O
Oralsex 32–33, 34–45, 137
  siehe auch Cunnilingus; Fellatio
  Stellungen 41–45
  Vorspiel 15
Orgasmen 86–103
  G-Punkt 99–100
  männlich 31, 86, 106–107
  multiple 21
  simultane 10, 57, 86–97
  Verzögerung 26, 29–30, 52–53, 74–75,
  90–91
  weiblich 17–18, 29–31, 86–87

P
Penis
  Massage 13
  Masturbation 19–20, 26, 135–136
  Oralsex 32, 37, 109–110, 131
  Stimulation 135–137
Plateau 116
Postillionage 111
Postkutsche-nach-Lyon-Stellung 76–77
Preßtechnik 52–53, 88, 173
Prostata 98, 102–103

Q
Quickie 70, 79, 118–123

R
Reiterstellungen 48–53, 65, 74–77, 116–117
  simultane Orgasmen 96–97
  Variationen 78, 80–81
Romantischer Sex 56–57, 126–149
  für ihn 131, 132–37
  für sie 130–31, 138–143

S
Schubkarren-Stellung 76
Schwangerschaft 158–163
  Stellungen 53, 62, 69, 70–71, 81, 161
Sex
  im Stehen 76, 77, 79
  in Seitenlage 65, 66–71, 78–79, 117
  mit den Oberschenkeln 108
  von hinten 60–65, 73–74
    G-Punkt 100–101
    gleichzeitige Orgasmen 89
    Variationen 78, 79, 81
Stellungen
  G-Punkt 51, 60, 61, 80, 96, 100–101
  im Stehen 76, 77, 79
  Missionarsstellung 54–59, 72–73, 78, 79, 80,
  81–82, 95
  Oralsex 42–45
  Probleme 175
  Reiterstellung 48–53, 65, 74–76, 78, 80–81,
  96–97, 101, 116–117
  Romantischer Sex 56–57, 130–131
  Schwangerschaft 53, 62, 67–68, 69–70, 161
  seitlich eindringen 69–70, 89–90, 96, 175
  Sex in Seitenlage 65, 66–71, 78–79, 117
  Sex von hinten 60–65, 73–74, 78, 79, 81,
  89, 100–101
  simultane Orgasmen, 95–96
  Soixante-neuf 32–33, 34, 35
Stillen 165, 169

T/V
Vagina
  G-Punkt 98–101
  Masturbation 20–21, 22–23, 30, 114, 142–143
  Oralsex 38–39, 44–45
  Stellungen 44, 71
  Vorspiel 12, 15, 30–31, 94–95, 109, 142–143
Verbales Vorspiel 11, 14, 114
Verkleiden *siehe* Kleidung
Vibratoren 109
Vorspiel
  10–45, 114–115, 141–143
  für ihn 29, 31–32, 135–137, 152
  für sie 29–31, 141–143, 154
  Masturbation 16–27
  Restimulierung 152, 154–155
Vorzeitige Ejakulation 52–53, 57, 89, 170,
  172–173
Vulva, Oralsex 38, 41, 44–45

W
Wellenteilen-Stellung, 82
Wiener Auster 74
Wilde-Gänse-Stellung 81, 83

X
X-Stellung 75–76